111 GRÜNDE, DIE SLOWAKEI ZU LIEBEN

Jörn Kaufhold

# 111 Gründe, die Slowakei zu lieben

Eine Liebeserklärung an
das schönste Land der Welt

SCHWARZKOPF & SCHWARZKOPF

# Inhalt

## *Einleitung*

Nachdem die Slowakei ihre Unabhängigkeit am 1. Januar 1993 ausgerufen hat, habe ich das Land zum ersten Mal besucht. Damals hatte ich einen Freund, dem als Eisenbahner Freifahrten zustanden. Die wollten wir nutzen. Präzise rechneten wir aus, wie viele Kilometer im Zug wir damit fahren konnten. Dementsprechend stellten wir einen Zirkel ein und ließen ihn auf der Europakarte kreisen. Als wir dem Zirkelkreis mit dem Finger auf der Karte folgten, stießen wir auf den vielversprechenden Namen: Slowakisches Paradies.

Da wollten wir hin, und das Gebirge hielt, was sein Name versprach. Die Schluchten waren tief und geheimnisvoll, in ihnen rauschten Wasserfälle, und daneben standen moosbewachsene Holzleitern, die es zu erklimmen galt. Jeden Tag wählten wir eine neue Route aus, eine schien schöner als die andere zu sein. Die Nächte aber waren grauselig, weil wir die allerbilligsten Schlafsäcke aus dem Discounter gekauft hatten. Es war Mitte März, und der Bodenfrost ließ uns in der Nacht mehr zittern als schlafen. Mit anderen Worten: Es war großartig und genau das, wonach wir gesucht hatten.

Durch diese Reise ist bei mir nicht nur eine Faszination für die Slowakei entstanden, sondern für den ganzen »Osten«. In den wenigen Tagen, in denen ich in dem Land war, merkte ich, dass ich mich in einer Gesellschaft befand, die komplett im Umbruch war und in der zwei Gesellschaftsformen nebeneinander existierten. Der Sozialismus war noch nicht komplett verschwunden, und der Kapitalismus hatte noch nicht alles übernommen. Das war ein spannender Kontrast. Daraus sind viele Fragen entstanden, die ich unbedingt beantwortet wissen wollte und deren Beantwortung, ohne es seinerzeit zu ahnen, Jahre brauchen würde.

Mit etwas Glück und viel Hartnäckigkeit folgte ich meiner Vorliebe für die Länder in Mittel- und Osteuropa auch beruflich. Ich unterrichte an einer Universität in Russland, leitete ein Förderungsprogramm für junge Initiativen und organisierte Seminare und Projekte in mehr als 25 Ländern. Und schließlich hatte ich noch mehr Glück, denn ich lernte meine Frau kennen. Zufälligerweise ist sie Slowakin.

Anfang 2007 hatten wir die Fernbeziehung satt und zogen in eine Hütte ins slowakische Vogelgebirge. Unser Plan war es, dort ein Jahr zu leben, weil wir mehr über und von der Natur lernen wollten. Aus dem einen Jahr wurden acht Jahre. Heute leben wir immer noch in der Slowakei, mittlerweile zu dritt mit unserer Tochter, und aufgrund der Zeit in den Bergen verdiene ich jetzt meinen Lebensunterhalt damit, alte Künste wie das Spurenlesen zu unterrichten und Wanderführer zu schreiben. Ich erzähle Ihnen das alles, weil dieses Buch ja meine persönliche Liebeserklärung an die Slowakei ist. Vielleicht haben Sie sich ja gefragt: Was ist das für ein Mensch? Was verbindet ihn mit der Slowakei? Ich würde es zumindest tun.

An den Überschriften werden Sie schnell erkennen, dass ich mich für die Geschichte und die Kultur der Slowakei interessiere und dass ich begeistert bin von Landschaften, ursprünglichen Lebensräumen und wilden Tieren. Aufgrund meines Jobs als Wildnispädagoge und Wanderbuchautor habe ich abgelegene Orte besucht, bin über Traumpfade gewandert und habe unterwegs viele Geschichten am Wegesrand aufgepickt. Ich mag die Menschen, die ich dabei getroffen habe. Sie tauchen in diesem Buch auf, genauso wie manch nichtmenschliche Bewohner, die ansonsten gerne vergessen werden, aber doch zum Land dazugehören.

Auf meinen Reisen mag ich es, wenn mir Gastgeber zeigen, was ihnen persönlich am besten gefällt. Das können bedeutsame Sehenswürdigkeiten sein, müssen es aber nicht. Ein gemeinsamer Gang in den Supermarkt kann genauso einen Einblick in die Kultur eines Landes bieten, unter Umständen sogar einen besseren. Darum will ich Sie auf den nächsten Seiten gerne mitnehmen zum Einkaufen, zur Bushaltestelle und in die *Chata*. Auch beschreibe ich einige Marotten oder kulturelle Phänomene, die mir hier in den letzten Jahren aufgefallen sind. Nicht alles ist dabei bierernst gemeint, denn wenn ich eines von Slowaken gelernt habe, dann, dass das Augenzwinkern besser ist als das Stirnrunzeln.

Noch etwas ist mir beim Schreiben der 111 Gründe klar geworden: Die Slowakei ist liebenswert, und verliebt zu sein ist ein tolles Gefühl. In diesem Sinne hoffe ich, dass Sie beim Lesen die ersten zarten Flügelschläge von Schmetterlingen im Bauch verspüren.

*Jörn Kaufhold*

Erstes Kapitel

# *Liebe geht durch den Magen – auch in der Slowakei*

*1. Grund*

## *Weil nichts besser im Feuer brutzelt als Špekáčky*

Einmal hat mich ein Förster mitten im Wald neben dem Lagerfeuer überrascht, das ich dummerweise im trockenheißen August unweit einer Fichtenschonung selbst entfacht hatte. Ich war gerade auf einer Wanderung mit meiner weißen Schäferhündin *Čajka*, als mich mein Hunger dazu nötigte, sofort haltzumachen, um mich um meinen knurrenden Magen zu kümmern. Der Förster stapfte mit grimmiger Miene auf mich zu, und ich bereitete mich innerlich auf einen gewaltigen Anschiss vor, der dazu, wie ich bereit war zuzugeben, vollkommen gerechtfertigt wäre. Er hielt drei Schritte vor meinem Feuer, schaute auf den Stecken, den ich übers Feuer hielt, und deutete dann auf meine Hündin und schnauzte: »Nimm deinen Hund an die Leine!« Dann zog er mit einem »Guten Appetit!« weiter.

Ich war sehr verdutzt, aber dann fiel mir ein, dass ich schon überall in den Wäldern, auf den Wiesen und manchmal auch hinter Bushaltestellen und selbst in Nationalparks, wo Feuermachen streng verboten ist, Steinringe und angespitzte Haselstecken gefunden hatte. Und dafür gibt es einen Grund, und der heißt: *Špekáčky*.

*Špekáčky* sind Brühwürste, die so aussehen, als ob sie in den Albträumen von Vegetariern auftauchen. Wenn man sie, wie es sich gehört, leicht quer anschneidet und die Enden viertelt, auf einen Haselstecken spießt und direkt in die Flammen hält, platzt die Haut auf, und das Fett spritzt schon nach kurzer Zeit zischend in die Glut. *Špekáčky* sollten so lange im Feuer brutzeln, bis es kaum noch zischt, sie aber noch nicht verkohlt sind. Wichtig, ganz wichtig sind dabei der hervorragende slowakische Senf und eine Scheibe Brot. Dann bitte nicht die Finger verbrennen, kräftig in den Senf tunken und die Wurst abbeißen und das Fett aus den Mundwinkeln rinnen lassen und dabei selig grinsen.

*Špekáčky* kann man im Wasser kochen, sie in einem Sud aus Essig und Wasser einlegen (dann nennt man sie *Utopenci*, die Ertrunkenen) oder auch in der Pfanne braten, aber ihre wahre Bestimmung – wer wollte das bestreiten – ist der Stecken über dem Lagerfeuer.

Jetzt könnten die, die es genau nehmen, feststellen, dass die erste *Špekáčik* (Singular von *Špekáčky*) während der Prager Jubiläumsausstellung 1891 präsentiert wurde und damit eine tschechische Spezialität sei. Stimmt und stimmt nicht! Stimmt, weil die Slowaken erst später *Špekáčky* herstellten. Und stimmt nicht, weil seit dem 21. Februar 2011 die Europäische Union *Špekáčky* in das Verzeichnis der garantiert traditionellen Spezialitäten aufgenommen hat und das aufgrund des gemeinsamen Antrags der Tschechen und der Slowaken. Na, wenn das nicht brüderlich geteilt ist.

Allerdings waren diese unschuldigen Speckwürste (die Wurzel des slowakischen Wortes *Špekáčky* liegt im deutschen »Speck«) zuvor auch kurz Gegenstand einer Verstimmung zwischen diesen beiden Ländern. Die Slowaken warfen den Tschechen vor, dass die importierten tschechischen Würste nicht von angemessener Qualität seien. Die Tschechen sahen umgekehrt die slowakischen *Špekáčky* als minderwertig an. Das lag daran, dass es in den jeweiligen Ländern zwar Vorschriften für die Herstellung im Land gab, aber nicht für den Export. Der ganze Disput wurde in den Medien nicht ohne Augenzwinkern als »Wurst-Krieg« betitelt und mit dem oben genannten gemeinsamen Antrag in ein Happy End überführt.

Für *Špekáčky* braucht man frei loderndes Feuer, und das ist nicht ganz ungefährlich, wie wir alle wissen. Noch bis vor wenigen Jahren war es nicht nur in unserem Dorf im Frühjahr üblich, dass Wiesen jedes Mal aufs Neue abgefackelt wurden. Der alte Bewuchs wurde verbrannt, damit neues Gras besser wachsen kann – so die Logik dahinter. Das ruinierte dabei natürlich auch die komplette Flora und Fauna, was ökologisch sinnlos ist. Das Ganze wurde verboten, weil die Flammen schnell außer Kontrolle gerieten. Es reichte, wenn der Wind auffrischte, und schon fraß sich das Feuer durch angrenzende

Dörfer und Wälder. Ich finde es gut, dass Wiesen nicht mehr abgefackelt werden. Ich denke, dass die Leute in den Dörfern damit aufhörten, weil sie gemerkt haben, dass es zu gefährlich ist. Selbst in unserem kleinen Dorf kenne ich einige Personen, die ihre Angehörige dadurch verloren haben. Obwohl es auch in der Slowakei an den meisten Stellen verboten ist, Feuer zu machen, gehen die Slowaken trotzdem weiterhin mit ihren Familien und Freunden raus, legen Steine aus, entfachen ein überschaubares Feuer und brutzeln ihre *Špekáčky*. Das gehört einfach dazu, wenn man draußen ist, und deswegen drücken auch Förster schon einmal die Augen zu. Darin liegt ein kleiner anarchischer Impuls, der mir sympathisch ist.

**2. Grund**

## *Weil Horalky, Kofola und Treska Kult sind*

Noch gut kann ich mich an die Zeiten in meiner Kindheit erinnern, als ich mit meinen Eltern ins nahe Ausland gereist bin und wir in Supermärkten eine komplett andere Warenwelt vorfanden. Heute, so scheint es mir, liegen überall die gleichen Marken, sei es in Bratislava oder in Berlin. Bei genauerem Hinschauen finden sich jedoch noch slowakische Produkte, die so ohne Weiteres in deutschen Supermarktregalen nicht zu finden sind. Darunter sind die drei bekanntesten und beliebtesten Produkte der Slowakei:

### *Horalky*

*Horalky* ist eine Waffel mit Erdnussfüllung, die vermutlich jedes slowakische Kind schon einmal in seinem Leben gegessen hat. Pro Jahr werden in der Slowakei 75 Millionen Waffeln dieser Marke konsumiert, das bedeutet, dass jeder Slowake durchschnittlich 13 davon im Jahr isst. Klassischerweise werden sie zum *Olovrant*, also zur Jause, gegessen. Witzigerweise stammt das Wort *Olovrant* vom deutschen »Halber Abend« ab, also der Essenspause zwischen Mittag und Abend, einem halben Abend eben.

Die Rezeptur ist seit dem Jahre 1953 unverändert, als die Waffel im slowakischen Sereď erfunden und gebacken wurde. Seitdem hat sich auch ihr Design kaum verändert. Auf der Verpackung blühen seit eh und je blauer Enzian und weißes Edelweiß, dahinter prangt ein schneebedeckter Gipfel. In den sozialen Netzwerken sind Fotos beliebt à la *Horalky* vor dem Kreml, vor dem Weißen Haus oder wovor auch immer in der ganzen Welt. Überhaupt sind Waffeln als Süßigkeit zwischendurch äußerst beliebt. In einem durchschnittlichen Supermarktregal stapeln sich Dutzende der verschiedensten und manchmal exotischsten Varianten.

## *Kofola*

*Kofola* war die sozialistische Antwort auf kapitalistische Getränke wie Coca- und Pepsi-Cola. Ursprünglich dadurch entstanden, dass nach einem Verwendungszweck für den Überschuss an Koffein, der bei der Kaffeeröstung entstand, gesucht wurde, entwickelt sich *Kofola* in den 60er- und 70er-Jahren schnell zu einem der beliebtesten Getränke in der Tschechoslowakei. Zwar durfte seit Mitte der 70er-Jahre auch Pepsi-Cola verkauft werden, sie war aber deutlich teurer und hatte dementsprechend kaum Marktanteile.

Die Marktanteile von *Kofola* fielen in den 90er-Jahren ins Bodenlose, nachdem sich die Märkte geöffnet haben. Für einige Jahre war die Marke einfach nicht mehr hipp genug. Seit den 2000er-Jahren hat sie jedoch wieder ihren Markt zurückerobert, als die Firma eine moderne Kampagne unter dem Slogan »Wenn du sie liebst, ist alles andere egal« startete. Vielen schmeckt *Kofola* einfach besser als ihre deutlich süßeren Konkurrenten. Sie hat ein Drittel weniger Zucker und nur halb so viel Koffein und verzichtet komplett auf Phosphorsäure, stattdessen werden 14 verschiedene natürliche Frucht- und

Kräuteraromen zugefügt, was ihr einen deutlich differenzierteren Geschmack verleiht.

### *Treska v majonéze*

*Treska v majonéze* ist nichts anderes als Dorsch, etwas Gemüse und Gewürze und viel Mayonnaise. Das Ganze wird in kleinen 140-Gramm-Packungen im Kühlregal zum Verkauf angeboten und ist sehr beliebt für die kleine Mittagspause, aber dann bitte mit einem *Rožok*, einem typischen Hörnchen. »Never change a winning horse«, so ist auch die Rezeptur von *Treska* jahrzehntealt und unverändert und wird so nur in der Slowakei produziert. Sage und schreibe 99 Prozent aller Slowaken kennen das Produkt, davon dürften andere Marken träumen.

Auch wenn nicht alle Produkte slowakisch sind, *Kofola* wurde in der Tschechoslowakei entwickelt und ist eine tschechische Marke, so sehen viele sie als typisch slowakisch an. Das muss man auch, glaube ich, nicht so genau nehmen. Hauptsache es schmeckt. Wer will, kann sich also in einem Supermarkt ein schnelles, nur aus slowakischen Fertigprodukten bestehendes Gericht zusammenstellen: *Treska* mit einem *Rožok* und einer Dose *Kofola*, zum Nachtisch ein *Horalky*. Das mag nicht das gesündeste Essen sein, kultig ist es allemal.

***3. Grund***

## *Weil Korbáčik Kinder glücklich macht*

Das Wort *Korbáčik* kann zwei Bedeutungen haben. Entweder es bedeutet »kleine Peitsche«, dann bezieht es sich auf eine aus Haselnussstecken geflochtenen Rute, mit der zu Ostern traditionell Frauen symbolisch geschlagen werden. *Korbáčik* ist aber auch die Bezeichnung für eine bestimmte Käsesorte.

Wenn Sie *Korbáčik* bestellen, bekommen Sie einen geflochtenen Zopf, der aus 10–50 Zentimeter langen Strängen besteht, die in einem Knoten enden. Hergestellt wird *Korbáčik* aus einem leicht gesäuerten Käsebruch aus Kuhmilch, der in heißem und gesalzenem Wasser gebrüht wird. Per Hand werden dann traditionell einzelne Stränge – die sogenannten *nite* – herausgezogen und danach in die typische Form geflochten. Geräucherter *Korbáčik* ist goldgelb und schmeckt leicht nach dem Rauch von Buchenholz, nicht geräucherter Käse hat die Farbe von frischer Sahne und schmeckt leicht salzig.

Natürlich gibt es weitere Käsespezialitäten. Die Slowakei ist ein Land, in dem Schafshaltung traditionell eine wichtige Rolle gespielt hat, in dem ein Schäfer mit typischer Tracht oft in der Werbung als echter unverfälschter Slowake dargestellt wird.

*Oštiepok* ist ein Käse, der aus Schafsmilch bereitet wird. Auch er wird in gesalzenem Wasser gebrüht und danach geräuchert. Überhaupt ist geräucherter Käse sehr beliebt. In früheren Zeiten half diese Art der Herstellung, Käse haltbarer zu machen, heutzutage ist es eher eine Geschmacksfrage.

*Parenica* wird ebenfalls aus Schafsmilch hergestellt. Im Gegensatz zum *Korbáčik* wird *Parenica* aber nicht geflochten, sondern aufgerollt. Wenn Sie sich als Kenner des Landes beweisen und ein Fettnäpfchen vermeiden wollen, schneiden sie *Parenica* niemals in Stücke, sondern rollen Streifen herunter und rupfen sie ab, ansonsten, so wird Ihnen ihr Gastgeber ungefragt mitteilen, ruinieren sie den Geschmack des Käses.

All diese Käsesorten sind mittlerweile von der Europäischen Union als slowakische Spezialitäten anerkannt. Das dürfte aber Kindern vollkommen wurscht sein, denn sie stehen so oder so auf *Korbáčik*, weil sie von seiner Form begeistert sind. Endlich mal ein Essen, mit dem ohne lästige Ermahnung von Erwachsenen gespielt werden darf. Er darf in Stücke gerissen, entflochten und geflochten werden, und ein einzelner Strang – geschickt auf der Oberlippe platziert – ergibt einen überzeugenden Schnurrbart. Das macht Kinder glücklich, und geschmacklich erschreckt der nicht geräucherte *Korbáčik* auch keinen noch so empfindlichen Kindergaumen.

Die geräucherten Varianten schmecken mir am besten, wenn ich sie da esse, wo Schäfer sie ursprünglich hergestellt haben: oben in den Bergen. Neben einem Lagerfeuer und mit einem Stück Graubrot, einem Apfel und einer gut gekühlten Flasche Bier. Ihr Geschmack ist deftig und intensiv, nicht raffiniert, aber dafür schmecken sie selbst nach Tagen im Wanderrucksack noch vorzüglich. Sie passen gut in die Karpaten, die drei Käsesorten *Parenica*, *Oštiepok* und *Korbáčik*.

*4. Grund*

## *Weil Oblaten, Linsensuppe und Karpfenschuppen zum Heiligen Abend gehören*

Als ich in Russland an der Universität unterrichtete, haben mich viele Studierende gefragt: »Herr Kaufhold, wie feiern die Deutschen Weihnachten?« Die Frage fand ich nicht leicht zu beantworten, weil das Fest in Deutschland ja jeweils nach Glaubensrichtung, regionalen Traditionen und familiären Vorlieben anders gefeiert wird. Deswegen habe ich von dem Weihnachtsfest erzählt, mit dem ich aufgewachsen bin, und am Ende betont, dass es nicht repräsentativ ist. Genauso ist es natürlich mit meinem slowakischen Weihnachtsfest.

Egal, ob ich nun Weihnachten mit meiner deutschen oder slowakischen Familie feiere, bei beiden Festen – das wird jetzt keine Überraschung sein – wird ein Weihnachtsbaum geschmückt, und Geschenke werden ausgetauscht. Mein slowakisches Weihnachten ist aber in feste, ja schon ritualisierte Abläufen unterteilt, die immer eingehalten werden.

Weihnachten im Kreise meiner slowakischen Familie kann nicht stattfinden, wenn mein Schwiegervater nicht unter allerlei Fluchen und Schimpfen den Weihnachtsstern sucht. Jedes Jahr denkt er sich einen neuen Lagerplatz aus, den er, so ist er sich sicher, im nächsten Jahr intuitiv finden wird. Das klappt nie. Und nachdem er etwa eine Dreiviertelstunde gesucht hat, beschuldigt er wahlweise seine Frau, seine Töchter oder höhere Mächte, den Weihnachtsstern böswillig von seinem angestammten Platz entfernt zu haben. Das Tohuwabohu endet, indem meine Schwiegermutter in den Keller geht und den Stern mit nur einem Griff aus dem Karton zieht.

Sobald der Stern auf dem Weihnachtsbaum prangt, sind alle in feierlicher Stimmung, und der Heilige Abend kann beginnen und beginnt dann mit dem ersten Gang eines Dreigängemenüs, das nie variiert wird. Oblaten und Honig bilden die Vorspeise. Sie sollen Glück und Gesundheit im weiteren Jahr bringen, und die darauffolgende Linsensuppe steht für etwas, was auch nicht ganz unwichtig ist: das Geld. Ich bin kein großer Freund von Linsensuppe, das erklärt vielleicht, warum ich noch nicht zu großem Wohlstand gekommen bin.

Am Heiligen Abend darf kein Fleisch gegessen werden, darauf achten selbst Familien, die nicht religiös sind. Daher wird zum dritten Gang Fisch gereicht. Und wer nicht ganz auf die Linsensuppe vertraut, nimmt ein oder zwei Schuppen und legt sie ins Portemonnaie. Auch das hilft nicht so richtig, wie ich finde, aber ich will mich nicht beschweren, denn die Oblaten und der Honig – toi, toi, toi – halten mich gesund und glücklich.

Danach werden Glaube und Aberglaube zur Seite geschoben, und alle – Oh du fröhliche – stürzen sich in das basale Vergnügen, Geschenkverpackungen unter allgemeinem Ah! und Oh! aufzureißen. Am 27. Dezember werden dann heimlich einige Geschenke umgetauscht, ganz wie nach dem deutschen Weihnachtsfest.

*5. Grund*

## *Weil man die Cesnačka nicht allein löffeln sollte.*

Ein Mittagessen ohne Suppe in der Slowakei ist kein komplettes Mittagessen. Fast alle Restaurants im Land haben eine Mittagskarte, und mögen auf der Karte auch verschiedene Gerichte stehen, obligatorisch ist, dass es dazu eine Suppe vorweg gibt, die im Preis enthalten ist. Oftmals bringt die Bedienung eine Suppe an den Tisch, sobald sich der Gast setzt und ohne, dass er sie geordert hätte. So selbstverständlich ist die tägliche Suppe.

Übertrage ich das Sprichwort – »Lass mich in deinen Suppentopf gucken, und ich sage dir, wer du bist« – auf das ganze Land, so fällt mir Folgendes auf: Die slowakische Küche ist stark von ihren Nachbarländern beeinflusst, insbesondere von der ungarischen und österreichischen Küche. Die Slowakei ist halt ein kleines Land in der Mitte Europas. Deswegen ist es schwer auszumachen, welches Gericht, welche Suppe nun original slowakisch ist und welche nicht.

Das ist gerade bei der Knoblauchsuppe, der *Cesnačka*, der Fall. Überall in Europa gibt es Knoblauchsuppen, denn bereits seit dem Mittelalter wurde Knoblauch als Gewürz- und Heilpflanze durch den Anbau in Klöstern verbreitet. Das Augenscheinlichste an der slowakischen Knoblauchsuppe ist, dass sie in guten Restaurants in ausgehöhlten runden Brotlaiben aus Sauerteig serviert wird. Zusammen mit der Krautsuppe *Kapustnica* und der Hühnersuppe *Slepačí vývar* bildet die *Cesnačka* das typische Dreigestirn auf der Speisekarte in slowakischen Restaurants, den sogenannten *Kolibas*.

*Kolibas* sehen mehr oder weniger gleich aus, denn typischerweise dominiert Holz im Blockhausstil, und es flackert ein Feuer im offenen Kamin: rustikale Gemütlichkeit eben. Da schmecken eine kräftige Knoblauchsuppe und ein gutes Glas Schwarzbier doppelt so gut.

Eines gilt es aber zu bedenken, so gesund die *Cesnačka* auch ist: Ist man in einer Gruppe unterwegs und übernachtet in einem Raum, sollte man sich dringend absprechen, entweder essen alle eine Knoblauchsuppe oder niemand.

6. Grund

## *Weil Kapustnica Leib und Seele zusammenhält.*

Nach einem langen Wandertag in den Bergen ist ein tiefer Teller dampfender *Kapustnica* das Richtige zum Essen. Oder nach einem Tag Holzhacken im November, wenn es geregnet und gestürmt hat. *Kapustnica* ist nichts für den Sommer, wenn es heiß und schwül ist, dafür zaubert sie einfach zu viel Wärme in den Bauch.

Traditionell wird *Kapustnica* an Feiertagen gegessen. Beliebt ist sie zu Silvester, als fetthaltige Grundlage für den feuchtfröhlichen Jahreswechsel oder zu Neujahr, um den Kater aktiv zu bekämpfen. An Weihnachten wird sie auch gerne gegessen, aber niemals am Heiligabend, denn da ist Fleisch verpönt, und Fleisch ist ein zentraler Bestandteil der *Kapustnica*. Zuerst schneidet man Zwiebeln und Speck und brät sie an. Dazu kommen kräftige geräucherte Schweinewürste, die ebenfalls angebraten werden. Es folgt ungarisches Paprikapulver, das beim Braten bitter werden kann, deswegen gilt es schnell mit Brühe abzulöschen und die restlichen Zutaten und Gewürze zuzufügen: Sauerkraut, getrocknete Pilze, Salz, Pfeffer, Majoran, Kümmel und Lorbeerblätter. Für eine echte *Kapustnica* sollte das Sauerkraut über Wochen in Tontöpfen im eigenen Keller gelagert worden sein, und die Pilze, das gebietet der Stolz, sollten aus hiesigen Wäldern stammen und eigenhändig gesammelt und getrocknet worden sein. Das Gericht ist also Slowfood im wahrsten Sinne des Wortes, zumal die Krautsuppe langsam, sehr langsam, bei niedrigen Temperaturen köcheln muss: etwa drei Stunden.

Dazu gibt es Sauerrahm und frisches Kartoffelbrot und zum Abrunden einen selbst gebrannten Schnaps. Dann kann sich ein jeder zurücklehnen und spüren, wie sich eine wohlige Wärme im Körper ausbreitet.

Auf Speisekarten steht *Kapustnica* unter der Rubrik »Suppen«. Sättigend ist sie aber wie ein Eintopf. In abgelegenen Wanderhütten steht sie fast immer auf der Karte und ist einfach eine gute Wahl, weil es sich kein Hüttenwirt leisten kann, dass sie nicht gut schmeckt. Schließlich ist jeder Slowake, der nicht Vegetarier ist, Kenner dieses Gerichts, und somit spräche es sich in Windeseile herum, wenn die *Kapustnica* nicht schmecken würde. Das wäre zweifellos der Ruin des Hüttenwirts. Das Risiko wäre einfach zu groß.

*7. Grund*

## *Weil Naschkatzen Trdelník lieben*

*Trdelník* ist ein Gebäck aus der Slowakei, das vor allem durch die traditionelle Herstellung in Skalica bekannt ist, einer Kleinstadt im Nordwesten des Landes an der Grenze zur Tschechischen Republik. *Trdelník* ist ein Baumkuchen: Der Hefeteig wird auf Stangen aufgerollt, mit Zucker, Zimt und geraspelten Nüssen bestreut und so lange über glühender Holzkohle gedreht, bis der Teig knusprig braun ist.

*Trdelníks* sollten warm gegessen werden, wenn sie noch nach Feuer duften. Im Gegensatz zu Prag, wo Touristen sie in der Altstadt an jeder Ecke kaufen können, werden sie in der Slowakei eher auf Jahrmärkten oder ähnlichen Großveranstaltungen verkauft. Ich bin meinem neuen Heimatland schuldig, mit aller Deutlichkeit darauf hinzuweisen, dass *Trdelník* keine tschechische Spezialität ist. Nein! *Trdelník* ist eine geschützte slowakische Spezialität. Das hat sich die Slowakei schwarz auf weiß von der Europäischen Union bestätigen lassen.

Ebenso wie die Schweden, die haben sich ihre Baumkuchenvariante namens *Spettekaka* ebenfalls schützen lassen. Natürlich gibt es weitere Baumkuchen in Europa. Zum Beispiel den ungarischen

Baumkuchen *Kürtőskalács* oder die österreichische Variante Brandenberger Prügeltorte. Prügeltorte, *Spettekaka*, *Kürtőskalács*, *Trdelník* – sind das nicht herrliche Namen? Sicherlich nicht ganz leicht auszusprechen, aber sie klingen in all ihrer Verzwicktheit nach Europa, wie ich finde.

Slowaken erinnert das Wort *Trdelník* an *Trdlo*. Ein *Trdlo* ist ein komischer Heini, der etwas chaotisch daherkommt. Das hindert die Bewohner von Skalica nicht, jedes Jahr ein Trdlofest zu organisieren, das ganz dem süßen Gebäck geweiht ist. Naschkatzen, Zuckermäulchen und Leckerschmecker kommen hier ganz auf ihre Kosten, ebenso wie hiesige Zahnärzte, die in den darauffolgenden Wochen plombieren dürfen, bis die Kasse klingelt.

***8. Grund***

## *Weil Bryndzové halušky das Nationalgericht ist*

*Haluschky* (*Bryndzové halušky*) ist das Nationalgericht der Slowakei. Auf mehrsprachigen Speisekarten werden sie als Brimsennockerln bezeichnet. Sind Brimsen und Nockerln Österreichern in der Regel ein Begriff, so haben jedoch viele Deutsche, gerade aus dem Norden, kein Bild vor Augen, wenn sie diese Wörter hören. Also Nockerln sind – für alle, die es ganz präzise wissen wollen – spätzleähnlich geformte Teigmassen aus roh geriebenen Kartoffeln, Mehl und Salz. Brimsen ist ein gesalzener Frischkäse aus Schafsmilch. Auf Slowakisch wird er *Bryndza* genannt.

Die Nockerln werden in Wasser gekocht, dann mit Brimsen gemischt und mit gebratenem Speck und Schmand serviert. Dazu wird *Žinčica* aus Tonkrügen getrunken, ein Molkegetränk aus der Schafskäseherstellung. Ein leckeres, kräftiges Mahl.

Sind *Haluschky* noch ohne Speck für Vegetarier denkbar, sind sie ohne Schafsmilch nicht vorstellbar. Ohne Schafsmilch kein *Brynd-*

*za*. Ohne *Bryndza* gäbe es nur dröge Kartoffelspätzle. Überhaupt ist *Bryndza* sehr beliebt und schmeckt auch hervorragend im Salat oder auf einem gerösteten Brot.

*Haluschky* war das Gericht der einfachen Leute, denn als die heutige Slowakei noch ein Teil des ungarischen Königreichs war, sprachen die allermeisten Bergbauern und Schäfer slowakisch. Bis heute gilt ein Schäfer in typischer Tracht mit weißem Leinenhemd, Fellweste und der langstieligen Axt als das Sinnbild eines urigen Slowaken.

Das wird in einem kleinen Dorf namens Turecká in der Großen Fatra gefeiert, denn dort finden alljährlich die *Haluschky*-Meisterschaften statt. Besonders kurios: ein *Haluschky*-Wettessen, in dem der Gewinner als Preis sein Körpergewicht in Kartoffeln und Mehl aufgewogen bekommt.

Wirft man einen Blick tiefer in die Geschichte, stellt man schnell fest, dass *Bryndza* von dem rumänischen Wort *brânză* abstammt. Dem ist so, weil *Bryndza* mit Migranten ins Land gekommen ist, wie wir im heutigen Sprachgebrauch sagen würden. Zwischen dem 14. und dem 17. Jahrhundert während der sogenannten walachischen Kolonisation besiedelten Menschen aus dem Süden, dem heutigen Rumänien, kommend den kompletten Karpatenbogen. Dabei brachten sie eine neuartige Sennerkultur mit, die es ermöglichte, auch in den raueren Teilen der Karpaten erfolgreich zu wirtschaften. Im Laufe der Zeit vermischten sie sich mit der am Fuße der Berge lebenden Bauernkultur.

Die Walachen brachten nicht nur den *Bryndza* mit, sie sind auch der Grund, warum einige Wörter, wie zum Beispiel *Koliba* (Schäferhütte), in den verschiedensten Sprachen des Karpatenbogens zu verstehen sind.

So ist es also, dass *Haluschky* etwas über die Geschichte in der Slowakei erzählen können, aber in erster Linie sollen sie gut schmecken, und das tun sie!

Zweites Kapitel

# *Superlative in einem kleinen großen Land*

*9. Grund*

## *Weil nirgends die Zahl der produzierten Autos pro Kopf höher ist*

Nirgendwo auf der Welt werden mehr Autos pro Kopf produziert als in der Slowakei. 2015 wurden mehr als eine Million Autos im Land hergestellt, das bedeutet einen Rekordwert von 190 Autos auf 1.000 Einwohner pro Jahr. Die Autoindustrie ist mit 126.000 Mitarbeitern der wichtigste Arbeitgeber im Land.

Im EU-Durchschnitt ist der Anteil der Industrie an der Bruttowertschöpfung von 1995 bis 2015 deutlich gesunken. Nicht aber in der Slowakei, wo der Industrieanteil im selben Zeitraum um mehr als zehn Prozent gestiegen ist. Das ist vor allem eine Folge der Ansiedelung neuer Betriebe aus der Autobranche. VW produziert in Bratislava, Peugeot Citroën in Trnava, Kia in Žilina und Jaguar Land Rover in Nitra.

Diese Zahlen reihen sich in Superlativen aneinander. Das ist beeindruckend. Schaut man sich die wirtschaftliche Ausgangslage des Landes in den Neunzigern an, ist es noch eindrucksvoller. Die slowakische Wirtschaft wurde zu sozialistischen Zeiten von der Rüstungs- und Schwerindustrie getragen. Nach dem Zusammenbruch der sozialistischen Planwirtschaft verloren diese Betriebe ihre Absatzmärkte im Ausland und krachten ebenfalls zusammen. Daraufhin schnellten die Arbeitslosenzahlen nach oben und wurden zweistellig.

VW, Kia und Co bauten ihre Werke nicht aus Menschenfreundlichkeit in der Slowakei auf. Sie kamen, weil sie bestens ausgebildete Arbeiter auf niedrigem Lohnniveau vorfanden und weil die Slowakei als Ausgangspunkt für die Eroberung der Märkte im Osten Europas vielversprechend war. Die Regierung unter Mikuláš Dzurinda ging Ende der 90er-Jahre einen Schritt weiter und führte einschneidende wirtschaftliche Reformen durch. Unter anderem führte sie eine Einheitssteuer mit einem Steuersatz von 19 Prozent ein. Diese Reformen werden bis heute als schmerzhaft empfunden, auch wenn die meisten Ökonomen sie im Rückblick als richtig und wichtig beurteilen.

Bildlich gesprochen hat die slowakische Bevölkerung über lange Jahre den Gürtel enger geschnallt, die Zähne zusammengebissen und hart geschuftet, um sich einen bescheidenen Wohlstand zu erarbeiten. Die Slowakei hat, wie ich finde, die wenigen Chancen, die das Land nach dem Zusammenbruch der Planwirtschaft hatte, imposant genutzt. Ich meine, darauf kann man stolz sein!

Umso erstaunlicher ist es, dass darauf fast niemand stolz zu sein scheint, es gibt keine vergleichbare Narration à la Wirtschaftswunder wie in Deutschland. In Gesprächen werde ich zu Recht darauf hingewiesen, dass ich da Birnen mit Äpfeln vergleiche.

Deutschland war nach dem Krieg an dem tiefsten Punkt angelangt. Jeder wusste, viel schlimmer kann es wirtschaftlich nicht mehr werden. Von da an ist es in den nächsten Jahrzehnten wirtschaftlich stetig aufwärts gegangen.

In der Slowakei dachten nach dem Zusammenbruch des Sozialismus viele, dass es von nun an aufwärts gehe und das kapitalistische Paradies in kurzer Zeit käme. De facto wurden die wirtschaftlichen Lebensbedingungen für die meisten aber für lange Jahre erst einmal schlechter, bevor es wirtschaftlich wieder bergauf ging. Von den Jahren der wirtschaftlichen Transformation blieben vor allem die sozialen und politischen Verwerfungen in Erinnerung.

Was verständlich ist, es bringt ja auch nichts, schlechte Erfahrungen zu verdrängen. Aber trotzdem bleibe ich dabei, dass die Slowakei innerhalb von zwei Jahrzehnten wirtschaftlich eine Menge auf die Beine gestellt hat, worauf man stolz sein kann. Ich betrachte das mit Hochachtung.

*10. Grund*

## *Weil Sie nirgendwo mehr Burgen finden*

Bewunderer von Burgen können sich freuen, denn die Slowakei dürfte ein Eldorado für sie sein. Weltweit finden Sie nirgendwo mehr Burgen, als in der Slowakei; zugegebenermaßen bezogen auf die Einwohnerzahl des Landes. Dazu kommt, dass man sich darüber streiten kann, was nun eine Burg und was nun ein Schloss ist. Unbestritten ist allerdings, dass rund 200 Burgen (einschließlich Burgruinen) und Schlösser und mehr als 400 Kastelle im Land stehen. Seit dem Mittelalter dienten sie vor allem dazu, Handelswege und Grenzen zu sichern.

Eine der imposantesten Burganlagen ist sicherlich die Arwaburg (Oravský hrad), die 112 Meter über dem Fluss Arwa auf einem steilen Felsen geradezu schwebt und weither Blicke auf sich zieht. Nicht umsonst ist sie die meistbesuchte Burg in der Slowakei. Filmfreunden ist sie als Drehort für den Klassiker *Nosferatu – Eine Symphonie des Grauens* bekannt, den Friedrich Wilhelm Murnau dort 1921 drehte. Sein Hauptdarsteller mit dem klingenden Namen Max Schreck soll so überzeugend gewirkt haben, dass bis heute Gerüchte kursieren, er habe einen Vampir nicht nur gespielt, sondern auch als einer gelebt.

Natürlich passen Geister zu Burgen wie Pech zu Schwefel. Die Baronin Elisabet Czobor soll noch heute des Nachts mit einer Lampe in der Hand durch die Gemäuer der Arwaburg geistern, weil sie selbst nach ihrem Tod ihren Untertanen keine Ruhe gönnen will. Ihr an Weihnachten 1616 verstorbener Gatte und Burgherr Georg III. Thurzo liegt in der Burg begraben, und deshalb behaupten böse Zungen, sie will ihrem Ehemann an seiner letzten Ruhestätte einen Besuch abstatten.

Die Ruine der Höhenburg Muráň ist in einer besonders beeindruckenden Karstlandschaft des gleichnamigen Nationalparks eingebettet. Von dem ebenfalls gleichnamigen Dorf Muráň ist sie auf dem roten Wanderweg in gut zwei Stunden erreichbar. Die Mühe lohnt sich, denn der Ausblick auf die weit auslaufenden Bergrücken ist einfach eine Wucht.

Und natürlich sind auch hier einige Geschichten mit dem Ort verwoben. Der 935 Meter hohe Berg, auf dem die Anlage errichtet wurde, heißt »Cigánka«, was übersetzt Zigeunerin bedeutet. Der Legende nach hatte sich einst ein Hauptmann eine wunderschöne Roma aus dem Dorf zur Frau genommen. Als er nach dem Krieg zurückkehrte und feststellte, dass sie ihm untreu gewesen war, schleifte er sie auf den höchsten Turm der Burg und – statt über Paartherapie nachzudenken – stieß die Arme in den klaffenden Abgrund.

Eine weitere wunderschöne Frau war Mária Széchy, die Venus von Muráň, die als ungarische Burgherrin im 17. Jahrhundert von Habsburger Truppen unter Führung von Franz Wesselényi belagert wurde. Der Legende nach hatte sich Franz in Mária ob ihrer Schönheit verliebt und soll ihr eine geheime Liebesbotschaft geschickt haben, worauf sie ihn und seine Truppen einließ und die Burg ohne Gegenwehr übergab. Nur zu gern wüsste ich, was in diesem Brief stand. Wenn ich mir historische Gemälde anschaue, auf denen Franz abgebildet ist, wird mir sofort klar, dass es nicht an seinem Aussehen gelegen haben kann, dass Mária sich ebenfalls in ihn verliebte.

Franz Wesselényi heiratete Mária Széchy und brachte es immerhin bis zum Palatin, also zum höchsten Amt des Ungarischen Königreichs. Allerdings ließ er sich als einer der Rädelsführer auf eine Verschwörung gegen Kaiser Leopold I. ein, die sogenannte Magnatenverschwörung bedeutender ungarischer und kroatischer Familien. Die Verschwörung war ein Flop. Viele seiner Mitstreiter wurden verurteilt und hingerichtet. Franz jedoch starb eines natürlichen Todes, bevor er enttarnt wurde. Das nennt man wohl noch mal Glück gehabt.

Schon all diese Wörter wie Nosferatu, Venus, Palatin oder Magnatenverschwörung … ich mag schon ihren Klang und die Assoziationen, die dabei bunt aufpoppen. Wie ich finde, ist ein Ausflug auf eine Burg unweigerlich auch immer ein Besuch zweier Welten. So geht es mir zumindest. Da ist die eine Welt des Realen, in der kraxelt man über felsige Pfade, hört den Wind durch das Bollwerk pfeifen und steht leicht verschwitzt im Schatten halbverfallener Basteien. In der anderen Welt reist man gedanklich zurück durch die Zeit, hört, wie Schwerter aufeinanderkrachen, riecht den Rauch, der aus Ruinen aufsteigt, und erfährt, wie Intrigen gesponnen und Versprechen gebrochen wurden. In der einen Welt begegnet man der Natur und der Architektur, in der anderen tauchen Geschichten aus vergangener Zeit und historische Persönlichkeiten auf, deren Leben exemplarisch für ihr jeweiliges Zeitalter waren. Ich schätze, schon der aufmerksame Besuch einer Handvoll Burgen ist eine gute Investition, um einige Jahrhunderte Geschichte auf slowakischem Boden besser zu verstehen, als das Blättern in verstaubten Geschichtsbüchern.

*11. Grund*

## *Weil nirgendwo in Europa zwei Hauptstädte so nah nebeneinanderliegen*

Zwischen Bratislava und Wien liegen nur 60 Kilometer. Nirgendwo in Europa liegen zwei Hauptstädte so nah beieinander. Allerdings waren beide Städte jahrzehntelang durch den Eisernen Vorhang voneinander getrennt. Seit die Slowakei der Europäischen Union angehört, wachsen die Städte wieder zusammen und versuchen unter dem Konzept »Twincity« ihre Entwicklung aufeinander abzustimmen. In dem Ballungsraum, den die beiden Städte bilden, leben immerhin drei Millionen Menschen. Und Bratislava und Wien waren jahrhundertelang wirtschaftlich und kulturell eng miteinander verbunden.

So ist es nicht verwunderlich, dass viele Familien aus Bratislava in den österreichischen Grenzgemeinden Häuser kaufen oder bauen. In Wolfsthal, direkt hinter der Grenze, spricht der Bürgermeister schon fließend slowakisch. Bratislava und Wien liegen an der Donau, genauso wie Budapest, die Dritte im Bunde. Alle drei Städte gehörten zu der Donaumonarchie, die bis zum Ersten Weltkrieg bestand. Slowakisch, Deutsch und Ungarisch waren auch die dominanten Sprachen, die in den Straßen Pressburgs, so wurde Bratislava bis kurz nach dem Ende des Ersten Weltkrieges genannt, zu hören waren. Deutsch ist immer noch eine wichtige Fremdsprache, und nicht wenige Menschen in Bratislava sprechen sie gut, aber Ungarisch ist als alltägliche Verkehrssprache fest verankert. Im südlichen Teil der Slowakei gibt es eine bedeutende ungarische Minderheit, die Ungarisch in eigenen Schulen pflegt.

In den 2000er-Jahren hat es zeitweise auf politischer Ebene zwischen der Slowakei und Ungarn etwas geknirscht. Mein Eindruck ist jedoch, dass das die einfachen Menschen, also die slowakisch oder ungarisch sprechenden Slowaken, nicht interessiert hat. Im Alltag kommen beide Sprachgruppen gut miteinander aus – soweit ich das beurteilen kann. Auch Bratislava und Budapest haben eine über Jahrhunderte dauernde Verbindung. Bratislava war zum Beispiel zwischen 1563 und 1830 Krönungsstadt ungarischer Könige.

Trotz ihrer zahlreichen historischen Gemeinsamkeiten sind Bratislava, Wien und Budapest keine Drillinge. Aber im Stadtbild ist es sichtbar, dass Bratislava von Wien beeinflusst wurde, wie Wien von Budapest beeinflusst wurde und vice versa. In jeder Stadt können Besucher also etwas von den beiden anderen Städten entdecken.

*12. Grund*

## *Weil der schwerste flugfähige Vogel der Welt unweit von Bratislava überwintert*

Zu den größten flugfähigen Vögeln der Welt gehört die Großtrappe, zusammen mit ihrer Geschwisterart, der Riesentrappe, die aber in Afrika lebt. Männliche Großtrappen, auch Hähne genannt, können bis zu 18 Kilogramm wiegen und einen Meter groß werden. Die Balz der Großtrappen ist ein sehenswertes Schauspiel, bei dem der Hahn seine Schwanzfedern auf den Rücken umklappt, sodass seine weißen Unterschwanzdecken von weither sichtbar sind. Er bläst seinen Hals zu einem Ballon auf, wie auch immer er das macht, und streckt seinen Kopf stark nach hinten, damit seine Bartfedern senkrecht vom Schnabel nach oben abstehen. Dabei verdreht er so kompliziert die Flügel, dass es jeden Yogi neidisch macht. Es ist schwer, bei so einem Spektakel nicht begeistert zu sein.

Weil die Trappen eine große Fluchtdistanz haben und sehr empfindlich auf Störungen reagieren, ist es wichtig, sie nur aus weiter Entfernung zu beobachten. Ohne Spektiv oder ein gutes Fernglas ist da nichts zu machen. In der Brutzeit geben sie ansonsten ihr Gelege auf, und das ist ein Grund, warum sie weltweit gefährdet sind. Vor allem geht es ihnen aber dreckig, weil wir ihnen keinen Lebensraum mehr überlassen. Sie brauchen ein weiträumig offenes Gebiet ohne Störungen. Das fanden sie früher auf Brachflächen, die wurden aber in den letzten Jahrzehnten landwirtschaftlich erschlossen oder verbaut. Heute stehen Großtrappen auf landwirtschaftlich genutzte Flächen, wenn wir sie lassen und nicht durch allzu intensive Bewirtschaftung vertreiben.

Gar nicht so weit weg von Bratislava, etwa fünf Kilometer südlich der Stadtgrenze, fangen Felder und Äcker an, die östlich von den Dörfern Jarovce, Rusovce und Čunovo bis an die Dreiländergrenze Slowakei, Österreich und Ungarn reichen. Auf ihnen tummeln sich im Winter in guten Jahren Hunderte und in mageren Jahren nur einige wenige Großtrappen, also mitten in dem Ballungsgebiet Bratislava-Wien. Ein gutes Beispiel dafür, dass es geht, wenn wir etwas zur Seite rücken und ein wenig Platz machen.

Die drei Länder machen mehr als das. Unter anderem wurden in Österreich oberirdische Stromleitungen in die Erde verlegt, weil sie ansonsten für die niedrig fliegenden Großtrappen tödliche Fallen sind. In der Slowakei wurden weite Flächen als Vogelschutzgebiete ausgewiesen. Die Schutzmaßnahmen der letzten Jahrzehnte wirken. Die Bestandszahlen der Großtrappen der sogenannten west-pannonischen Population (SK, AT, HU) steigen an, und alle Beteiligten hoffen, dass sie noch weiterhin ansteigen werden.

*13. Grund*

## *Weil karpatische Holzkirchen ohne einen Nagel erbaut wurden*

Karpatische Holzkirchen sind scheue Schönheiten. Häufig verstecken sie sich in kleinen Dörfern, überschirmt von alten Lindenbäumen. Ihre Grundfarbe ist ein schlichtes Dunkelbraun, das sich sanft in die Farbpalette der umgebenden Berge einfügt. Im Gegensatz zu ihren steinernen Kolleginnen in großen Städten sind ihre Fenster in der Regel klein und nicht bunt verglast. Ihre Formen sind gedrungen, und der Kirchturm ragt nicht allzu hoch in den Himmel.

Acht von diesen hölzernen Schönheiten wurden in die UNESCO-Liste des Weltkulturerbes aufgenommen. Es scheint, dass dabei darauf geachtet wurde, dass sich keine Religionsgemeinschaft benachteiligt fühlt, denn ausgezeichnet wurden zwei römisch-katholische Kirchen, drei evangelische Kirchen und drei griechisch-katholische Kirchen. Die evangelischen Holzkirchen, auch bekannt als Artikularkirchen, sind aufgrund von besonderen Bauvorschriften entstanden, die der Habsburger Kaiser Leopold I. erließ. Leopold war kein großer Freund der Protestanten und betrieb eine strenge gegenreformatorische Politik. Die Angriffe des Osmanischen Reiches im 17. Jahrhundert zwangen ihn jedoch, den Protestanten wieder mehr Freiheiten einzuräumen.

Seine Erlasse regelten, dass Protestanten wieder Kirchen bauen durften, allerdings nur außerhalb der Stadtmauern und in Dörfern außerhalb der Ortsgrenze. Zum Bau durfte nur weiches Material verwendet werden, verboten waren also Ziegelsteine und Metallnägel. Weiterhin verboten waren ein Turm mit Glocken sowie ein Eingang zur Hauptstraße.

Die griechisch-katholischen Holzkirchen stehen vor allem im Nordosten des Landes in Bergdörfern, in denen Russinen leben. Russinen, die im Deutschen auch oft Ruthenen genannt werden, bilden eine ostslawische Bevölkerungsgruppe, die hauptsächlich in den polnischen, slowakischen und ukrainischen Karpaten lebt. Als Baumaterial für ihre Kirchen dienten den Russinen vor allem Holz von Tannen und Lärchen.

Wer Holzkirchen mag und gleichzeitig die Landschaft erleben will, in der sie stehen, der sollte dem blauen Wanderweg von Topoľa über Ruský Potok nach Uličské Krivé folgen. Drei wunderschöne Holzkirchen auf rund zwölf leicht zu gehenden Kilometern. Der Wanderweg verläuft auf herrlich kleinen Pfaden, auf denen die Dorfbewohner noch regelmäßig verkehrten, als es noch keine Autos gab. Das ist ein großes Gehvergnügen, und der Weg ist eine gelungene Mischung aus Natur und Kultur.

*14. Grund*

## *Weil die größte Flussinsel Europas südlich von Bratislava liegt*

Die Große Schüttinsel ist tatsächlich die größte Flussinsel Europas, aber um es gleich vorwegzunehmen, so ein richtiges Inselgefühl kommt bei ihr nicht auf. Vielleicht, weil sie in ihren Ausmaßen zu groß ist. Denn die Kleine Donau zweigt bei Bratislava von der eigentlichen Donau nördlich ab und mäandert 128 Kilometer, bis sie in den Fluss Waag mündet, der wiederum bei Komárno in die Donau mündet. Das Flusssystem umfließt damit eine riesige Fläche Land, rund 1.800 Quadratkilometer.

Die Große Schüttinsel wird auch Roggen- oder Korninsel genannt, weil sie vor allem landwirtschaftlich genutzt wurde und wird. Die Kleine Schüttinsel ist hingegen ein wahres Naturjuwel. Sie wird durch die Moson-Donau umflossen, die bei Čunovo südlich von der Donau abzweigt und bei Sap wieder in ihr mündet. Die Insel wird durch die slowakisch-ungarische Grenze zweigeteilt, und ihr größerer Teil liegt in Ungarn.

Hinter Bratislava verliert die Donau, das ist wichtig zu wissen, ihr Gefälle und ihre Fließgeschwindigkeit und kreiert dadurch ein für mitteleuropäische Verhältnisse riesiges Flussdelta im Binnenland. Vor allem südlich des Hauptstroms verzweigt sich ein beeindruckendes Netz an mäandernden Seitenarmen, die rund 500 Inseln umschließen. Das Ganze ist, ich vermute, es ist nicht notwendig, das extra zu betonen, eine exquisite Ansammlung seltener Lebensräume und ein Paradies für Vögel. Dieses Flusssystem ist rund 80 Kilometer lang und bis zu 30 Kilometer breit, alle Flusskilometer addiert ergeben die eindrucksvolle Zahl von 200 Kilometern. Soll heißen: Wer sich den Flug ins Amazonasgebiet nicht leisten kann, der kann hier in die ebenfalls überwältigenden Artenvielfalt Mitteleuropas eintauchen.

Natürlich ist das kein Regenurwald, aber wenn der Frühling in den Sommer übergeht und die Vögel noch singen und die Insekten schon brummen, dann vibriert das Leben in den Auwäldern und auf den Uferbänken überwältigend. Das Kanu ist das beste Fortbewegungsmittel, um diese Landschaft zu entdecken. Es gibt so viele Seitenarme, dass durchaus das Gefühl aufkommen kann, etwas zu entdecken, was bisher noch nicht entdeckt wurde.

Allerdings ist die touristische Infrastruktur auf der ungarischen Seite besser als auf der slowakischen Seite. Auch sind dort die kleinen Seitenarme leichter zu befahren, weil sie weniger mit Dämmen zur Wasserregulierung bestückt sind. Der Natur ist es letztendlich egal, auf welcher Seite der Staatsgrenze sie gedeiht. Das ökologische Paradies des Binnendeltas der Donau ist somit ein Grund, die Slowakei zu mögen, aber genauso auch ein Grund, warum mir Ungarn gefällt.

*15. Grund*

## *Weil in Levoča der höchste Holzaltar der Welt steht*

Ja, das ist ein Superlativ, der stets in Verbindung mit der im Osten des Landes gelegenen Kleinstadt Levoča steht. Und in der Tat ist der 18,62 Meter hohe vergoldete Flügelaltar sehenswert nicht nur für Kulturbeflissene, sondern auch für Menschen, die sich einfach nur ästhetisch verzücken lassen wollen.

Ein paar weitere Informationen können vermutlich für beide Gruppen interessant sein: Schöpfer des Kunstwerkes war Meister Paul von Leutschau (deutsche Bezeichnung für Levoča). Er schuf dieses spätgotische Meisterwerk im 16. Jahrhundert.

Ich finde, mit den Superlativen ist das so eine Sache. Irgendwie gefallen sie mir, sie sind eingängig, und in Gesprächen zirkulieren sie mühelos von alleine. Andererseits wirken sie manchmal ein wenig bemüht oder von weit hergeholt. Manchmal rufen sie auch Fragezeichen hervor: Ist der Altar der größte Altar der Welt oder der größte hölzerne Altar der Welt oder der größte gotische hölzerne Altar der Welt? Die Antwort sollte vermutlich lauten: egal, denn die Kunst im Kunstwerk ist der Superlativ.

Der Altar, die St.-Jacob-Basilika und die komplette Innenstadt von Levoča sind zwar kein Superlativ, aber Welterbe der UNESCO-Liste, was ja auch eine Spitzenleistung ist. Aber natürlich gefallen mir auch die Geschichten, die mit der Stadt verwoben sind. Ein Altar ist sehenswert, und Geschichten sind hörenswert, wie ich finde. Legenden, Anekdoten und Erzählungen aus der Stadtgeschichte gefallen mir ebenso gut wie Artefakte aus der Hochkultur. Hier ist meine Lieblingslegende aus Levoča:

Während der Neujahrsjagd im Jahre 1700 lässt der ungarische Adelige Pál Görgey seinen Jagdhund auf das Grundstück von Karol Kramler, seines Zeichens Bürgermeister von Levoča. Als der Jagdhund versucht, ein Reh zu reißen, erschießt er ihn kurzerhand. Das erzürnt den Adeligen so sehr, dass er wiederum auf den Bürgermeister schießt, der getroffen zu Boden sinkt.

Jetzt wird es grotesk. Die Kollegen aus dem Stadtrat nehmen daraufhin den verletzten Bürgermeister und tragen ihn über das Grundstück von Pál Görgey, bis sein Blut nicht mehr auf die Erde tropft. Sie machen das, weil sie sich an ein königliches Privileg erinnern, das ihn der ungarische König drei Jahrhunderte zuvor gewährte. Hintergrund ist, dass einst ein anderer Bürgermeister von Levoča im Kampf für das Königreich gestorben war, und daraufhin bekam die Stadt den Boden zugesprochen, auf den das Blut des Bürgermeisters fiel. Und nicht nur das, von da an, so das königliche Privileg, soll weiterhin jeglicher Grund und Boden der Stadt Levoča zugesprochen werden, sobald er von bürgermeisterlichem Blut benetzt wird.

Das war ein cleverer Schachzug. Levoča verfügte nun über mehr Erde. Freilich gab es einen kleinen Kollateralschaden zu betrauern, Karol Kramler hatte die Prozedur nicht überlebt. Aber auch da wussten die Herren aus dem Stadtrat Rat (deswegen saßen sie ja in demselben). Sie trennten der Leiche den rechten Arm ab und stellten das Körperteil im Rathaus zur Schau. Nach einer anderen ebenfalls alten Rechtsverordnung war das der legitime Aufruf, um Rache an Pál Görgey zu nehmen. Fünf Jahre konnte sich der ungarische Adelige seiner gerechten Strafe entziehen, dann führte ihn sein Hochmut zurück in die Stadt, wo er verhaftet, verurteilt und mit dem Beil geköpft wurde. Die Stadträte bewiesen einen letzten Sinn fürs Detail, als sie Karol Kramlers Arm in das Grab des Adeligen legten.

Spannend, wie in dieser Legende die Machtverschiebung von den Adeligen hin zu den Stadtbürgern bebildert wurde. Das dadurch gewonnene Selbstbewusstsein verkörpert eindrucksvoll das Rathaus. Levoča ist mit nicht mal 15.000 Einwohnern eine kleine Stadt, dafür überrascht sie aber mit blutigen Legenden, einem Superlativ und als Weltkulturerbe.

*16. Grund*

## *Weil »Marína« das längste Liebesgedicht der Welt ist*

Andrej Sládkovič war 19 Jahre jung, als er sich in die gleichaltrige Marína Pischlová, die Schwester seines Nachhilfeschülers, verliebte. Zwei Jahre, 1839-40, sahen sie sich regelmäßig in dem Haus ihres Vaters, am heutigen Rathausplatz Nr. 18 in Banská Štiavnica. Und wie Romeo und Julia stammten sie aus unterschiedlichen Elternhäusern: Andrej war arm wie eine Kirchenmaus, aufgewachsen ohne Mutter, die starb, als er 13 Jahre alt war. Marínas Familie war wohlhabend, ihr Vater ein angesehener Geschäftsmann, Teilhaber eines Bergwerkes.

Als Andrej aufbrach, um in Bratislava und später in Halle in Deutschland zu studieren, tauschten beide Verlobungsringe aus. Marínas Eltern waren weniger begeistert und drängten sie dazu, eine Ehe einzugehen, die sie wirtschaftlich absicherte. Marína schrieb Andrej, der auf ihren Brief antwortete: »Ich will deinem Glück nicht im Weg stehen, aber wenn du auf mich wartest, werde ich dir immer treu sein.« Marína wartete nicht, heiratete 1845 in der Katharinen-Kirche direkt vor ihrem Haus und nahm den Namen Geržová an.

Andrej Sládkovič verwandelte seinen Liebeskummer in das längste Gedicht der Welt, das aus 291 Strophen und 2.900 Versen besteht und 1846 gedruckt wurde. Er schrieb danach einige weitere Gedichte und Bücher, engagierte sich in der slowakischen Nationalbewegung, heiratete und wurde Vater von vier Kindern, aber bekannt blieb er vor allem wegen seines Gedichtes *Marína*, das bis heute als Meisterwerk der slowakischen Romantik angesehen wird.

Marínas weiterer Lebensweg war mit wenig Glück gesegnet. Alle ihre Kinder, bis auf ihrem Sohn Karol, verstarben noch zu ihren Lebzeiten, zwei ihrer Enkel in derselben Woche an Scharlach. Depressiv und verarmt starb Marína 27 Jahre nach Andrejs Tod und wurde auf dem alten Friedhof in Banská Štiavnica beerdigt.

In den 2010er-Jahren prangte zwar eine Plakette an Marinas Geburtshaus, aber das Gebäude war marode, und das Gedicht kannten allenfalls noch Schüler, die in der Schule gezwungen wurden, es zu lesen. Das ist nicht richtig, dachten sich zwei Romantiker namens Janči Majsniar und Igor Brossmann, dagegen muss man etwas unternehmen. Sie nahmen einen Kredit auf, kauften das Haus am Rathausplatz 18, renovierten es und eröffneten eine »Bank der Liebe«.

Im Gewölbe des Kellers prangt jetzt das Gedicht *Marína* handschriftlich, und hinter jedem einzelnen Buchstaben befindet sich ein Schließfach, in dem Menschen aus aller Welt Devotionalien ihrer Liebe hinterlegen. Wie zum Beispiel vier Freunde, die einen Stein aus dem Himalaja aufbewahren, wo sie zusammen gewandert sind, oder wie der Liebesbrief, den eine 80-Jährige von einem 90-Jährigen bekommen hat, nachdem sie sich 60 Jahre nicht gesehen hatten.

Für alle, die sich kein Schließfach leisten können oder wollen, steht eine kleine Holzbank vor dem Haus, dahinter ein metallenes Gitter, an dem Paare Hängeschlösser in der Hoffnung anbringen, dass ihre Beziehung auf ewig halten möge.

Mit der Liebesgeschichte von Andrej und Marína, mit der Bank der Liebe und mit ihrer wunderschönen Kulisse erhofft Banská Štiavnica sich einzureihen in die Reihe der romantischen Städte wie Paris und Verona.

*17. Grund*

## *Weil die Mincovňa eines der ältesten Unternehmen der Welt ist*

Die Münzprägeanstalt Mincovňa in Kremnica ist eines der ältesten Unternehmen der Welt, weil sie seit 1328 ohne nennenswerte Unterbrechungen Edelmetalle wie Gold und Silber verarbeitet und Münzen prägt. Sage und schreibe sieben Jahrhunderte also.

In diesen sieben Jahrhunderten hat die Mincovňa Herrscher kommen und auch wieder gehen sehen. Die Münzanstalt produzierte für ungarische Könige, für die Habsburger, für Demokraten und Kommunisten zu Zeiten der Tschechoslowakei und seit 1993 für die slowakische Regierung. Und vor nicht allzu langer Zeit hat sie auch einen Online-Shop eröffnet, in dem jedermann Gedenkmünzen, Abzeichen und Medaillen käuflich erwerben kann.

Wenn die Mincovňa eine alte Dame wäre, Junge, Junge, könnte sie Geschichten erzählen. Die abenteuerlichste Geschichte von allen wäre die, die mit einem knapp 30 Meter langen Tunnel und dem Zweiten Weltkrieg zusammenhängt.

Der genannte Tunnel bohrt sich auf 1.200 Metern Höhe durch den Kamm des Kremnitzer Gebirges und bietet damit seit Jahrhunderten eine Abkürzung zwischen den beiden Bergbaustädten Kremnica und Banská Bystrica. Wenn das Gebirge umfahren werden muss, was heutzutage der Fall ist, ist der Weg 50 Kilometer lang, auf dem direkten Weg über das Gebirge nur noch 18 Kilometer.

Während des Zweiten Weltkrieges lagerte der gesamte slowakische Staatsschatz in der Mincovňa. Der geriet in Gefahr, als sich die slowakische Widerstandsbewegung am 29. August 1944 militärisch gegen die Wehrmacht erhob. Die deutschen Truppen versuchten daraufhin, den Goldschatz unter ihre Kontrolle zu bringen. Das verhinderten jedoch die Mitarbeiter der Mincovňa zusammen mit einer Gruppe von lokalen Partisanen. Unter Beschuss transportierte sie rechtzeitig 183 Kilogramm Gold durch den Tunnel über das Gebirge nach Banská Bystrica. Das war ein echtes Husarenstück. Nach dem Krieg bildete das Gold die Reserven für die neu gegründete Tschechoslowakischen Nationalbank.

Selbst nach sieben Jahrhunderten ist das historische Gebäude der Mincovňa noch sehenswert, ebenso wie die komplette Altstadt von Kremnica. Der Tunnel ist nur zu Fuß erreichbar, am kürzesten in einem halbstündigen Fußmarsch über den roten Wanderweg von Skalka.

*18. Grund*

## *Weil das Weißwassertal das schönste Tal der Tatra ist*

Ziemlich abgelegen, an der Grenze zu Polen, liegt das Weißwassertal (Bielovodská dolina). Mit 13 Kilometern ist es nicht nur das längste, sondern in meinen Augen auch das schönste Tal der Tatra. Wer das Tal betreten möchte, muss zu dem verschlafenen Grenzübergang Lysá Poľana fahren, denn von dort aus führt ein blauer Wanderweg in südlicher Richtung ins Tal hinein.

Bei meinem ersten Besuch in der Slowakei Anfang der 90er-Jahre, kurz nachdem sich die Slowaken von den Tschechen getrennt haben, bin ich über diesen verschneiten Grenzübergang zu Fuß gestapft. Daran kann ich mich gut erinnern, weil auf slowakischer Seite schon ein Bus auf uns wartete, und als ich den Fahrer nach dem Preis fragte, streckte er mir seine Hand mit drei verbleibenden Fingern (interessanterweise fehlten Zeige- und Ringfinger) entgegen und sagt: »Five Dollars.« Das war eigentlich vollkommen überteuert, aber da ich nicht die Nachstellung des Witzes »Fünf Bier für die Männer des Sägewerks« ruinieren wollte, war es mir das wert.

Damals habe ich das Weißwassertal nicht bewandert, was ich aber hätte tun sollen, denn nach einigen Kilometern leichten Bergaufwanderns eröffnen sich im Tal wundervolle Bergimpressionen, und aus den zahlreichen Seitentälern strömen immer wieder weitere rauschende Bäche in den Weißwasserbach. Das Tal wirkt auf eine seltsame Weise wild und gezähmt, weil hinter den sanften grünen Wiesen schroffe Felswände aufragen.

Entstanden ist das Tal während der Eiszeit durch den größten Gletscher der Tatra, der sich vom Nordhang der Gerlachspitze hinabfräste und dabei die typische U-Talform, steile Trogwände und Gletschermoränen hinterließ. An seiner breitesten Stelle war er eineinhalb Kilometer breit und seine Eisschicht 330 Meter stark. Was für ein Oschi!

Kurz bevor es zum Sattel hinaufgeht, führt der Weg unterhalb des Gebirgssees Ťažké pleso vorbei, aus dem das Wasser abfließt und zwölf Meter in die Tiefe fällt. Spätestens da beschleicht einen das Gefühl, dass das Weißwassertal die slowakische Antwort auf Shangri-la ist. Danach wird es steiler, felsiger und schroffer. Auf der linken Seite ragt eine mächtige Felspyramide empor, die eine glaziologische Besonderheit ist, für die es einen grönländischen Fachbegriff gibt: *Nunatak*.

Ein *Nunatak* ist ein isolierter Fels, der über die Oberfläche eines Gletschers hinausragt, beziehungsweise wie in diesem Fall hinausragte. Dieser *Nunatak* trägt den Namen »Hrubá Veža«, was übersetzt »grober Turm« bedeutet. Der weitere Weg führt an einigen wunderschön anzusehenden Gebirgsseen vorbei, die bei Sonnenschein grünblau glitzern.

Wer am Ende des Tals kurz unterhalb des Sattels nach einer Übernachtungsmöglichkeit sucht, der folgt entweder dem gelben Wanderweg zur Berghütte Sliezsky dom oder weiter dem blauen Wanderweg bis zu der Berghütte Zbojnícka chata. Die andere Alternative wäre umzukehren. Wer fit wie ein Turnschuh ist, steigt über den mit 2.352 Metern höchstgelegenen Sattel in der Tatra Priečne sedlo und dann durch das Javorová-Tal wieder ab. Auch dieses Tal ist ein Augenschmaus, aber diese Tagestour würde alleine fast 14 Stunden dauern. Wenn überhaupt ist das nur bei gutem Wetter im Sommer zu schaffen. Im Winter sind die beiden Täler eh geschlossen.

Drittes Kapitel

# *Orte, die man gesehen haben muss*

*19. Grund*

## *Weil der Berg Kriváň nicht nur wunderschön und historisch bedeutsam ist, sondern auch noch in die Hosentasche passt*

Da gibt's nichts lang drum herum zu reden: Der in der Hohen Tatra gelegene Berg Kriváň ist unter all den slowakischen Bergen einfach der ansehnlichste. Immerhin ist die Konkurrenz groß, denn mehr als 40 Prozent der gesamten Landesfläche sind gebirgig und es mangelt nicht gerade an imposanten Gipfeln. Dennoch waren sich die Leser der Zeitung *Pravda* einig und wählten den Kriváň in einem nationalen Wettbewerb souverän auf den ersten Platz. Vielleicht, weil der Kriváň einst von einem Engel berührt wurde.

Einer Legende nach hat Gott, nachdem er alles erschaffen hatte, einen Engel mit dem Auftrag auf die Erde geschickt, zu schauen, was es noch zu verbessern gäbe. Nach langem Umherfliegen landete er an dem schönsten Ort der Welt – der Hohen Tatra. Da gab es jedoch nichts zu verbessern, und er konnte sich nicht genug sattsehen an all der Schönheit, die der Herrgott erschaffen hatte. Als es dämmerte, erschrak er und brach überstürzt auf, dabei – es muss schon arg dunkel gewesen sein – stieß er mit einem Flügel an einen Berg. Seitdem neigt sich der Gipfel des Kriváňs leicht gen Südwest und ist wie der berühmte kleine Makel, der die Schönheit umso mehr hervorhebt.

Der Name Kriváň stammt von dem slowakischen Wort für »schief« (krivý) ab, die in der Slowakei lebenden Karpatendeutschen nannten ihn deshalb Krummhorn. Auf 2.494 Metern türmen sich seine Felsen zu einem klassisch anmutenden Gipfel auf, und da er ganz im Westen der Hohen Tatra thront, tun sich an den verschiedensten Stellen im Liptauer Kessel prächtige Perspektiven auf.

Der Kriváň wurde sehr lange für den höchsten Berg der Slowakei gehalten, bis der Landvermesser Ludwig Greiner im Jahre 1837 nachwies, dass der Gerlach und drei weitere Gipfel höher liegen.

Zum Nationalsymbol wurde der Berg allerdings einige Jahre später durch einen Blitz, frühzeitliche Graffiti und eine gehörige Portion Vandalismus.

Der Sachsenkönig Friedrich August II., der gerne und viel reiste und dabei Gebirgspflanzen sammelte, bestieg im Jahre 1840 mit einem einheimischen Führer den Gipfel. Das begeisterte die Monarchisten der damaligen Doppelmonarchie Österreich-Ungarn derart, dass sie ein Denkmal in Auftrag gaben. Im selben Jahr schleppten Männer aus dem nahe gelegenen Dorf Východná 850 Kilogramm Material bis auf die Spitze des Berges, um dort einen Obelisken mit einer vergoldeten Eisenkrone zu errichten. Darauf prangte in Deutsch und Ungarisch die Aufschrift: »Gott segne die Sachsen!«

Die Väter der slowakischen Nationalbewegung Ľudovít Štúr und Jozef Miloslav Hurban stiegen ein Jahr später, am 16. August 1841, auf den Gipfel und erklärten den Kriváň zum nationalen Symbol der Slowakei. Die ganze Angelegenheit ruhte damit erst einmal für die nächsten 15 Jahre, bis ein Blitz in die Eisenkrone einschlug. Unbekannte Panslawisten nahmen das als Anlass, die bisherige Aufschrift mit weißer Farbe zu übertünchen und eine eigene Parole anzubringen: »Heil den Slawen, Hölle den Verrätern!«

Fünf Jahre später, am 3. September 1861, stiegen erneut Patrioten auf den Kriváň und zerstörten nun die Reste des Denkmals komplett. Mit dieser dritten Volkswanderung begründeten sie auch gleichzeitig eine Tradition, die den Faschismus des Slowakischen Staates während des Zweiten Weltkrieges und den danach folgenden Kommunismus überlebte. Bis heute organisiert der Klub der slowakischen Touristen jedes Jahr Ende August eine Volkswanderung auf den Kriváň.

Obwohl gesagt wird, dass man auch noch heute verrostete Reste der Sachsenkrone unterhalb des Gipfels finden kann, wurde ich bisher nicht fündig. Was einem aber nicht entgehen kann, ist die herrliche Aussicht, die der Kriváň bietet. Im Süden liegen der Talkessel der Liptau und der langgestreckte Gebirgskamm der Niederen Tatra, im Norden blinken die Gipfel der Hohen Tatra, und direkt unterhalb des Gipfels funkelt ein blauer Gebirgssee, der in Übersetzung allerdings Grüner See heißt.

Überhaupt bietet sich der Kriváň für eine wundervolle Tageswanderung an. Starten Sie an dem Parkplatz Tri studničky an der Landstraße 532. Folgen Sie dem roten Wanderweg, und falls Sie auf Kuhfladen treffen sollten, die irgendwie nicht nach Kuh aussehen, dann wird es sich aller Wahrscheinlichkeit nach um die Losung eines Braunbären handeln.

Unterwegs können Sie einen Bunker besichtigen, den Partisanen im Kampf gegen die Nazis im Zweiten Weltkrieg benutzten. Nach rund drei Stunden erreichen Sie den Wegpunkt Krivánsky žľab, der oberhalb der Baumgrenze und direkt unterhalb des Gipfels liegt. Von hier an geht es über Felsen, und zum Schluss brauchen Sie Trittsicherheit, um den Gipfel zu erreichen. Der Kriváň ist beliebt, und da man ihn nur von Mitte Juni bis Ende Oktober besteigen darf, werden Sie bei gutem Wetter auf dem Gipfel nicht allein sein. Der früher obligatorische Gipfelschnaps, der bei solchen Gelegenheiten laut zuprostend getrunken wurde, wird auch hier mehr und mehr durch ein gemeinsames Selfie ersetzt.

Absteigen sollten Sie über den grünen Wanderweg runter bis zu dem Gebirgssee Jamské pleso, dessen eiskaltes Wasser an heißen Tagen malade Füße wieder auf Vordermann bringt. Ringsherum stehen seltene Zirbelkiefern, deren Zapfen vom weiß gepunkteten Tannenhäher heiß geliebt werden. Von hier aus führt ein gut ausgebauter Weg (rote Markierung) zurück zum Ausgangspunkt. Die ganze Tour ist in guten sieben Stunden zu schaffen.

Große Teile der Wege, auf die Sie dann gehen würden, wurden von Bergleuten schon vor einigen Jahrhunderten angelegt. Auf der Suche nach Gold haben sie sogar 50 Meter unterhalb des Gipfels einen Stollen gebohrt.

So richtig blamiert hat sich im Jahr 2017 die ultranationalistische und rechtsextremistische Partei »Unsere Slowakei« um den selbst ernannten Führer Marián Kotleba. In Anlehnung an die Volkswanderungen auf den Kriváň sind sie mit Parteiflaggen und Fotoapparaten zu Propagandazwecken auf den Berg gestiegen, allerdings auf den falschen, und zwar auf den Veľký Kriváň in der Kleinen Fatra, statt auf den echten Kriváň in der Hohen Tatra. Darüber hat seinerzeit die ganze Slowakei gelacht, und in den sozialen Netzwerken wurde ihnen Dutzende Male schadenfroh Nachhilfe für Geschichte angeboten. Wir werden sehen, ob die Partei bei der nächsten Parlamentswahl deshalb weniger als die erzielten acht Prozent bekommt, die sie 2016 erreicht hat.

Zusammenfassend könnte man sagen: Die Japaner haben ihren Fuji, die Griechen ihren Olymp, und die Slowaken steigen auf den Kriváň. Und ja, der Berg ist einfach eine Augenweide, hat eine reiche Geschichte, und in jedem Supermarkt werden Sie nach einer Tagestour das ideale Souvenir als Wechselgeld in die Hand gedrückt bekommen, denn auf den slowakischen 1-, 2- und 5-Cent-Münzen befindet sich – Sie ahnen es bereits – der Kriváň.

*20. Grund*

## *Weil in Bardejov ein nackter Hintern prangt*

Bardejov ist eine dieser kleinen Städte in der Slowakei, auf die das Urteil »verschlafen, aber malerisch« zutrifft. Beeindruckend ist vor allem der komplett erhaltene mittelalterliche Stadtkern mit einem sehenswerten Markplatz. Ungewöhnlich dabei ist, dass das Rathaus in der Mitte des Platzes und nicht am Rande steht. All das wurde zu Recht in die Liste des UNESCO-Weltkulturerbes aufgenommen.

Reich und wohlhabend ist die Stadt durch die zahlreichen Handwerkszünfte geworden, die sich dort im Mittelalter niedergelassen haben. Im 14. Jahrhundert erhielt Bardejov das Privileg einer königlichen Freistadt, das sie unter anderem dazu nutzte, um einen eigenen Henker zu beschäftigen. Auch die heutigen Bürger sehen das anscheinend als bedeutenden Schritt in der Entwicklung an und würdigen diesen mit einer bronzenen Skulptur, die einen Henker mit Beil und Richtblock zeigt.

Das 14. und 15. Jahrhundert gelten als das goldene Zeitalter. Danach legte sich Bardejov wie Dornröschen hin und verschlief die nächsten Jahrhunderte. Bis heute ist kein Prinz gekommen, um es wachzuküssen. Die Einwohner Bardejovs mögen mir mein harsches Verdikt verzeihen. Aber für Besucher ist das kein Nachteil. Die Atmosphäre ist entspannt. Die Handvoll Touristen beleben die Stadt eher, als dass sie störend wirken. In den Cafés und Restaurants rings um den Marktplatz ist man gern gesehen, und die Sehenswürdigkeiten innerhalb der Stadtmauern kann ein jeder gemütlich schlendernd an einem Tag besichtigen, ohne sich zu stressen.

Für mich hat die Stadt noch genau die Größe, die ich gerade bewältigen kann. Sie ist mit rund 30.000 Einwohnern zugebenermaßen nicht besonders groß, aber bei Bardejov habe ich noch das Gefühl, ich kann der Stadt gerecht werden, mir einen Einblick in ihre Geschichte verschaffen und habe zwischendurch trotzdem noch Zeit für ein Schwätzchen.

Von unserem Besuch in Bardejov ist mir besonders eine Geschichte in Erinnerung geblieben. Auf dem Rathaus ist eine Figur angebracht, die dem Betrachter ihren Allerwertesten zeigt. In freizügiger Obszönität zieht sie sogar noch ihre Arschbacken auseinander. Das ist ein ungewöhnlicher Anblick, zumal auf einem derart würdevollen Gebäude wie dem Rathaus.

»Was soll das?«, haben wir zuerst uns selbst und dann eine Stadtführerin gefragt. »Rache«, ist die Antwort. Einige Handwerker, die bei dem Bau des Rathauses geschuftet haben, wurden für ihre Arbeit nicht bezahlt. Als feinsinniger Kommentar dieser Niedertracht haben die Handwerker die Figur erschaffen und so angebracht, dass sie mit ihrem Arsch direkt auf das Haus des Zechprellers zielt, der ein wohlhabender Bürger der Stadt war. Bardejov scheint Humor zu haben, schön und einen Besuch wert ist es allemal.

*21. Grund*

## *Weil in Brhlovce Menschen in Höhlen leben*

Überall auf der Welt leben Menschen in Wohnhöhlen. Ja, mancherorts gibt es ganze Städte im Gestein. Eines der bekanntesten Beispiele ist die Höhlenarchitektur in Kappadokien in der Türkei. Die Slowakei will sich da nicht verstecken und verweist schüchtern auf Brhlovce.

Brhlovce ist ein kleines Dorf mit gerade mal 300 Einwohnern und befindet sich in einer hügeligen Landschaft, die sich zwischen dem Tiefland der Donau und den ersten Bergen des Erzgebirges erstreckt. Das Dorf ist zwischen felsigen Hügeln im Osten und im Westen eingequetscht. Irgendwann haben sich die Bewohner von Brhlovce wohl dann gefragt, warum mühevoll Baumaterial zusammentragen, wenn wir leichter komplette Wohnungen in den Felsen schlagen können?

Sie haben nicht nur gedacht, sondern auch getan und in den von ihnen geschaffenen Höhlen gelebt. Das Wohnen in Höhlen hört sich nach Muff und Feuchtigkeit an. Es ist aber besser als sein Ruf, denn im Sommer ist es kühl, und im Winter kühlt es nicht aus, weil die Höhlen natürlicherweise stark isoliert sind. Und gegen die leicht erhöhte Luftfeuchtigkeit wurden geschickt Belüftungsschlitze angebracht.

Die Frage ist nur, warum die Menschen in Brhlovce in die Höhlen gezogen sind. An dem erstaunlich angenehmen Wohnklima kann es nicht gelegen haben, denn die meisten Höhlen wurden im Laufe der Jahrhunderte zu Ställen, Lagerräumen oder Weinkellern umgewandelt. Auch waren es keine religiösen Einsiedler, die die Felsbauten anlegten, sondern einfache Dorfbewohner. In ihren mündlichen Überlieferungen sprechen sie davon, dass die Höhlen im 16. Jahrhundert während der sogenannten Türkenangriffe entstanden sind, als das Osmanische Reich begann, sich große Teile von Ungarn einzuverleiben. Das ist aber historisch nicht belegt.

Vielleicht haben die Bewohner einfach die Gelegenheit genutzt, die ihnen der Tuff geboten hat. Denn vulkanisches Tuffgestein ist weich und porös. Wenn schon eine Höhle meißeln, werden sie wohl gedacht haben, dann in Tuff und nicht in Granit oder Basalt. Nicht umsonst galten die Männer von Brhlovce als hervorragende Steinmetze. Geübt ist geübt.

In der Šurda-Straße Nr. 142 steht ein kleines Museum mit einer original erhaltenen Wohnhöhle. In direkter Nachbarschaft entsteht gerade eine Unterkunft für Besucher, in der es sich dann auch bei größter Hitze gut aushalten lässt. Die überzeugendste Idee, woher der Name Brhlovce stammen könnte, hat sich übrigens meine Tochter ausgedacht. Sie meint, dass die Menschen in ihren Höhlen ständig bibberten und sagte: »Brrr, ist mir kalt.«

*22. Grund*

## *Weil der Sandberg der schönste Berg in Bratislava ist*

Einer der schönsten Orte in Bratislava ist der Sandberg, der in Devín am westlichen Rand von Bratislava liegt, dort wo die March in die Donau mündet. Der Sandberg ist deshalb so schön und empfehlenswert, weil sich an diesem Ort drei Dinge vereinigen: herrliche Aussichten, spannende Geschichten und eine außerordentliche biologische Vielfalt. Das Ganze kann man am besten erleben, wenn man sich zu Fuß auf den Weg macht.

Sie sollten bei der Burgruine Devín starten, folgen Sie der roten Markierung durch den Stadtteil, der eigentlich ein eingemeindetes Dorf ist. Zu sozialistischen Zeiten konnte er nicht ohne weiteres besucht werden, weil hier der Warschauer Pakt auf die NATO traf. Und am Ufer der March steht deswegen ein Denkmal, das an die 62 Toten erinnert, die bei dem Versuch gestorben sind, die mit Hochspannungszäunen und Wachtürmen bewehrte Grenze zu überwinden.

Nach etwa 40 Minuten erreichen Sie den Gipfel des 514 Meter hohen Thebener Kogels (Devínska Kobyla). Bei klarer Sicht haben Sie einen weiten Blick auf die Donau und bis nach Österreich hinein. Sie schauen auf den Hundsheimer Berg bei Hainburg, der geologisch noch zu den Kleinen Karpaten gehört. Die Donau bildet hier ein Durchbruchtal zwischen den Ostalpen und den Karpaten – das Ganze ist als Thebener Pforte bekannt.

Folgen Sie dem roten Wanderweg bis zu dem Wegpunkt Bočná cesta, dort biegen Sie auf den grünen Wanderweg ab. Sie erreichen die Abbruchkante des Sandbergs mit einer weiten Aussicht auf die March, und mehr nordwestlich sehen Sie Schloss Hof im Marchfeld. Über die March spannt sich seit 2012 die Fahrradbrücke der Freiheit. In einer Internetabstimmung hingegen hatte sich eine Mehrheit für den Namen »Chuck-Norris-Brücke« entschieden. Allerdings hat die Politik dann gekniffen und den Namen nicht angenommen.

Die Trockenhabitate bieten einer Vielzahl von seltenen wärmeliebenden Tieren und Pflanzen ein Zuhause. Im Gras leben die seltenen Gottesanbeterinnen, die – vielleicht erinnern Sie sich – bekannt dafür sind, gelegentlich nach der Paarung ihre Männchen zu verspeisen. Hier wachsen das Frühlings-Adonisröschen, die Zwerg-Schwertlilie, die slawische Kuhschelle oder die Schmalblütige Traubenhyazinthe. Allesamt selten oder gefährdet, weil ihre Habitate zunehmend verschwinden.

Ringsherum wiegen einige Steppengräser im Wind. Typische Pflanzen der Eurasischen Steppe, die von der Mongolei bis zur ungarischen Tiefebene reicht. Ich stelle mir gerne vor, wie sie von weit von Osten angeweht wurden, um hier an den steilen Hängen des Sandbergs einen letzten Standort zu finden, der am äußersten Rand ihres Verbreitungsgebietes liegt. Denn dahinter fangen bereits die dunklen und wasserreichen Buchenwälder der Karpaten an, die ganz anderen Pflanzengesellschaften einen Lebensraum bieten.

Achten Sie auf die Löcher im Sand – hier graben Bienenfresser ihre rund eineinhalb Meter langen Brutröhren. Bienenfresser sind derart bunt gefiedert, dass sie nicht zu verwechseln sind. Sie überwintern in Afrika und kommen im Mai zum Sandberg, um hier in Kolonien zu brüten. Auf dem Rückweg finden Sie noch einige natürliche Aussichtspunkte auf die Burg Devín, den Zusammenfluss von Donau und March sowie auf das österreichische Marchfeld, auf dem sich seit Jahrhunderten vor allem Männer getroffen haben, um sich gegenseitig mit allerlei Mordwerkzeug die Schädel einzuschlagen.

Ein Beispiel gefällig? Auf den Feldern hinter der March sind im Jahre 1809 in nur vier Tagen während zwei Schlachten 128.000 Mann verreckt. Damit konnte Napoleon zwar den Französisch-Österreichischen Krieg für sich entscheiden, letztendlich hat es ihm dann jedoch nur einen Alterssitz auf St. Helena eingebracht.

Wieder unten angekommen, haben Sie rund zehn Kilometer in den Beinen, aber ein wirklich schönes Fleckchen Erde gesehen.

*23. Grund*

## *Weil Meere auch steinern sein können*

Die Slowakei hat keinen Zugang zum Meer, sehnt sich aber danach. Und so bricht alljährlich in den Sommerferien die Hälfte des Landes auf, um eine Region zu besuchen, die spöttisch als slowakische Adria bezeichnet wird. Die kroatische Küste ist für die Slowaken das, was für die Deutschen Mallorca ist. Davon konnte ich mich selbst überzeugen, als ich vor einigen Jahren mit meiner Familie über den Balkan gereist bin. Auf einigen Campingplätzen in Kroatien waren mehr Slowaken versammelt als in dem Viertel in Bratislava, in dem ich lebe.

Warum auch nicht, das Meer ist herrlich blau, das Essen lecker, und genauso wie für die Deutschen auf Mallorca gibt es für die Slowaken in Kroatien keine größeren Sprachprobleme, nur mit dem kleinen Unterschied, dass die Slowaken slowakisch und die Kroaten kroatisch sprechen und sich beide Parteien ganz gut verstehen.

In der Slowakei kann der Mangel an Meer auch nicht durch große Seen kompensiert werden, weil sie nicht vorhanden sind. Das gibt das bergige Terrain des Landes einfach nicht her. Gut, auf der Karte prangen ein paar blaue Flecken, aber die meisten sind Stauseen, die zur Strom- oder Trinkwassergewinnung angelegt wurden und in denen das Schwimmen oft verboten ist.

Da könnte doch die Donau ein Badeparadies sein. Ihre Wasserqualität hat sich in den letzten beiden Jahrzehnten wirklich zum Guten verbessert, und es gibt genug flache Uferstellen mit geringer Strömung. Nur, das nutzt so gut wie niemand. Die Vorstellung, in der Donau zu baden, ist für die meisten Slowaken komplett exotisch.

Mist, werden sich da in Vyhne in der Mittelslowakei vor langer Zeit die Leute gedacht haben, kein Meer, da kann man nichts machen. Doch dann haben sie sich in ihren Bergen umgeschaut und eine riesige Ansammlung von vulkanischen Steinen entdeckt, und weil diese so schön in der Sonne glänzten, dachten sie, das sieht doch eigentlich wie Meeresglitzern aus, und darum gaben sie sich einen Ruck und sagten zu sich selbst: Das ist jetzt unser Meer. Unser Steinernes Meer!

In der Nähe des Dorfes Šiatorská Bukovinka wurde sogar ein steinerner Wasserfall ausgerufen. Der ist entstanden, als ein Vulkan vor vier Millionen Jahren Lava ausspuckte und diese dann zu sechsseitigen Basaltsäulen erstarrte. Da das Ganze so aussieht, also ob es von einem Berg herabfließen würde, ist die Ähnlichkeit mit einem Wasserfall wirklich frappierend. Sowohl das steinerne Meer in Vyhne als auch der steinerne Wasserfall in Šiatorská Bukovinka sind geologische Besonderheiten und einfach nett anzusehen, dazu kommt noch, dass beide in einer jeweils herrlichen Landschaft liegen.

Das ist ein cleverer Schachzug von den Slowaken, ihren Mangel an großen Wasserflächen durch ihren Reichtum an Steinen zu kompensieren. Seitdem weiß ich, dass Meere nicht nur aus Wasser bestehen können, sondern auch aus Gestein.

24. Grund

# Weil selbst Abraumhalden in Špania Dolina schön wirken

Špania Dolina ist durch den Kupferbergbau im Mittelalter zu Wohlstand gekommen. Genauer gesagt im 15. und 16. Jahrhundert, und zwar als sich die schwäbischen Fugger und die ungarischen Thurzo zusammentaten und eine Bergbaugesellschaft gründeten. Zwischen 1493 und 1546 professionalisierten sie den Bergbau und trieben Hunderte Meter lange Stollen in die Berghänge, die bis heute zu besichtigen sind. Der Bergbau machte die beiden Kaufmannsfamilien noch reicher, als sie eh schon waren. Die Bergleute mussten hingegen unter widrigsten Bedingungen schuften, dass auch Kinder in den Stollen Schwerstarbeit verrichteten mussten, war zu dieser Zeit eine Normalität. Allein im 17. Jahrhundert streikten die Bergleute in Špania Dolina achtmal, teilweise führte das zu offenen Aufständen mit Verletzen und Toten.

Im 18. Jahrhundert waren die Erzvorkommen erschöpft, und Špania Dolina musste sich etwas Neues einfallen lassen, um wirtschaftlich über die Runden zu kommen. Die Frauen fingen an, Spitzen zu klöppeln, die auch noch heute gerne gekauft werden. Obwohl in dem Dorf nur noch rund 200 Einwohner leben, hat es viel zu bieten. Interessant ist das sogenannte Klopačka, ein Haus mit Turm, in dem ein schwerer Eichenhammer auf ein Holzbrett geschlagen wurde. Damit wurden die Bergmänner zur Arbeit gerufen. Wanderlustige sollten den Berglehrpfad begehen, der der Trasse einer Wasserleitung folgt, die im 16. Jahrhundert angelegt wurde – ein echtes Unikat. Der Wanderweg bietet einen Einblick in die Geschichte des Bergbaus und herrliche Ausblicke auf die Berge ringsum.

Der zentrale Dorfplatz wurde, was die wenigsten wissen, direkt auf einer Abraumhalde angelegt, und etwas skurril wirkt auch die riesige Abraumhalde Maximilian oberhalb des Dorfes, die trotz intensiver Bemühungen nicht bewaldet werden konnte. Sie gilt jetzt als technisches Denkmal und wurde für die Öffentlichkeit freigegeben. Von ihr hat man einen tollen Ausblick auf das Dorf.

*25. Grund*

## *Weil die Holzhäuser in Čičmany wunderschön bemalt sind*

Čičmany ist eines der schönsten Dörfer der Slowakei, wenn nicht sogar das schönste. Schnuckelig sind vor allem die alten Holzhäuser. Viele von ihnen sind über und über mit weißen Kreisen, Kreuzen, Quadraten, Blumen und anderen Formen bemalt. Das dunkle Holz und die weißen Ornamente passen einfach gut zusammen, darüber Dächer mit Holzschindeln. Das ist so malerisch, wie es klingt.

Ein weiterer Pluspunkt ist, dass Čičmany von herrlichen Bergen umgeben ist. Das Gebirge heißt Strážovské vrchy. Was für deutsche Muttersprachler nicht leicht auszusprechen sein dürfte, was aber wiederum nicht der Grund ist, warum es so wenig besucht ist. Die Slowaken haben einfach zu viele Gebirge, die schön sind. Das Strážovské-Gebirge glänzt durch eine angenehme Mischung aus blumenbestandenen Wiesen mit Mischwäldern auf Mittelgebirgshöhe und leicht zu erklimmenden Gipfeln. Das ist sehr gefällig zum Wandern.

Die Dörfer in der unmittelbaren Nachbarschaft sind nicht mit weißen Ornamenten geschmückt. Das gibt es so nur in Čičmany, insofern ist das nicht typisch für eine bestimmte Region oder Landschaft. Warum wurden dann die Holzhäuser in Čičmany mit weißer Kalkfarbe bemalt? Die Antwort lautet: anfänglich vor allem aus Schutzgründen. Die weiße Kalkfarbe sollte die Holzbalken vor Sonnenstrahlen schützen, damit sie nicht aufplatzen oder reißen. Beim Auftragen der weißen Kalkfarbe dachten die Frauen im Dorf vermutlich, wenn schon malen, dann richtig. Sie verschönerten nicht nur ihre Häuser, sondern ein ganzes Dorf. Eine Art kollektives Kunstwerk. Die dabei entstandenen Ornamente stickten sie auf ihre Decken und Trachten. Die Slowaken sind stolz auf diese Muster. So stolz, dass die slowakische Olympiamannschaft schon mehrfach mit einer Kleidung antrat, die die Ornamente von Čičmany trug.

Im vergangenen Jahrhundert sind leider einige dieser typischen Holzhäuser Bränden zum Opfer gefallen, rund 140 Holzhäuser stehen jedoch heute noch. In einem der schönsten erhaltenen Häuser, dem Gregorov dom, ist eine kleine Ausstellung untergebracht, die zeigt, wie die Menschen im Dorf früher gelebt haben.

*26. Grund*

## *Weil Velestúr ein ungelöstes Rätsel ist*

Drei Stunden Fußmarsch östlich von Kremnica, ziemlich abgelegen, befindet sich der 1.254 Meter hohe Berg Velestúr. Er ist nicht der höchste Berg der Kremnitzer Berge, es gibt vier weitere, die höher sind und schönere Aussichten anbieten. Trotzdem begibt sich so mancher Wanderer von Kremnica aus auf den blauen Wanderweg, um den Velestúr zu besteigen und möglicherweise der Lösung eines Rätsels näherzukommen, das als ungelöst gilt.

Gegenstand allen Rätselns sind ein massiver Felsen und die verwitterten Zeichen, die in sein Gestein geschlagen wurden. Sie sehen aus wie Runen, sind aber keine. Die Zeichen sind aber auch keine Buchstaben der glagolitischen Schrift, die die Apostel Kyrill und Method im 9. Jahrhundert den Slawen gebracht haben. Deswegen, so folgern einige, müssen die Schriftzeichen älter sein.

Die heute von den meisten Historikern akzeptierte Übersetzung der Schriftzeichen lautet: »Der ankommende Silian vom Norden zerstörte Kremnica und Turiec und alle Burgstätten in dem Jahr 280 nach Pfingsten.« Damit liegt also die Vermutung nahe, dass die

Zeichen schon vor rund 1.700 Jahren in den Felsen getrieben wurden, was wiederum eine historische Sensation wäre. Gerne wird in diesem Zusammenhang von Anhängern dieser Theorie auch darauf hingewiesen, dass Velestúr aus dem Namen zweier altslawischer Gottheiten – Veles und Túr – zusammengesetzt ist. Dazu passt, so meinen sie, dass der Felsen wie ein Opferstein aussieht.

Die meisten ernsthaften Historiker hingegen halten nichts von dieser These und sind davon überzeugt, dass die Zeichen nicht authentisch sind und von ihrem Entdecker, dem Kremnitzer Archivar Pavol Križko, im 19. Jahrhundert eigens angebracht wurden. Unter anderem berufen sie sich dabei auf Michal Matunák, einem weiteren Archivar aus Kremnica, der Pavol Križko der bewussten Fälschung beschuldigte und ihm das Motiv unterstellte, er wolle damit die slawische Geschichte umschreiben.

So oder so, ob die Zeichen authentisch sind oder eine Fälschung, eines ist Velestúr mittlerweile ohne Zweifel: ein beliebtes Ziel für Wanderungen, und das nicht nur für Hobbyhistoriker und Neuheiden. Und wer weiß, vielleicht bemerken Sie ja das eine oder andere Detail, das von Experten bisher übersehen wurde, und können somit zur Lösung des Rätsels beitragen.

*27. Grund*

## *Weil der Andreas-Friedhof in Bratislava die slowakische Antwort auf den Père Lachaise in Paris ist*

Der Andreas-Friedhof (Ondrejský cintorín) in Bratislava, eingequetscht zwischen der wuseligen Altstadt und den Bürohochhäusern der Downtown, ist eine Oase der Ruhe. Alte Bäume mit mächtigen Kronen beschatten altehrwürdige Familiengruften und bemooste Grabsteine. Die meisten Gräber stammen aus dem 18. und 19. Jahrhundert und aus der ersten Hälfte des 20. Jahrhunderts. Die wenigen Ruhestätten aus der zweiten Hälfte und vom Beginn des 21. Jahrhunderts werden echten Persönlichkeiten vorbehalten. Es gilt als ausgesprochene Ehre, dort begraben zu werden.

Ein Friedhof kann ein Ort der Besinnung sein, manche zweckentfremden ihn als Joggingstrecke in der Mittagspause. Ich mag es, zwischen den Gräbern zu schlendern, weil die Grabsteine etwas über Bratislava und seine Bewohner erzählen. Der erste Eindruck: Die Stadt war über Jahrhunderte dreisprachig, ich lese Inschriften auf Slowakisch, Deutsch und Ungarisch.

Einige Grabsteine sind extravagant, da schweben leicht bekleidete Engel, oder wuchtige Adler halten Familienwappen in ihren Fängen aus Beton. Andere wiederum sind von schlichter Eleganz, so gut wie keiner aber ist lieblos. Karl Jettings Grab, groß und eindrucksvoll, braucht den Vergleich zu seinem Leben nicht zu scheuen. Sein Leben konnte sich selbst ein Abenteurschriftsteller nicht bunter ausdenken.

Karls Vater starb 1745, als er 15 Jahre alt war, und durch einen Zufall lernte er einen reichen englischen Kaufmann kennen, der ihn in seine Dienste nahm und nach einigen Jahren als sein Vertreter in den Senegal schickte. Das Schiff, auf dem sich Karl befand, sank vor der afrikanischen Küste – es sollte nicht das einzige bleiben, das sank, als er an Bord war. Karl konnte sich ans Land retten, wo er jedoch von Einheimischen gefangen und als Sklave verkauft wurde.

Karl muss über eine gute Gabe Überzeugungskraft verfügt haben, denn es gelang ihm, seinen Sklavenhalter davon zu überzeugen, ihm die Freiheit zu schenken. Nach einer weiteren abenteuerlichen Reise erreichte er 1773 London. Der englische König hörte von seinem Martyrium, gewährte ihm eine Audienz, lauschte seinen Geschichten und ernannte ihn zur Belohnung zum englischen Konsul in Marseille.

Aber auch das nächste Schiff, das Karl betrat, sank. Er geriet wieder in die Sklaverei, konnte erneut fliehen und betrat ein Schiff, das erneut sank, und Karl landete auf einer einsamen Insel, auf der er neun Monate überlebte, bis ihn die Besatzung eines vorbeifahrenden Segelschiffes zufälligerweise fand.

Ehe er in Bratislava starb und auf dem Andreas-Friedhof beerdigt wurde, schrieb er seine Abenteuer unter dem nicht allzu kurzen Titel *Der ungarische Robinson, oder Schicksale und wunderbare Abenteuer Karl Jettings, eines geborenen Ungarns, ein Beitrag zur Länder- und Menschenkenntnis* auf. Auch hier tauchen wieder die drei Bezugspunkte auf: Jettings bezeichnete sich als Ungar, sein Buch ist auf Deutsch erschienen, und die Slowaken nennen ihn den »slowakischen Robinson«.

Im Jahre 2016 wurde Michal Kováč, der erste Präsident der Slowakei, auf dem Andreas-Friedhof beerdigt. Sein Leben war ebenfalls von Höhen und Tiefen geprägt. Im Nachklang des Prager Frühlings wurde er aus der kommunistischen Partei ausgeschlossen, und deswegen arbeitete er bis 1989 als einfacher Bankangestellter in Bratislava. Die Samtene Revolution beförderte ihn zum Finanzminister und dann zum ersten Präsidenten, als der er sich lange und erbittert mit dem damaligen Ministerpräsidenten Vladimír Mečiar stritt. Sein Sohn wurde nach Österreich entführt, wo ein internationaler Haftbefehl wegen Wirtschaftsbetrugs gegen ihn vorlag. Das Verbrechen wurde bis heute nicht aufgeklärt.

Ja, Grabsteine können Geschichten erzählen. Und das waren nur zwei von vielen weiteren.

***28. Grund***

## *Weil Vlkolínec ein lebendiges Museum ist*

Das Dorf Vlkolínec liegt zehn Kilometer südlich von Ružomberok, eingebettet in den Bergen der Großen Fatra. Schon bei der Auffahrt zum Dorf steht ein Schild, auf dem eine Bärin mit zwei Jungen abgebildet ist, darüber die Warnung:

»Achtung! Erhöhtes Vorkommen von Braunbären. In dem seltenen Fall eines Treffens vermeiden Sie direkten Augenkontakt und ziehen sich leise zurück. Bleiben Sie ruhig, vermeiden Sie ungestüme Gesten und schnelle Bewegungen. Nähern Sie sich auf keinen Fall dem Bärenjungen an, die Mutter ist definitiv in der Nähe.«

Ein derartiges Warnschild steht nicht vor jedem Bergdorf in der Slowakei. Vlkolínec liegt relativ abgelegen, und in der Tat grasen gelegentlich Braunbären auf den umgebenden Bergwiesen. Vor allem aber besuchen Menschen Vlkolínec, weil das ganze Dorf wie ein Freiluftmuseum wirkt, was es aber nicht ist, weil es noch von momentan 19 Personen bewohnt ist.

Die rund 50 Holzhäuser von Vlkolínec sind typisch für die karpatische Volksarchitektur und stehen als Weltkulturerbe auf der UNESCO-Liste. In der Regel sind sie dreiteilig: in der Mitte der Eingang zur Flurküche, davon gehen rechts und links jeweils eine Wohn- und eine Schlafkammer ab. Das Fundament aufgeschichtet mit Felssteinen, die Wände errichtet aus grob bearbeiteten Holzbalken, abgedichtet mit Moos und Lehm und mit bunten Farben bemalt. Nur der Kamin im Inneren des Hauses ist gemauert, der Rest besteht aus Holz. Die Dächer sind mit Holzschindeln gedeckt.

Noch bis zur Mitte des vergangenen Jahrhunderts haben die Menschen mehr oder weniger autark gelebt. Schafe haben Wolle, Fleisch, Milch und Käse gegeben, Bienen Honig, die Wälder Holz, die Felder Erbsen, Bohnen, Kartoffeln und Getreide und die Streuobstwiesen Früchte zum Brennen von Schnaps. Heutzutage lebt niemand mehr, so denke ich, von der Landwirtschaft.

Besucher dürfen für zwei Euro durchs Dorf schlendern, die ehemalige Dorfschule und ein typisches Wohnhaus besichtigen. In Vlkolínec offeriert ein Zwischending aus Tante-Emma-Laden und Kneipe Erfrischungen. Dort kann man bei einem Bier oder einer *Kofola* mit den ständigen Einwohnern oder den sogenannten *chatári* (Wochenendlern) ins Gespräch kommen.

29. Grund

## Weil sozialistische Architektur allgegenwärtig ist – manchmal hässlich, manchmal sehenswert

Wer über die Autobahn von Österreich kommend nach Bratislava einreist, dem dürften die riesigen Ansammlungen von Plattenbauten direkt ins Auge springen. Dabei handelt es sich um den Stadtteil Petržalka, in dem 100.000 Menschen leben. Es ist das Gebiet mit der größten Siedlungsdichte der Slowakei.

Sozialistische Architektur und Städteplanung wird viel gescholten, Kritiker vergessen aber gelegentlich, dass gerade Neubaugebiete wie Petržalka zu jener Zeit effektiv dringend benötigten Wohnraum bereitstellten und von der Bevölkerung nicht ungern angenommen wurden. Über Geschmack lässt sich bekanntlich streiten, aber die wenigstens dürften von Petržalka als schön schwärmen.

Allerdings wohnen viele Bewohner gerne in dem Stadtteil, wie ich in Gesprächen feststellen konnte, als ich dort übergangsweise mit meiner Familie für einige Wochen gelebt habe. Die Wege sind kurz, die Mieten tragbar, und das Viertel ist erstaunlich grün dafür, dass so viele Menschen auf einem Fleck leben. Und entgegen gängiger Stereotypen gehört Petržalka zu den sichersten Stadtbezirken in Bratislava. Überhaupt erlebe ich die Hauptstadt als ein entspanntes und sicheres Plätzchen. Nicht umsonst gilt Bratislava mit seinen 430.000 Einwohnern als das größte Dorf der Slowakei.

Zu den hässlichsten Gebäuden der Slowakei zählt in meinen Augen die Aula der Landwirtschaftlichen Universität in Nitra. Sie sieht aus, als ob eine Horde Kinder Wellbleche notdürftig zu einem überdimensionalen Ufo vernietet haben. Der Bezug zur Landwirtschaft wird da auch auf den zweiten Blick nicht deutlich. Aufgrund des hohen Wiedererkennungswertes ist die Ufo-Aula dann doch wieder sehr beliebt, und ihr wurde auch schon eine Briefmarke gewidmet.

Eine weitgehend sozialistische Stadtplanung lässt sich in der Innenstadt von Žiar nad Hronom besichtigen. Die Stadt liegt in der Mittelslowakei an dem Fluss Gran und hieß vor ihrer Umbenennung Svätý Kríž nad Hronom, was Heiligenkreuz an der Gran heißt. Im Jahre 1955 nahmen sich die örtlichen Kommunisten die Devise »Nicht kleckern, sondern klotzen« zu Herzen und errichteten ein großes Aluminiumwerk, benannten die Stadt in Feuerglut an der Gran um und bauten im gleichen Atemzug eine neue Innenstadt auf. Die sieht mit ihren breiten Straßen und dem zentralen runden Platz nicht wuchtig, sondern durchaus angenehm aus. Zwei, drei Straßen weiter östlich türmen sich dann die Bausünden der frühen kapitalistischen Jahre auf, als auf grüner Wiese ein Einkaufszentrum neben das andere gesetzt wurde.

Mit Nová Dubnica wurde in den 50er-Jahren des vergangenen Jahrhunderts nicht wie in Žiar nad Hronom eine bestehende Stadt umgeformt, sondern eine komplett neue Stadt nach Richtlinien des sozialistischen Realismus erbaut. Ihr Stadtbild wird von kompakten Mehrfamilienhäusern und einigen Plattenbauten dominiert. Da diese aber in großzügigen Abständen zueinanderstehen, wirkt Nová Dubnica erstaunlich luftig. Wer sich für sozialistische Architektur interessiert, der dürfte in dieser Kleinstadt auf seine Kosten kommen.

*30. Grund*

## *Weil Banská Štiavnica einfach eine Augenweide ist*

Die Stadt Banská Štiavnica ist schön. Zweifelsohne. Und sie war mal reich. Ihre Geschichte ist in Gold und Silber geschrieben. Ihren Reichtum verdankt sie zwei Salamandern, so will es die Legende, die von einem Schäfer beobachtet wurden, wie sie in die Erde abstiegen und Gold und Silber nach oben hervorholten, die in der Sonne funkelten.

Historisch belegt ist, dass sich seit dem 13. Jahrhundert viele Kolonisten ansiedelten, vor allem aus dem Alpenraum und Sachsen, und die Gegend um den Berg Štiavnica als *terra banensium* – das Land der Bergleute – bekannt war.

Schon früh erhielt Banská Štiavnica die Rechte einer freien ungarischen königlichen Bergstadt, das heißt, die Bürger durften ihre Richter und den Stadtrat selbst wählen und in einem begrenzten Ausmaß selbst Zölle und Maut bestimmen. Was vermutlich ein Grund für das Selbstbewusstsein der Schemnitzer – so heißen die Einwohner auf Deutsch – sein dürfte.

Reich wurde die Stadt im 17. Jahrhundert, so förderten die Bergleute im Jahre 1690 für die damalige Zeit riesige Summen, 29.000 Kilogramm Silber und 605 Kilogramm Gold, zutage. Eine Jahresförderung, die bis zum heutigen Tag nicht wieder erreicht wurde. Die Bergbautechnik wurde raffinierter, so sprengten mutige Ingenieure zum ersten Mal weltweit mit Schwarzpulver untertage.

Im Jahre 1710 traf die große Pestepidemie die Stadt mit voller Wucht und hinterließ eine dezimierte Bevölkerung sowie eine leere Stadtkasse. Dazu litt der Bergbau darunter, dass die Stollen immer tiefer führten und deswegen ständig unter Wasser standen, sodass große Teile des Bergwerks nicht mehr betrieben werden konnten. Ein Sohn der Stadt, Jozef Karol Hell, nahm sich dieses Problems an und schuf ein System von Stauseen, die Tajchy (vom deutschen Wort Teich) genannt werden. Er verband sie mit 100 Kilometer langen Tunneln und Kanälen, um Energie zu erzeugen. Mithilfe einer selbst erfundenen Wasserpumpe gelang es ihm und seinen Mitstreitern damit, das Grundwasser abzupumpen und den Bergbau wieder profitabel zu machen.

Langsam berappelte sich die Stadt wieder, und die, die vom Schwarzen Tod verschont wurden, sammelten Geld und stellten zum Dank eine vergoldete barocke Pestsäule auf. Gleichzeitig wurde das Wissen über den Bergbau in einer Bergbauschule gebündelt, die dann schrittweise zu einer Bergakademie ausgebaut wurde.

War Banská Štiavnica 1782 mit 20.000 Einwohner noch die drittgrößte Stadt im damaligen Ungarn, so gingen die Erzvorkommen im 19. Jahrhundert dem Ende entgegen, und viele Bergleute verließen die Stadt. Nach dem Ersten Weltkrieg, nach Gründung der Tschechoslowakei verließen die mehrheitlich ungarischen Professoren die Bergakademie und gründeten eine Universität in Sopron in Ungarn. Im Sozialismus verfiel die Altstadt rapide, und viele Bewohner siedelten in das Neubauviertel um. In den 80er-Jahren des vergangenen Jahrhunderts wurden Pläne diskutiert, die Altstadt entweder ganz abzureißen oder zu einem reinem Verwaltungssitz auszubauen.

Heute sind die meisten Bauwerke renoviert, und schon seit 1993 ist die komplette Innenstadt samt der Tajchys ein Weltkulturerbe der UNESCO. Banská Štiavnica bietet eine Reihe von Sehenswürdigkeiten, um nur ein paar zu nennen: das Alte und das Neue Schloss, der Kalvarienberg, die Kirche der Heiligen Katharina und die turmlose evangelische Kirche. Allen ist gemein, dass ihre Erbauer einen Sinn für Schönheit hatten, der die Jahrhunderte überdauerte.

Die Stadt wurde in die Berge gebaut, direkt dort, wo das Gold und Silber geschürft werden konnten. Deshalb sind viele der kleinen, schnuckeligen Häuser der Bergleute auch heute nur noch zu Fuß zu erreichen. Banská Štiavnica schmiegt sich harmonisch an die bewaldeten Berghänge an und ist eine gelungene Mischung aus Stadt und Natur. Nicht umsonst haben sich ihre Bewohner einst Waldbürger genannt. Für mich sind gerade die vielen kleinen Gassen, Steige und Pfade, die durch die Stadt und rauf bis zu den Tajchys führen, die eigentliche Sehenswürdigkeit und mit Sicherheit ein außerordentliches Gehvergnügen. Ich besuche die Stadt seit Jahren, und jedes Mal gibt es eine Kleinigkeit zu entdecken, haben wir etwas Schönes übersehen. Erstaunlich, dass eine Stadt mit lediglich 10.000 Einwohnern so viel zu bieten hat.

*31. Grund*

## *Weil in einer Gasse in Kremnica berühmte Nasen hängen*

In der wunderschönen Kleinstadt Kremnica haben ergraute Pensionisten ein Museum gegründet, und jedes der 1.248 Exponate, die sie im Laufe der Jahre unter Mühen zusammengetragen haben, zeugt von einem schlechten Geschmack, über den sich auch nicht streiten lässt. Einst habe ich dieses Museum mit meiner Frau und zwei Freunden besucht. Bereits nach wenigen Ausstellungsstücken waren wir am Rande der Kopfschmerzen, und nur unser ungebrochener Bildungshunger hat uns davon abgehalten, den Besuch vorzeitig abzubrechen.

Das Museum in Kremnica ist ein wahres Unikat in der europäischen Museumslandschaft, denn es widmet sich dem Kitsch. Am eigenen Leibe haben wir als Besucher von Raum zu Raum erlebt, was Kitsch mit uns macht, wenn wir ihm ausgeliefert sind. Zuerst ein großes Lachen, schau mal hier und schau mal da, und krass, wie hässlich ist das denn? Dann werden langsam die Mundwinkel müde und wollen nicht mehr so richtig hochgezogen werden, und schließlich folgt das klebrige Gefühl, als hätten wir zu viel Zuckerwatte gegessen.

Dann hilft nur eins, und zwar einen dieser grauhaarigen Pensionisten und Museumsgründer für eine Führung zu gewinnen und mitzuerleben, wie sie mit großer philosophischer Tiefe in die Welt des Kitsches einführen. Wer über drei Jahrzehnte darum gekämpft hat, das Museum zu gründen, und auch kurzzeitige Schließungen wegen Geldmangels übersteht, der ist überzeugend. Übrigens: Wer etwas Kitschiges mitbringt, der braucht keinen Eintritt zu bezahlen, vorausgesetzt, die Experten des Museums erkennen es offiziell als Kitsch an.

Überhaupt meinen es die Kremnitzer todernst mit dem Humor. Einmal im Jahr am letzten Wochenende im August veranstalten sie ein großes internationales Humor-Festival namens »Gagy«. Da darf, nein, da muss gelacht werden. Ein weiteres Beispiel ihrer Fähigkeit, Witziges ernst zu nehmen, ist die Gasse der berühmten Nasen. Zwar hängen da vor allem Abbildungen tschechoslowakischer Nasen, aber beim Vorbeischlendern macht es Freude, darüber zu debattieren, welche weiteren Nasen dort hängen sollten. Personen, die darunter leiden, dass ihre Nase zu groß oder zu unförmig ist, müssten das eigentlich als befreiend erleben.

*32. Grund*

## *Weil heiße Quellen sprudeln*

Wenn ich deutschsprachige Touristen außerhalb von Bratislava treffe und sie frage, warum sie in die Slowakei reisen, kann ich ihre Antworten meistens in eine von zwei Kategorien einordnen: Natur oder Badekultur.

Ich sehe ein, dass meine persönlichen Erhebungen keinerlei statistischen Mindestansprüchen genügen. Nichtsdestotrotz vermute ich, dass nicht wenige der rund 300.000 deutschsprachigen Touristen, die 2017 die Slowakei besucht haben, gekommen sind, um einen der zahlreichen Kurorte zu besuchen.

Ich zumindest kann mich problemlos in diese Reihe einordnen, denn in der Slowakei habe ich angefangen, regelmäßig heiße Quellen zu besuchen. In Sklené Teplice schwitze ich regelmäßig in einer natürlich entstandenen Felshöhle, die mit 42 Grad heißem Wasser gefüllt ist. Damen in weißer Kleidung achten mit strenger Miene darauf, dass ich nicht länger als 20 Minuten in ihr verweile, was sie nicht müssten, denn meistens halte ich es eh nur 15 Minuten aus. In einer weiteren Höhle werde ich in trockene Tücher gehüllt und döse für eine halbe Stunde im Liegestuhl. Danach sind alle Muskelverhärtungen verschwunden, und ich trage diesen grenzdebilen Gesichtsausdruck zur Schau, den man bei absoluter Entspannung hat.

Herrlich sind auch die heißen Quellen von Bešeňová in der Liptau. Selbst bei den tiefsten Minusgraden halten die heißen Quellen, die nicht überdacht sind, Wassertemperaturen um 38 Grad. Es ist ein tolles Gefühl, dass, während es schneit, Haare und Augenbrauen langsam vereisen und der Rest des Körpers wohlig warm ist.

Kurbäder haben so ein leicht verstaubtes Image, wie aus der Zeit gefallen. In Bardejov werben sie damit, dass Sissi, die junge Kaiserin von Österreich, bei ihnen im Wasser saß, ebenso wie der russische Zar Alexander I. Herrlich, was für Persönlichkeiten, und dann komme ich, Jörn Kaufhold, der Erste seines Namens, mit Badelatschen aus dem Discounter.

Noch besser gefallen mir die wenigen noch nicht kommerzialisierten heißen Quellen. Das Problem ist nur, sie auch wirklich zu finden, weil einige reichlich versteckt im Wald sprudeln. Einen Tipp habe ich für Sie, der muss unter uns bleiben: Wenn Sie in Žarnovica dem gelben Wanderweg Richtung Osten folgen, das Dorf Lukavica durchqueren und etwa 100 Meter hinter dem Dorf links abbiegen, stoßen sie auf eine derartige Quelle. Die Umgebung ist nicht immer tipptopp aufgeräumt, es kommt schon einmal vor, dass Blödmänner Bierdosen liegen lassen, aber dafür sitzen Sie mit hoher Wahrscheinlichkeit alleine mitten im Wald in der heißen Quelle und können fünfe gerade sein lassen.

Viertes Kapitel

# *Wälder, Wiesen und wilde Tiere*

*33. Grund*

## *Weil Braunbären in Zirbelkiefern klettern*

Zirbelkiefern mögen es, hoch oben in den Bergen zu wachsen, so ab 1.300 Meter in der subalpinen Stufe fühlen sie sich wohl, da bilden sie oft auch die Waldgrenze. Trotz der harschen Bedingungen in den Bergen, immerhin halten sie Fröste bis minus 40 Grad aus, können sie das biblische Lebensalter von 1.000 Jahren erreichen.

In der Tatra gedeihen große Bestände von Zirbelkiefern. Sie stehen an den unwahrscheinlichsten Orten, und mit ihren Wurzeln, die sich in Felsspalten festkrallen, scheinen sie sich fröhlich statischer Gesetzmäßigkeiten zu widersetzen. Auch wenn sie aufgrund ihrer Standortwahl schwer zu erreichen sind, werden sie wegen ihrer Zapfen, der sogenannten Zirbelnüsse, doch regelmäßig besucht.

Da hat es der Tannenhäher noch am leichtesten, denn er fliegt aus großen Entfernungen an, wenn die Zapfen und damit ihre äußerst fetthaltigen Samen reif sind. Von weither können Wanderer dann ihr krächzendes und aufgeregtes »Krärr-krärr« hören. Und ähnlich wie Eichelhäher in tiefergelegenen Wäldern legen die weiß getupften Tannenhäher für den Winter Verstecke an und helfen somit der Zirbelkiefer, sich weiter auszubreiten.

Menschliche Gaumen erfreuen sich ebenfalls an den Samen der Zirbelzapfen, die ähnlich wie Pinienkerne aussehen, nur etwas länglicher sind, und ihr Geschmack erinnert ein wenig an Walnüsse. Die noch jungen bläulich-violett-grünen Zapfen ergeben einen wohlschmeckenden Schnaps, wenn sie für einige Wochen in Alkohol eingelegt werden. Zwar ist die Ernte der Zapfen im Nationalpark verboten, aber kein Ranger, so denke ich, wird sich aufregen, wenn man eine Handvoll vom Wegesrand aufsammelt und mitnimmt.

Braunbären, das war für mich sehr überraschend, stehen auch auf Zirbelnüsse. Ähnlich wie die Tannenhäher kommen sie von weither, um sich an ihnen zu laben. Das Problem ist aber, dass sie nicht fliegen können, und die wenigen Zapfen, die auf dem Boden liegen, können kaum ihren Hunger stillen. Deswegen klettern sie in die bis zu 20 Meter hohen Kronen und brechen unter waghalsigen Verrenkungen und akrobatischen Manövern Zweige und ganze Äste mit Zapfen ab. Dass erste Mal wurde das in dem slowakischen Naturfilm *Der unsterbliche Wald* (*Nesmrteľný les*) im Jahre 2017 dokumentiert. Vor Bären auf Bäume zu flüchten, das wird sofort nach dem Betrachten dieser Szenen klar, ist ungefähr so hilfreich, als würde man bei einem Haiangriff ins Wasser springen.

Felsige Gebirgshänge, Braunbären, die in Zirbelkiefern klettern, während Tannenhäher krächzen – das ist schon eine malerische Szene. Die Orte, an denen das beobachtet werden kann, sind rar gesät in der Welt. Einige davon liegen in der Tatra.

*34. Grund*

## *Weil Murmeltiere täglich grüßen*

Murmeltiere sind europäische Endemiten, das heißt, in natürlicher Umgebung leben sie nur in Europa. Während der Eiszeit lebten Murmeltiere auch im Tiefland, von der Ukraine bis zu den Pyrenäen. Als es aber immer wärmer wurde, fanden sie nur noch einen geeigneten Lebensraum in den Bergen, oberhalb der Baumgrenze, und das nur in den Alpen und in den Karpaten. Damit gelten Murmeltiere als Eiszeitrelikte.

Sie sind putzig anzuschauen, diese Eiszeitrelikte, wenn sie flach ausgestreckt in der Sonne liegen, um ihr Fell von Parasiten zu reinigen, oder wenn sie auf ihren Hinterbeinen stehen und ihre markanten Warnpfiffe pfeifen und blitzschnell in ihre Baue huschen. Und da sie ganzjährig geschützt sind, sind sie nicht allzu scheu und können mit einem Fernglas leicht von Wanderwegen beobachtet werden.

In der Hohen Tatra hat sich eine eigene Unterart entwickelt, weil sie bereits 25.000 Jahre lang von den Murmeltieren in den Alpen getrennt leben – das Tatra-Murmeltier (*Marmota marmota latirostris*).

Weil das Ende der Eiszeit nur einige wenige Murmeltiere überlebt haben und daraus die heutige Population entstanden ist, sprechen die Wissenschaftler von einem Flaschenhalseffekt. Deswegen verfügen Murmeltiere nur über eine geringe genetische Vielfalt.

Ihre natürlichen Feinde sind Luchse, Füchse und Steinadler, aber zu schaffen macht ihnen ein unglückliches Zusammenspiel von dickem Fell und Ignoranz. Obwohl sie oberhalb der Baumgrenze leben und im Winter Temperaturen von –30 Grad überleben, kämpfen sie eher mit dem Überhitzen statt mit dem Erfrieren. Ihr Fell isoliert sie so gut, dass sie bei hohen Temperaturen nicht aus ihrem Bau rausgehen können, um zu fressen. Allerdings müssen sie in dem halben Jahr, in dem sie nicht schlafen, viel Nahrung zu sich nehmen, um die langen Monate im Winter zu überstehen. Wenn die Temperaturen hoch sind und viele Touristen sich nicht an die Regeln halten und die Wege verlassen, dann sinkt die Zeit für die Murmeltiere, um sich genug Fett anzufressen. Wenn das zu oft vorkommt, verhungern sie während des Winterschlafs in ihren Bauten.

Den Murmeltieren in der Hohen Tatra geht es gut, über 1.000 Individuen kreuchen und fleuchen durchs Gras. Und um sie und andere Tatra-Bewohner zu schützen, werden die Wanderwege im Tatra-Nationalpark erst Mitte Juni geöffnet.

*35. Grund*

## *Weil Wisente wieder frei umherstreunen*

Wisente sind mächtige Tiere, sie können bis zu einer Tonne wiegen und eine Widerristhöhe von über 190 Zentimetern erreichen. Damit sind Wisente, die auch Europäische Bisons genannt werden,

Europas größte Landsäuger. Ihr Anblick ist majestätisch, ihre pure Masse versetzt in Ehrfurcht, trotzdem wurde am 9. Februar 1921 im Wald von Białowieża in Polen der letzte freilebende Wisent Europas geschossen. Heute, rund 100 Jahre später, nach gewaltigen Anstrengungen von Zoologischen Gärten, Naturschutzorganisationen und Regierungen, streunen wieder rund 3.000 Tiere durch Europa, 600 von ihnen im Dreiländereck Slowakei-Polen-Ukraine.

Ganz im Nordosten der Slowakei, im Nationalpark Poloniny, ist die Chance, auf frei lebende Wisente zu stoßen, gar nicht so klein, denn aus den acht Wisentkühen und drei Wisentbullen, die 2004 ausgewildert wurden, sind mittlerweile zwei stabile Herden mit zusammen über 40 Tieren erwachsen.

Die Chance einer Sichtung ist nicht klein, aber sie ist auch nicht selbstverständlich, weil die Tiere trotz ihrer Mächtigkeit scheu sind und den Menschen, wo immer es geht, aus dem Weg gehen. Es ist aber trotzdem möglich, weil weite Teile des rund 300 Quadratkilometer großen Nationalparks aus großflächigen Wiesen bestehen. Im Frühjahr, nach der Schneeschmelze, kommen die Wisente gerne aus den Wäldern heraus und laben sich an dem ersten frischen Gras. Das ist ein guter Zeitpunkt, um diese Tiere zu beobachten.

Eine andere Strategie ist es, auf markierten Wegen zu wandern, die über Wiesen führen, so wie der blaue Wanderweg, der von dem Dorf Runina hoch bis zur polnischen Grenze führt. Mit einem Fernglas und einem Quäntchen Glück entdecken Sie vielleicht Wisente, die auf einer Offenfläche grasen.

Halten Sie aber immer gebührenden Abstand. Wisente können erstaunlich schnell laufen – 60 Kilometer pro Stunde – und das nicht nur über kurze Distanzen. Und im Gegensatz zu beispielsweise Rothirschen stehen Wisenten in Konfliktsituationen zwei Strategien zur Verfügung: Flucht oder Angriff. Es ist lebensgefährlich, von Wisenten auf die Hörner genommen zu werden.

*36. Grund*

## *Weil Sie mit viel Glück an einem Tag Birk-, Auer- und Haselhuhn beobachten können*

An einigen Stellen in der Slowakei, wie zum Beispiel in der Niederen oder Hohen Tatra, ist es möglich, an einem Tag Birk-, Auer- und Haselhühner zu beobachten. Warum ist das was Besonderes?

Nun erstens, weil die drei Arten als scheu gelten. Sie sind einfach nicht leicht zu beobachten. Zweitens, weil es nur noch wenige Raufußhühner in Mitteleuropa gibt, und drittens, weil Orte, an denen alle drei Arten genug ungestörten Raum zum Überleben finden, mittlerweile rar gesät sind. Birkhühner leben ganz oben im Gebirge, da wo der Wald aufhört und nur noch Latschenkiefern wachsen. Für ihre Balz brauchen Birkhähne offene Landschaften. Ende März versammeln sie sich, sträuben ihre Leierschwänze, beugen sich nach vorne und drohen zischend ihren Kontrahenten.

Eine Etage tiefer im Gebirge leben Auerhühner. Sie brauchen lichte Wälder mit ausreichender Bodenvegetation. Im Sommer leben sie vor allem vom Heidelbeerkraut, sprich von Beeren und Blättern. Im Winter fressen sie Nadeln und Knospen von Fichten, Tannen, Kiefern und Buchen. Das ist keine leicht verdauliche Kost. Deswegen schlucken sie kleine Steinchen, mit deren Hilfe sie im Magen ihre Nahrung zerkleinern.

Eine Gebirgsstufe tiefer leben die Haselhühner, die unterholzreiche Wälder mit Dickichten brauchen. Wie ihr Name schon sagt, fressen sie gerne Haselkätzchen, aber auch Triebe und Blätter von anderen Pflanzen. Die langen Winternächte überstehen sie in Löchern unter dem Schnee, in denen sie dank ihrer Körperwärme Temperaturen um null Grad halten können, selbst wenn die Umgebungstemperatur auf unter 30 Grad fällt.

Ich habe noch nie alle drei Arten an einem Tag gesehen. Vermutlich würde es sehr, sehr lange dauern, wenn ich es darauf anlegte, sie an einem Tag sehen zu wollen. Regelmäßig lese ich ihre Fährten im Winter, aber ich sichte sie selten, wobei Begegnungen mit Haselhühnern noch am geläufigsten sind.

Birk-, Auer- und Haselhühner sind in Mitteleuropa eine Seltenheit geworden und in ihrem Bestand gefährdet. Sie leiden unter der zunehmenden Zerstörung ihres Lebensraumes und reagieren empfindlich auf Störungen. Deswegen lege ich es auch nicht darauf an, sie an einem Tag sehen zu wollen, mir reicht schon der Gedanke, dass das grundsätzlich möglich ist und sie quasi in meiner Nachbarschaft leben.

*37. Grund*

## *Weil Braunbären niemals ausgerottet wurden*

Braunbären sind allgegenwärtige Bewohner der Slowakei, auch wenn die Chancen, sie zu sehen, nicht besonders hoch sind. Sicherlich sehen sie uns häufiger, als dass wir sie wahrnehmen. Ein Freund von mir beobachtete einmal eine Bärin beim Fressen auf einem Hang. Zehn Meter oberhalb der fressenden Bärin verlief ein Wanderweg, auf dem mehrere Wanderer laut sprechend daherliefen. Die Bärin duckte sich lediglich ins hochstehende Gras und ließ die nichts ahnende Gruppe passieren.

Bären sind imposante Geschöpfe. Die meisten Braunbären wiegen zwischen 100 und 200 Kilogramm, einige männliche Braunbären erreichen ein Gewicht von 300 und mehr Kilogramm. Obwohl sie so schwer sind, bewegen sie sich erstaunlich leise und behände, und auf kurzen Distanzen sind sie durchaus in der Lage, 50 Kilometer in der Stunde zu laufen.

Oftmals gelten Braunbären als Vegetarier, weil sie vor allem Grünzeug und Beeren fressen. Schaut man sich allerdings ihr Gebiss an, so erkennt man an den Fangzähnen unweigerlich, dass es auch für

Fleisch ausgelegt ist. Und in der Tat stellen Wissenschaftler in der Slowakei immer wieder fest, dass in Nahrungsanalysen auch fleischliche Komponenten eine nicht zu unterschätzende Rolle spielen. Das meiste Fleisch, das sie zu sich nehmen, dürfte der allgemeinen Einschätzung nach von Kadavern stammen, die sie aufgefunden haben. Wie zum Beispiel im Winter abgestürzte Gämsen, die im Frühjahr auftauen, und im Sommer Jungtiere von Reh, Hirsch und Wildschwein. Auch wenn sie als ungeschickte Jäger angesehen werden, gibt es doch auch Beobachtungen, in denen sie ausgewachsene Rothirsche und Wildschweine erlegen.

Allgegenwärtig sind sie in der Slowakei, weil sie in vielen Wappen von Dörfern auftauchen, weil sie in Sagen und Märchen eine zentrale Figur sind und weil eigentlich fast jeder Slowake eine persönliche Geschichte zum Besten geben kann, in der ein Braunbär eine Rolle spielt, wenn auch häufig nur vom Hörensagen. Es ist schwer zu sagen, ob dabei der Wahrheitsgehalt immer 100 Prozent ist, aber dass Braunbären im Jahresverlauf der Slowakei sichtbar sind, dürfte unbestritten sein. Vor einigen Jahren habe ich im Frühling in einem abgelegenen Weiler ein Schild gesehen, auf dem stand: *Achtung, hier läuft ein schlecht gelaunter Bär herum. Vorsicht!*

Ich war mir sicher, dass sich da jemand einen Scherz erlaubte. Aber das war kein Scherz! Natürlich ist die Redewendung »schlecht gelaunt« ein, wie die Wissenschaftler sagen würden, unzulässiger Anthropomorphismus, also eine unzulässige Übertragung von angeblich rein menschlichen Eigenschaften auf die eines Tieres. Jenseits der Frage, ob ein Bär schlecht gelaunt sein kann oder nicht, haben Bären jedoch nach ihrer Winterruhe ein anderes Bewegungsverhalten als im Sommer und Herbst. Ganz einfach, weil nach Monaten des Liegens ohne Nahrungsaufnahme ihr ganzer Organismus noch nicht auf der Höhe ist. Sie bewegen sich wenig, sind träge und ruhen sich oft über Stunden aus.

Im Sommer und im Herbst fressen sie vor allem Grünzeug und folgen der Fruchtreife verschiedener Beeren wie Himbeeren, Blaubeeren und Preiselbeeren. Das sind günstige Zeiträume, sie mit einem Fernglas aus beruhigender Entfernung an sonnigen Hängen im Gebirge zu beobachten. Wenn sie nicht gestört werden, fressen sie über Stunden und ernähren sich im Gegensatz zum Frühling »überkalorisch«, das heißt, sie legen Fettpolster an, die sie dringend für den Winter brauchen. Übrigens halten Bären keinen Winterschlaf, wie so oft behauptet wird, sondern eine Winterruhe. Herzschlag und Atmung verringern sich, aber sie schlafen nicht. Sie können also durchaus aus der Höhle stürmen, wenn sie gestört werden. Schwer zu verstehen, ja bewundernswert ist, wie Braunbärinnen es schaffen, über Monate in ihrer Höhle nichts zu fressen und zu trinken und dabei noch ein Junges zur Welt bringen, das sie über Wochen mit einer sehr fetthaltigen Milch stillen.

Beide Geschlechter, weibliche und männliche Braunbären, haben am Ende der Winterruhe umgangssprachlich gesehen einen Pfropfen im Darmausgang, den sie nach dem Aufstehen loswerden müssen. Das scheint, schenkt man den Berichten von Personen, die das beobachtet haben, kein angenehmer Akt für Bären zu sein. Vermutlich kommt daher die Vorstellung vieler Menschen, dass Bären im Frühjahr schlecht gelaunt sind. Wer, der jemals an Verstopfung gelitten hat, wollte es ihnen verübeln. Ich vermenschliche gerade, wie Sie merken, aber wie soll ich auch anders, ich bin halt einer.

*38. Grund*

## Weil ich mich an (slowakischen) Endemiten erfreuen kann

Mir geht es mit Endemiten, wie es anderen mit seltenen Weinen oder besonderen Oldtimern geht. Ich erfreue mich an der abstrakten Tatsache, dass sie so selten sind. Endemiten sind quasi das Gegenteil von Kosmopoliten, während die Letzteren sich mehr oder weniger überall wohlfühlen, leben die Ersteren in einem abgegrenzten Raum, und zwar nur dort. Weltweit gibt es nach Schätzungen von Experten fünf bis 20 Millionen verschiedener Arten von Lebewesen. Da ist es doch verwunderlich, dass eine dieser Millionen Arten nur in dem slowakischen Vogelgebirge lebt. Genauer gesagt, kommt sie nur in zwei recht übersichtlichen Hangtälern vor.

Das besagte Lebewesen ist eine besondere Schließmundschnecke. Schließmundschnecken heißen so, weil sie in der Lage sind, ihre spindelförmigen Gehäuse mit einem beweglichen Deckel zu verschließen. Schon lange möchte ich einmal so einem seltenen endemitischen Lebewesen gegenübertreten und ihm mein Erstaunen aussprechen, dass es geschafft hat, in all den Jahrtausenden in so einem eng begrenzten Gebiet zu überleben. Das hat aber bisher noch nicht geklappt. Nicht, weil sie so klein wäre, was sie mit ein bis zwei Zentimetern Gehäuselänge ist, und ich sie nicht fände. Nein, ich kann sie einfach nicht von anderen Schließmundschnecken unterscheiden. Für mich sehen sie alle gleich aus.

Da lobe ich mir einen anderen Endemiten – und zwar den Bäumchen-Seidelbast. Der wächst nämlich nur in der Muránska Planina, und dort wiederum nur auf Kalkfelsen auf Höhen zwischen 900 und 1.300 Metern. Der Seidelbast ist einfach an seinen rosa überhauchten Blütenblättern zu erkennen, die sich von dem Weiß der Felsen gut abheben. Zu seiner Blüte kommen Menschen aus den umliegenden Dörfern und bewundern diesen kleinen Überlebenskünstler und nichtmenschlichen Nachbarn. Angesichts all der Ablenkungen von Netflix, Facebook & Co. finde ich das überraschend und auch ein wenig rührend.

Der farbenfreudigste aller Endemiten ist der Blauschnegel. Das Blau dieser Nacktschnecke ist sehr intensiv, fast schon unnatürlich. Dadurch fällt der Blauschnegel schnell auf, wenn er auf der Suche nach Pilzen oder Flechten umherkriecht. Schnegel, das habe ich gelesen, dehnen ihr Paarungsritual, das aus Vorspiel und Begattung besteht, über Stunden aus. Als Hermaphroditen sind sie in der Lage, sich im Notfall selbst zu befruchten. Angesichts derartiger Fähigkeiten frage ich mich manchmal, warum wir Menschen uns immer noch als Krone der Schöpfung wahrnehmen. Immerhin leben Schnegel seit mehr als 20 Millionen Jahren in unseren Wäldern.

Der Blauschnegel kriecht nur durch karpatische Bergwälder. Damit ist er streng genommen kein slowakischer, sondern ein karpatischer Endemit. Aber Endemit ist Endemit, egal wie die politischen Landesgrenzen gerade verlaufen, so denke ich mir. Und in der Slowakei wartet noch eine Reihe von weiteren Endemiten darauf, dass ich ihnen meine Aufwartung mache.

*39. Grund*

## *Weil die Fischteiche von Senné ein Hotspot für Vogelfreunde sind*

Dieser Grund richtet sich an Ornithologen oder an Personen, die Ornithologen werden wollen, oder an Personen, die Vögel einfach gerne beobachten. Oder an Menschen, die gerne über Feuchtwiesen und an Wasserflächen vorbeischlendern und dabei staunen können, wie überwältigend die Vielfalt der gefiederten Welt sein kann. Allen diesen empfehle ich einen Besuch der Fischteiche von Senné.

Senné ist ein kleines Dorf mit gerade mal 700 Einwohnern, das ganz im Osten der Slowakei liegt. Südlich der Stadt Michalovce und rund 20 Kilometer von der ukrainischen Grenze und der Stadt Uschhorod entfernt. Die ganze Gegend ringsherum ist flach, von Landwirtschaft geprägt und für Naturfreunde wenig erfreulich, wären da nicht die Feuchtwiesen und Fischteiche, die zu dem Naturreservat Senné rybníky zusammengefasst wurden.

Das 1.440 Hektar große Gebiet ist für viele Brut- und Zugvögel von großer Bedeutung. So brüten Löffler in der Slowakei nur an diesem Ort. Ein Blick auf die Verbreitungskarte von Löfflern in Europa zeigt schnell, dass die Anzahl weiterer Vorkommen nicht allzu hoch ist. Ebenso zieht hier die global gefährdete Moorente, die normalerweise bevorzugt in Steppen- und Halbwüsten brütet, ihre Jungen auf. Weltweit wird der Bestand auf unter 50.000 Individuen geschätzt.

Wer Reiher mag, der sichtet in großer Zahl Silberreiher, Seidenreiher, Graureiher, Purpurreiher und Nachtreiher, deren Flugrufe mich nach einem Frosch Ausschau halten lassen. Aus der Familie der Schnepfenvögel gibt es Rotschenkel, Uferschnepfen und die ganz in Schwarz-Weiß gehaltenen Säbelschnäbler. In den Wiesen ruft der Wachtelkönig seinen lateinischen Namen *Crex crex*, und darüber fliegt mit zarter Eleganz eine Weißbart-Seeschwalbe.

Kampfläufer haben ein eigenartiges Balzverhalten, sie besetzen kleine schlammige Flächen, die sogenannten Balz-Arenen, in denen Männchen mit imposant aufgeplusterten Kopf- und Halsfedern um die Gunst der Weibchen buhlen. Dabei gibt es Männchen mit weißem oder schwarzem Halsgefieder und Männchen, die sich mit einem weibchen-ähnlichen Prachtkleid tarnen und quasi Paarungen erschleichen. Eine wahre Rarität. Das sind nur einige der 160 Arten, die zu den Zugzeiten im Frühling und im Herbst zu beobachten sind. Ich gebe zu, so eine Aufzählung hört sich immer ein wenig nach Namedropping an, und vielleicht hat nicht jeder ein unmittelbares Bild vor Augen, wenn er zum Beispiel Waldwasserläufer oder Weißbart-Seeschwalbe hört, aber darin liegt für mich auch eine kleine Verheißung. Wie mag sie aussehen, die Weißbart-Seeschwalbe? Was ist ihr Ding, um zu überleben? Wo kann ich sie beobachten?

Es gibt Menschen, die reisen von weither nach Senné an, um diese Fragen zu beantworten. Die freuen sich unbändig, wenn sie einen Sakerfalken in der freien Natur beobachten dürfen oder einen Kaiseradler in der Thermik kreisen sehen. Das sind Leute, die Bauwerke, Städte und Landschaften als des Sehens würdig empfinden, aber für diese Menschen sind auch Vögel eine Sehenswürdigkeit. Wenn Sie zu dieser Gruppe gehören oder gehören wollen, kann ich Ihnen nur erneut das Naturreservat von Senné ans Herz legen.

*40. Grund*

## *Weil slowakische Luchse im Pfälzerwald angesiedelt werden*

Die Slowakei hat seit den 70er-Jahren des vergangenen Jahrhunderts in neun internationalen Programmen geholfen, Luchse in Ländern wieder anzusiedeln, in denen sie zuvor ausgerottet wurden. Zurzeit läuft ein internationales Projekt, in dem slowakische Luchse im Pfälzerwald freigelassen werden.

Als Spurenleser konnte ich einen kleinen Teil zum Gelingen des Projektes beitragen. In den beiden Wintern 2016 und 2017 habe ich mit einer Gruppe von befreundeten Spurenlesern unter der Leitung des slowakischen Wissenschaftlers Dr. Jakub Kubala mitgeholfen, die Fährten von Luchsen aufzuspüren und zu dokumentieren.

Ziel war es dabei, die Wege der Tiere so weit zu erkennen, dass an einer passenden Stelle eine Kastenfalle aufgestellt werden konnte. Während unserer Spurensuche sind wir unter anderem auf die Fährte eines männlichen Luchses – eines Kuders – gestoßen, der dann auch prompt im März 2017 in die aufgestellte Falle ging und von dem slowakischen Team auf den Namen Cyril getauft wurde.

Cyril wurde in die Quarantänestation des Zoos in Bojnice gebracht und dort gründlich untersucht, und weil er so fit war, wie er nur sein konnte, wurde er am 22. April 2017 mit einem GPS-Sender um den Hals im Pfälzerwald freigelassen. Im Gegensatz zu den meisten anderen Luchsen hat sich Cyril jedoch nicht fürs Bleiben entschieden. Möglicherweise lag es daran, dass er in den ersten Tagen keine Zeichen der anwesenden Luchsinnen wahrgenommen hat.

Auf jeden Fall hat er sich gen Osten auf den Weg gemacht und landete schließlich in einem kleinen Waldstreifen namens Maudacher Bruch bei Ludwigshafen. Als ich dort in der Gegend beruflich zu tun hatte, nahm ich mir die Zeit, das Maudacher Bruch zu besichtigen. Der Bruchwald ist nur wenige Hundert Meter breit, und was mir als

Erstes auffiel, ist, dass die Bäume dort nummeriert sind und dass es sehr schwierig ist, ein ruhiges Plätzchen zu finden, weil es von Erholungssuchenden aus dem nahen Ludwigshafen nur so wimmelt.

Cyril scheint das nicht sonderlich gestört zu haben, denn laut GPS-Daten hat er sich dort für sechs Wochen aufgehalten, ohne von den zahlreichen Spaziergängern wahrgenommen worden zu sein. Schließlich zog er weiter und durchschwamm den Rhein und damit die Ländergrenze nach Baden-Württemberg.

Das beunruhigte die deutschen Projektbetreiber weniger als der Gedanke, dass er in auch weiterer Entfernung keine Luchsinnen finden würde. Daher fingen sie Cyril wieder ein und ließen ihn erneut im Pfälzerwald frei, wo er dann auch ein Revier besetzte und seine Eskapaden nach menschlichen Gesichtspunkten ein glückliches Ende fanden.

Cyrils Episode im Maudacher Bruch zeigt, dass Luchse selbst in dicht besiedelten Gegenden keine Gefahr für Menschen darstellen und dass sie nahezu unbemerkt leben können. Im Harz habe ich einmal mit einem Ranger gesprochen, dem es in seinen acht Jahren Berufstätigkeit nicht gelungen ist, einen frei lebenden Luchs zu sichten.

Gerade weil sie so selten zu sehen sind, ist eine Sichtung in freier Natur ein besonderes Erlebnis, ja, ich kenne eigentlich niemanden, der nicht davon berührt wäre oder dessen Augen nicht leuchten würden, sobald er davon erzählt. Schließlich ist der Luchs nach dem Braunbären und dem Wolf das größte Landraubtier Europas.

In den meisten Gebirgen der Slowakei lese ich im Winter die Spuren und Fährten der Luchse. Die Geschichten, die darin geschrieben stehen, sind für mich aufregender als jeder Bestseller-Thriller. Das möchte ich in meinem Leben nicht mehr missen. Ich bin dankbar dafür, dass die Slowakei dabei hilft, dass ich diese Geschichte auch in weiteren Regionen Deutschlands lesen kann.

*41. Grund*

## *Weil Goldschakale schauerlich heulen*

Ganz oben auf meiner Wunschliste, was ich in der Slowakei noch gerne sehen würde, aber bisher noch nicht geschafft habe zu sehen, ist der Goldschakal. Eigentlich ist er wie ich ein Ausländer, ein Zugezogener, die allermeisten Goldschakale dürften nicht mehr als ein oder zwei Jahrzehnte im Land leben. So genau weiß das niemand. Sicher ist nur, dass sie sich aus dem Süden vom Balkan kommend gen Norden ausbreiten.

Warum das so ist, kann bisher niemand mit Sicherheit sagen, vielleicht liegt es am Klimawandel, vielleicht liegt es aber an anderen Faktoren. Klar ist, dass die Anzahl der Sichtungen nicht nur in der Slowakei, sondern auch in anderen europäischen Ländern wie Deutschland oder Österreich deutlich zunehmen.

Möglicherweise werden auch einige Goldschakale in Revieren übersehen, denn sie liegen nicht nur in ihrer Größe und ihrem Gewicht zwischen Rotfuchs und Wolf, sondern auch in ihrem Aussehen. Als Freiwilliger unterstütze ich ein hiesiges wissenschaftliches Projekt, das versucht festzustellen, wo sich Goldschakale aufhalten. An dem Tag, an dem wir zum ersten Mal versucht haben, sie im Feld aufzuspüren, waren wir wenig überraschend nicht erfolgreich. Umso verwunderter waren wir aber, als am gleichen Abend in den lokalen Fernsehnachrichten gezeigt wurde, wie ein erschöpfter Rotfuchs mitten in Bratislava wegen Erschöpfung eingefangen wurde. In Wirklichkeit war der Rotfuchs ein Goldschakal.

Es ist keine Schande, einen Goldschakal mit einem goldenen Rotfuchs oder einem kleinen Wolf zu verwechseln. Das kann aufgrund ihrer Ähnlichkeit passieren. Anhand ihrer Stimme sind sie aber deutlich leichter zu unterscheiden. Ihr Heulen erinnert nur anfänglich an einen Wolf und mutiert schnell zu einem Gejohle mit spitzen Schreien. Ich kann mir nicht helfen, aber es hört sich an, als ob ein

Hollywood-Psychopath Freigang habe. So etwas zur Dämmerung in freier Natur zu hören ist ein akustisches Erlebnis.

Zurzeit vermutet man Goldschakale vor allem dort, wo der Wolf nicht ist. Das wäre in der Slowakei vor allem im Tiefland der Fall, und dort wären die Auwälder und Überschwemmungswiesen entlang der großen Flüsse ein natürliches Habitat. Wenn ich in diesen Lebensräumen unterwegs bin, halte ich jetzt immer besonders Ausschau – ist das wirklich ein Rotfuchs, oder ist er größer und sein Schwanz im Verhältnis etwas kürzer?

Bisher hat eine Sichtung noch nicht geklappt. Aber sie wird kommen, eines Tages werde ich einen frei lebenden Goldschakal in der Slowakei sehen. Ich freue mich schon darauf!

*42. Grund*

## *Weil die letzten Urwälder geschützt werden*

Als ich zum ersten Mal in meinem Leben einen Urwald besuchte, war ich ein wenig enttäuscht und fragte mich, ob das jetzt alles gewesen sein soll. Irgendwie hatte ich mehr erwartet.

Ähnliches fühlte ich, als mir ein Freund und superber Weinkenner ein Glas Rotwein anbot, der absolute Spitzenklasse sein sollte. Unzählige Jahre gereift, guter Boden, unglaublich teuer usw. Ich nahm einen Schluck, und er schmeckte einfach fürchterlich. Er roch nach alten Socken. Natürlich bin ich ein Banause, was Wein betrifft. Mir fehlten und fehlen differenzierte Wahrnehmungskategorien, um einen Wein beurteilen zu können. Um ein gutes Glas Wein wertschätzen zu können, so versicherte mir mein Freund, muss man sich in das Thema einarbeiten, gewissermaßen sich die Fähigkeiten zum Genuss »ertrinken«.

Ähnlich verläuft es mit einem Besuch in einem Urwald. Ein Urwald oder ein Primärwald, wie er auch genannt wird, ist seit Jahrhunderten weitgehend frei von menschlicher Einflussnahme. Vereinfacht gesagt, wurden seine Bäume niemals großflächig geschlagen. Und im Gegensatz zu einem typischen Forst, in dem die meisten Bäume in derselben Altersklasse stehen, die mehr oder weniger gleichzeitig aufwachsen und zur selben Zeit geerntet werden, wachsen, sterben und vergehen Bäume in einem Urwald zur gleichen Zeit.

Einige Jahre bevor ich in die Slowakei gezogen bin, hat Prinz Charles den Urwald von Badín besucht. Na, dachte ich, was er kann, kann ich schon lange, und bin in seinen Fußstapfen durch den Urwald gelaufen. Das Erste, was mir aufgefallen ist, ist, dass überall riesige Baumstämme kreuz und quer liegen, gigantische Wurzelteller senkrecht stehen. Das Gehen im Urwald ist nicht leicht, man muss sich bücken, Hindernissen ausweichen und diese überspringen. Ungewöhnlich lange Flechten hängen herab, und der Boden und das viele Totholz sind gesprenkelt mit Pilzen. Und als ich mich hinsetzte, bemerkte ich, dass das gewohnte Gleichmaß an Sonnenflecken und Schatten durch große Lichtinseln aufgebrochen wird, die fallende Bäume gerissen haben. Und als ich genau hinhörte, meinte ich eine größere akustische Vielfalt zu hören. Meine an einen typischen Forst gewöhnten Augen und Ohren brauchten etwas länger, um die zahlreichen Unterschiede eines Primärwaldes wahrzunehmen.

Buchenurwälder können bis zu 10.000 Arten beherbergen. Darunter sind Arten, die anderswo ausgestorben sind, und in den Urwäldern dürfen wir Prozesse beobachten, die wir noch nicht bis ins letzte Detail verstehen. Die, so erklärte mir ein Förster, aber in Zukunft vielleicht helfen können, wenn sich unsere Wälder aufgrund des Klimawandels verändern. Urwälder sind in diesem Sinne so etwas wie lebendige Archive, wie es auch anders geht, vielleicht: wie wir es besser machen können. Das ist ein Grund, warum die UNESCO im Jahre 2007 Buchenurwälder in den Karpaten und in Deutschland in die Liste des Weltnaturerbes aufgenommen hat.

In der Slowakei sind 10.190 Hektar Urwälder geschützt. Das hört sich erst mal viel an, letztendlich sind lediglich 0,46 % aller slowakischen Waldflächen Urwälder. Aber ich will nicht meckern, immerhin gibt es in der Slowakei noch Urwälder, die wir bewundern können.

Der größte karpatische Buchenurwald (614 Hektar) liegt in dem Naturreservat Stužica ganz im Osten des Landes, im Dreiländereck Slowakei-Polen-Ukraine, den man sich eigenständig auf einem rot markierten Wanderweg erschließen kann. Mit gewaltigen 53 Metern steht die weltweit größte Buche im Naturreservat Havešová, unweit des Dorfes Kolbasov. Leider ist der freie Zutritt untersagt, ebenso wie in dem Urwald von Badín in der Mittelslowakei, der nur mit Rangern besucht werden kann. Ganz im Westen des Landes, nur wenige Kilometer von Bratislava, gedeiht der Urwald Šúr. Das ist freilich kein Buchenurwald, sondern ein Erlenbruchwald mit Mooren und Feuchtwiesen, aber dennoch ein Gourmethäppchen für Naturliebhaber.

Stužica, Havešová, Badín, Šúr, vier Urwälder von insgesamt 261 in der Slowakei. 261 lebendige Archive. 261 Orte mit einer sakralen Stimmung, wie viele fühlen. Gut, dass sie nicht gerodet wurden.

Fünftes Kapitel

# *Kleine Dinge, die den Besuch liebenswert machen*

*43. Grund*

## *Weil ein Gast mindestens sieben Mal gefragt wird*

»Nimm doch noch ein Schnitzel.«

»Nein danke, das war sehr lecker.«

»Mit etwas Salat vielleicht?«

»Danke, ich bin satt.«

»Wir haben noch Frikadellen im Kühlschrank – warte, die mache ich dir warm.«

»Nein, nein, vielen Dank. Ich bin pappsatt, ich kann wirklich nicht mehr.«

»Na gut, dann schmiere ich dir noch ein Schinkenbrot.«

So oder so ähnlich verlaufen die Dialoge, wenn ich bei meinen Schwiegereltern esse. In der Regel geht es genau in diesem Stil noch einige Minuten so weiter. Ein guter slowakischer Gastgeber, so ergeben meine persönlichen statistischen Erhebungen, fragt durchschnittlich sieben Mal, bevor er widerwillig ein Nein akzeptiert. Für ungeübte Gäste mag das manchmal an Nötigung grenzen, aber man sollte es eher wie eine Art verbalen Tanz betrachten, in der es eine gewisse Schrittfolge einzuhalten gilt.

Wenn man sich noch nicht lange kennt und zum ersten Mal zu Besuch ist, gehört es zum guten Ton, sich etwas zu zieren und vielleicht mit einem »Nein, vielen Dank, das ist sehr nett« anzufangen, um dann bei weiterem Nachfragen seitens des Gastgebers bei einem »Wenn es wirklich keine Umstände bereitet, vielleicht ein klitzekleines Tässchen Kaffee« zu landen, während die Gastfamilie gerade den kompletten Inhalt der Speisekammer, des Kühlschranks und des Bierkellers auf dem Tisch ausbreitet.

Es ist ratsam, so mit dem Essen aufzuhören, dass man noch genug Kraft hat, mindestens einmal nachzunehmen. Einmal rief meine Schwiegermutter ehrlich besorgt bei meiner Frau an und erkundigte sich bei ihr, was mit mir los sei, weil ich bei ihr nur drei Schnitzel gegessen hatte. Das war der Grund, warum ich in den ersten Monaten unserer Ehe auf mein Frühstück verzichtet habe, wenn ich bei den Eltern meiner Frau zum Mittagessen eingeladen war. Im gewissen Sinne, so kann ich sagen, habe ich mir das Wohlwollen meiner Schwiegereltern am Esstisch erarbeitet.

Jetzt, nach mehr als einem Jahrzehnt Ehe, akzeptiert meine Schwiegermutter gelegentlich, wenn ich nur zwei Schnitzel esse, aber nicht ohne mir vorzuhalten, dass mein Freund Immo einmal bei ihnen sieben Teller *Bryndzové halušky* vertilgt hat und dass er danach – dabei wird ihre Stimme triumphierend – noch zwei große Tortenstücke Donauwelle gegessen hat. Meine Verteidigung, dass Immo immerhin zuvor eine Woche bei Minusgraden draußen im Schnee übernachtet hat, wird als schwache Ausflucht meinerseits mit einem Achselzucken quittiert.

Natürlich überspitze ich ein wenig, aber grundsätzlich gilt die slowakische Redewendung »Gast zu Haus, Gott zu Haus« auch weiterhin im Alltag. Die Regeln sind einfach: Ein guter Gastgeber bietet alles an, was irgendwie möglich ist, damit ja nicht der Eindruck entsteht, man sei geizig oder halte etwas zurück. Ein guter Gast hingegen verhält sich bescheiden, greift ordentlich zu (was in meinen Augen wichtiger ist, als die Kochkünste übermäßig zu loben) und – was niemals vergessen werden darf – bringt ein Gastgeschenk mit.

Dabei ist es zunächst nicht von großer Bedeutung, welches Gastgeschenk man überreicht, solange es kein Geld ist. Der Akt als solcher ist das, was zählt. Meine Frau treibt mich jedes Mal in die Verzweiflung, wenn wir meine Familie und Freunde in Deutschland mit dem Zug besuchen, weil ich dann einen mit Gastgeschenken vollgepackten 70-Liter-Rucksack schultern darf. Meine zaghaften Versuche, den Rucksack etwas leichter zu bekommen, indem ich sie darauf hinweise, dass ein Besuch doch schon genug Geschenk sei, begegnet sie mit einem Blick, den ich irgendwo zwischen »Papperlapapp« und »Du Kulturbanause willst doch nicht unsere Ehe gefährden?« einordne.

Selbst wenn wir Freunde nur für wenige Minuten besuchen, springen wir vorher in ein Geschäft und kaufen eine Kleinigkeit. Die sechsjährigen Freundinnen meiner Tochter bringen genauso etwas mit, wenn sie uns besuchen. Die Situation ist so ritualisiert, dass es mitunter zu lustigen Situationen kommen kann, wenn Gastgeber und Gast unterschiedliche kulturelle Hintergründe haben. Ein Professor erzählte mir einmal, dass er in den 90er-Jahren in Deutschland bei einer Familie zu Gast war und auf die Frage, ob er hungrig sei, mit einem höflichen »Nein, vielen Dank« geantwortet hat, um natürlich auf die zweite oder dritte Aufforderung zu warten. Stattdessen hat die Gastgeberin das Essen in den Kühlschrank geräumt. Nach zwei, drei Tagen war der gute Mann so ausgehungert, dass er abends heimlich ins Restaurant schlich.

Ein Bekannter von mir wurde in einer interkulturellen Schulung vor seinem ersten Aufenthalt in einer deutschen Gastfamilie während eines Schüleraustausches explizit darauf vorbereitet, dass es gut möglich sei, dass man nur einmal gefragt wird, ob man etwas essen möchte. (Ich stelle mir vor, wie ein Raunen des Unglaubens durch die Reihen der jungen Zuhörer ging.) Und dass die Aufforderung »Fühle dich ganz wie zu Hause« bedeutet, dass man wirklich an den Kühlschrank gehen kann und sich selbst bedient.

Meinen persönlichen Favoriten in dem Sujet »Verwicklungen zwischen Gastgeber und Gast« durfte ich beobachten, als eine Teilnehmerin meiner Wildniswanderung bei uns eintraf. Am ersten Abend ist es üblich, dass wir gemeinsam bei uns in der *Chata* zu Abend essen, und unsere übliche Arbeitsaufteilung ist dabei, dass meine Frau sich um das Essen kümmert, während ich mich am Tisch darum bemühe, dass sich die Gäste wohlfühlen. Schnell kamen wir darauf zu sprechen, dass die besagte Teilnehmerin Imkermeisterin ist. Auf meine Frage, was sie außer Honig noch produziert, ging sie mit der Bemerkung »warte mal« nach draußen und kam mit einem großen Karton zurück, der mit verschiedensten Bienenwachskerzen, einigen Flaschen Honigweins, diversen Cremes und Behältern mit

Propolis bestückt war. Das Ganze hatte sicherlich einen Marktwert von über 100 Euro.

Meine Frau, die am Herd an der Tür stand, interpretierte diese Situation so, wie sie es immer und immer wieder erlebt hat – da kommt ein Gast mit einem Gastgeschenk. Mit einem herzlichen »Das wäre doch nicht nötig gewesen« griff sie nach dem Karton. Die Imkermeisterin legte ihre Stirn in Falten und ließ den Karton nicht gleich los, sodass beide Frauen für einen kurzen Moment an dem Karton zogen. Meine Frau strahlte sie mit ihrem bezaubernden Lächeln an und sagte noch einmal: »Das wäre doch wirklich nicht nötig gewesen«, und schon war der Karton in ihren Händen. Als ich ihr abends, nachdem die Teilnehmer schlafen gegangen waren, verdeutlicht hatte, was da passiert ist, hat sie sich fürchterlich geschämt. Zur Wiedergutmachung schenkten wir der Imkermeisterin bei ihrer Abfahrt einen Karton mit eingelegten Gurken, selbst gemachter Aprikosenmarmelade und einige Flaschen von unserem Hochzeitswein.

Das Ganze ist weniger kompliziert, als ich es möglicherweise durch meine Anekdoten vermittelt habe. Ich mag die slowakische Gastfreundschaft, die sich, wie ich finde, letztendlich gar nicht so stark unterscheidet von der deutschen oder meinetwegen der mongolischen Gastfreundschaft. Ja, vermutlich gibt es landestypische Ausformungen, aber in all den Ländern, die ich jemals besuchen durfte, haben mich Menschen eingeladen, je nach ihren Möglichkeiten und ihren Traditionen. Überall traf ich Wildfremde, die mich als Wildfremden sahen und sagten: »Komm, iss und trink mit uns.« Und manchmal hat mich ein schlechtes Gewissen geplagt, dass meine Gastgeber so viel gaben und ich vor allem nahm. Heute verstehe ich, dass nur ein guter Gast sein kann, wer auch ein guter Gastgeber ist. Deswegen bemühe ich mich heutzutage auch, sieben Mal zu fragen, und freue mich, wenn mein Gast kräftig nachnimmt.

*44. Grund*

## *Weil Prominente allgegenwärtig sind*

Meine Frau, jetzt plaudere ich ein wenig aus dem Nähkästchen, hat eine geheime Vorliebe für Klatschzeitschriften, die sie in einer Mischung aus Ironie und Scham politische Frauenzeitschriften nennt. Dank ihrer regelmäßigen Lektüre bin ich bestens informiert, was in der slowakischen Welt der Stars und Sternchen so los ist (und ich gebe zu, ich blättere auch gelegentlich darin, aber nur, das versteht sich von selbst, um mein Slowakisch zu verbessern).

Die Chance, eine wirklich berühmte Persönlichkeit in der Slowakei zu treffen, ist ziemlich groß, einfach deshalb, weil das Land klein ist. So kommt es häufiger vor, dass mir meine Frau mit geschlossenen Lippen zuflüstert: »Schau nicht hin, aber da vorne ist XY.« Natürlich muss ich dann sofort hingucken, und meistens, bevor ich mich erinnert habe, was dieser Person zu ihrer Berühmtheit verholfen hat, ist dieselbige auch schon wieder weg.

In Bratislava ist die Dichte der Prominenten besonders groß. Regelmäßig begegne ich Michal Hvorecký, einem der besten Schriftsteller des Landes, in der Bibliothek des Goethe-Instituts, wenn ich dort Bücher ausleihe. Die Tochter einer bekannten Schauspielerin und Stand-up-Komikerin geht zusammen mit unserer Tochter in den Kindergarten. Beim halbjährlichen Elternabend geben wir Väter und Mütter uns dann stets so, als ob wir sie nicht heimlich beobachten würden, was wir aber natürlich tun.

Unser ehemaliger Nachbar ist jetzt Bürgermeister von Bratislava. Als Musiker hat er häufig Besuch von anderen bekannten slowakischen Musikern bekommen. So durfte ich im Hausflur einmal zu Jana Kirschner »Hallo« sagen, und sie hat, man stelle sich das vor, mit »Hallo« zurückgegrüßt. Das sind doch Höhepunkte im Leben eines Normalsterblichen, die gefeiert werden wollen. Eigentlich habe ich die meisten slowakischen Berühmtheiten schon einmal getroffen.

Es ist doch zweifellos ein Vergnügen, wenn man Autoritätspersonen wie dem Vizepräsidenten des slowakischen Parlamentes dabei zuschauen darf, wie ihm die Salatsoße auf das Jackett tröpfelt, oder wenn man in der Schlange an der Kasse im Drogeriemarkt neben einem berühmt-berüchtigten Rockstar steht, von dem man stets dachte, er führe ein wildes und ausschweifendes Leben, und dann beobachtet man aus den Augenwinkeln, dass er Putzschwämmchen, Babycreme und Kamillentee einkauft. Ja, man muss die Feste feiern, wie sie fallen, und darf mit sich und seinen eigenen moralischen Prinzipien nicht allzu streng ins Gericht gehen.

Diesem Vergnügen zu frönen ist gewiss nicht leicht, dazu bedarf es eiserner Disziplin. Jede Woche gilt es aufs Neue, sich die gängigen Klatschzeitschriften zu Gemüte zu führen, um wirklich up to date zu bleiben.

*45. Grund*

## *Weil Roma gute Leute sind*

In den 90ern reiste ich durch Russland, zu einer Zeit, in der große Teile der russischen Bevölkerung für Monate keinen Lohn mehr bekamen. »Pass bloß auf«, meinten viele, »die werden dir die Hosen vom Leibe stehlen.« Vor meiner Reise verdiente ich mir am Fließband in einer Fliesenfabrik Geld, um mir meine erste Spiegelreflexkamera zu kaufen. In Russland lebte ich unter anderem in einem Studentenwohnheim, in dem Türen nicht mehr schlossen.

Weil es eh keine Schließfächer und Vergleichbares gab, ließ ich meine Fotokamera offen auf dem Tisch liegen, selbst als wir zu einer Kanutour aufbrachen und ich sie nicht mitnehmen konnte. Als ich wiederkam, lag sie noch auf dem Tisch, wie ich sie hingelegt hatte.

Zurück in Deutschland, ging ich in eine kleine Zweigstelle der Uni-Bibliothek, weil ich ein Buch zurückgeben musste, was schon lange überfällig war. Mir fehlte aber das Fünfmarkstück, das notwendig war, um das Schließfach abzuschließen. Ich stopfte meine Kamera tief in den Rucksack und den Rucksack in das Schließfach, schloss die Tür, ohne abzuschließen, sprang in die Bibliothek, gab das Buch ab, und als ich wieder rauskam, war die Kamera gestohlen.

Es scheint eine eherne Regel zu sein, dass Warnungen ausgesprochen werden von Leuten, die keine persönliche Erfahrung haben mit dem, wovor sie warnen. Die, die mich warnten, Russland sei gefährlich, waren niemals dort, und bestohlen wurde ich von einem Kommilitonen in Deutschland, nicht in Russland.

In der Slowakei werden viele Warnungen über die Roma verbreitet. Meistens von denen, die nichts mit Roma zu tun haben. Und die, die ich bisher gehört habe, sind Quatsch, und deswegen werde ich sie hier nicht wiederholen.

Ich möchte für Roma eine Lanze brechen. Sie sind gute Leute. So wie die Ungarn in der Slowakei gute Leute sind, genauso wie die Goralen gute Leute sind, genauso wie die Slowaken in der Slowakei gute Leute sind. Ich bin kein Roma-Experte, aber ich kann von meinen Erfahrungen berichten:

Momentan boomt Bratislava, überall stehen Kräne und errichten wie im Zeitraffer Hochhäuser. Auf den Baustellen schuften viele Roma, ich sehe sie jeden Tag. Versuchen Sie mal in Bratislava einen Handwerker zu bekommen. Die allermeisten, mit denen ich zu tun hatte, kamen zu spät und hielten wenig von dem, was sie versprachen. Der Einzige, der nie zu spät gekommen ist, der alles eingehalten hat, was wir abgesprochen haben, ist František, unser Klempner: ein Rom. Vor einiger Zeit gab es mitten in Bratislava eine Demonstration, in der Roma Schilder hochhielten, auf denen stand: »Gebt uns Arbeit, wir wollen nicht von Almosen leben, wir wollen arbeiten!«

Natürlich gibt es Probleme im Zusammenleben zwischen Roma und Slowaken, aber es gibt auch Probleme im Zusammenleben zwischen Ungarn und Slowaken oder anderen Bevölkerungsgrup-

Milan Rastislav Štefánik – einer der Gründerväter der Tschechoslowakei und slowakischer Politiker mit bewegtem Leben.

**Oben:** Slowakische Flagge mit Patriarchenkreuz und Dreiberg.
**Unten:** Im ganzen Land verteilt: Schlösser, Burgen und Kastelle.

**Oben:** Die Slowakei ist ein Wanderparadies – das markierte Wegenetz ist ausgezeichnet.
**Unten:** Mehr als vierzig Prozent des Landes ist gebirgig.

Die Burg in Bratislava.
Links daneben das Parlament.

Das »Ufo« – Wahrzeichen von Bratislava.

**Oben:** Das Rathaus in Bardejov.
**Unten:** Denkmal in Bratislava für Čumil, den Kanalarbeiter.

Das neue Schloss und dahinter der Kalvarienberg in Banská Štiavnica.

**Oben:** Kremnica – die goldene Stadt.
**Unten:** Banská Štiavnica – die silberne Stadt.

Denkmal für Juraj Jánošík, dem slowakischen Nationalhelden und Karpatenräuber.

**Oben:** Geräucherte Käsespezialität: Korbáčik.
**Unten:** Kapustnica hält Leib und Seele zusammen.

Oben: Bryndzové halušky, das slowakische Nationalgericht.
Unten: Pirohy mit Speck.

Štrbské pleso – einer von vielen wunderschönen Gebirgsseen in der Tatra.

An herrlichen Aussichten mangelt es nicht in den slowakischen Gebirgen.

pen. Die allermeisten Probleme rühren daher, dass große Teile der slowakischen Roma verelendet sind. Acht Prozent der geschätzten 300.000–400.000 slowakischen Roma leben in sogenannten illegalen Siedlungen. Als ein Freund von mir, der in Indien gearbeitet hat, sie zum ersten Mal sah, war er geschockt. Weil er nicht geahnt hatte, dass es auch Slums in Mitteleuropa gibt.

Ich habe einmal einen Rat bekommen. Man riet mir, nicht das Gesicht der Armut mit der Kultur der Roma zu verwechseln. Armut sieht weltweit ähnlich aus, schau in die Favelas Brasiliens oder in die Slums Indiens oder in das Londoner East End um 1900. Das ist das Antlitz der Armut, aber das ist nicht die Kultur der Roma. Ich finde den Rat hilfreich.

Ich bin kein Experte für die Kultur der Roma. Ich würde gerne das Buch *111 Gründe, warum ich die Roma liebe; Eine Liebeserklärung an die schönste Kultur der Welt* lesen, und ich hoffe, dass es irgendwann geschrieben wird.

Janette Motlová Maziniová, über die ich an anderer Stelle in diesem Buch geschrieben habe, hat mir die Flagge der Roma erklärt. Oben ist sie blau wie der Himmel, und das symbolisiert, dass du mit jedem Tag neu anfangen kannst. Unten ist sie grün wie die Natur, die sich um dich sorgt, die, die dir etwas zu essen gibt. Im Zentrum der Flagge steht ein rotes Speichenrad. Es soll dich daran erinnern, dass du manchmal im Leben ganz unten bist, manchmal ganz oben. Und wenn du ganz unten bist, kannst du dir sicher sein, dass der, der gerade ganz oben ist, dir helfen wird, weil er nicht vergessen hat, wie es ist, ganz unten zu sein.

Das müssen gute Leute sein, die sich unter so einer Flagge versammeln.

*46. Grund*

## *Weil eine Dampflok durchs Fußballstadion fährt*

Vermutlich gibt es in Europa nur einen Ort, an dem ein Trainspotter, der gleichzeitig auch Fußballfan ist, voll auf seine Kosten kommt. Auf dem Fußballplatz in Čierny Balog kann es passieren, dass mitten im Spiel ein Zughorn ertönt, von der Eckfahne Rauch aufsteigt und eine Dampflokomotive angetuckert kommt und direkt zwischen Fußballfeld und Tribüne hindurchfährt, von Zuschauern und Spielern nur wenige Meter entfernt.

Für die Spieler des TJ Tatran Čierny Balog ist das keine Besonderheit, sie haben sich daran gewöhnt. Die gegnerischen Mannschaften, die das zum ersten Mal erleben, staunen aber nicht schlecht. Ob sie deswegen das ein oder andere Tor mehr kassieren, ist unbekannt.

Fest steht, dass die Züge der Čiernohronská železnica, der Schwarzgranbahn, seit 1992 wieder regelmäßig verkehren. Die Strecke ist ein Teil eines weit verzweigten Waldeisenbahnnetzes, das Anfang des 20. Jahrhunderts errichtet wurde, um den Holzreichtum des Poľana-Gebirges abzuschöpfen. Am Grund der schmalen Täler wurden Gleise mit einer Schmalspurbreite von 760 Millimetern verlegt, auf denen schon in den 20er-Jahren innerhalb von zwei Jahren 260.000 Kubikmeter Holz transportiert wurden.

Wie viele Waldeisenbahnen hatte die Schwarzgranbahn auch keine Chance gegenüber ihrem schärfsten Konkurrenten: dem Lkw. In den folgenden Jahrzehnten wurden Wirtschaftswege immer tiefer in die Wälder geschlagen, bis auf die Hänge geführt, und das Benzin war konkurrenzlos günstig. Als 1982 die Schwarzgranbahn stillgelegt und zur Verschrottung freigegeben wurde, war sie die letzte arbeitende Waldeisenbahn der Slowakei. Noch im selben Jahr organisierte eine Gruppe von Eisenbahnbegeisterten, dass der slowakische Staat die Bahn als nationales Kulturdenkmal anerkannte. Über zehn Jahre trafen sich Freiwillige – die sogenannten »Brigádnici« –, um die

Strecke zu erhalten und Lokomotiven und Waggons in mühevoller Handarbeit zu renovieren.

Dank ihnen ist es jetzt möglich, im Sommer viermal am Tag von Čierny Balog nach Dobroč für 4,50 € zu fahren und die Fahrt durch das Fußballstadion hautnah zu erleben. Die alte Dampflokomotive pufft und pafft dabei, wie man es sich nur wünschen kann, ihre Technik ist ja unverändert. Mit einer Ausnahme: Der Lokomotivführer kann per elektrischem Signal zwei Tore öffnen, die ansonsten die Ein- und Ausfahrt ins Stadion verhindern.

Wer einmal wie Lukas der Lokomotivführer aussehen will, der hat eine gute Chance, im offenen Waggon ganz vorne genug Ruß abzubekommen, um sein Gesicht authentisch zu schwärzen.

*47. Grund*

## *Weil es solche Menschen wie Vladimír Weinlich gibt*

Vladimír Weinlich steht jeden Tag vor dem Busbahnhof in Bratislava und verkauft die Obdachlosenzeitschrift *Nota Bene*. Er trägt eine Weste mit grellen Neonfarben, die ihn offiziell als Verkäufer Nr. 2468 ausweist, auf seinem Kopf einen Hut mit Feder. Den lieben langen Tag lüftet er den Hut und begrüßt die zahlreichen Passanten mit einem kräftigen »Guten Tag« und verabschiedet sie mit einem fröhlichen »Alles Gute!«. Seine Stimme ist ganz heiser davon.

Seine Nase, die einmal gebrochen war, erzählt davon, dass er in seiner Jugend geboxt hat, und die Falten in seinem Gesicht, dass ihn das Leben ein oder zwei Mal auf die Bretter geschickt hat. Dass er jedes Mal wieder aufgestanden ist und sich nicht hat unterkriegen lassen, bestätigt der Schalk in seinen Augen.

Vladimír hat deutsche Vorfahren, und deswegen hat er eine Zeit lang in Deutschland gelebt. Schon von Weitem begrüßt er mich mit einem »Guten Tag, mein Herr!«, zückt schnell eine Süßigkeit aus seinem Mantel und steckt sie meiner Tochter zu, bevor ich kleingeistige Bedenken wie Karies anbringen kann. Meine Tochter und er, sie sind sich beide sicher, dass ein oder zwei Lollys am Tag oder mehr noch keine Gefahr darstellen. Was soll ich machen, zwei gegen einen, da bin ich machtlos. Wir halten dann ein kleines Schwätzchen, und ich kaufe ihm eine Ausgabe ab.

In letzter Zeit verkauft er weniger Zeitungen, weil der alte Busbahnhof abgerissen wurde. An der Stelle soll ein riesiges Einkaufszentrum entstehen, und darunter wird der neue Busbahnhof in mehreren Stockwerken untergebracht. Überhaupt verändert sich das ganze Viertel radikal. Alte ansehnliche Fabrikgebäude wurden ebenfalls abgerissen, und dafür sprießen Hochhäuser aus dem Boden. Das Viertel wird bereits Bratislava Downtown genannt. Vladimír steht jetzt inmitten gigantischer Baustellen an einem Zebrastreifen, über den die Menschen strömen, wenn sie zu dem Übergangsbusbahnhof wollen.

Vladimír Weinlich ist in Bratislava ähnlich beliebt wie der 1967 verstorbene Ignác Lamár, besser bekannt als der *Schöne Náci*. Ignác Lamár war ein stadtbekanntes Original, weil er stets in Frack, Zylinder und Lackschuhen gekleidet jede Frau mit »Küss die Hand, gnädige Frau« begrüßte. Nach dem Zweiten Weltkrieg sollte er aufgrund seiner deutschen Abstammung vertrieben werden, wurde aber dann wieder als einer der wenigen aus dem Sammellager entlassen. Sein Name Náci ist übrigens keine Verunglimpfung, sondern eine Abkürzung seines Vornamens Ignác.

1997, 30 Jahre nach seinem Tod, hat die Stadt Bratislava ein Denkmal zu seinen Ehren aufgestellt: eine silberne Skulptur, die einen Zylinder lüftet und freundlich grüßt. Seine sterblichen Überreste wurden 2007 umgebettet, heute findet sich ein Grabstein mit seinem Namen auf dem Andreas-Friedhof in Bratislava. Die, wenn man so will, beste Adresse für Verstorbene oder die slowakische Antwort auf den Père Lachaise in Paris.

Vladimírs Geschichte ist noch nicht zu Ende geschrieben. Mittlerweile hat er eine Unterkunft gefunden, und ob er vor dem neuen

Busbahnhof/ Einkaufszentrum verkaufen darf, ist noch nicht entschieden. Meine Tochter wünscht sich das sehr, wollen wir hoffen, dass ihm das die grauen Herren erlauben.

*48. Grund*

## *Weil über Gott und die Welt debattiert wird*

Ich gebe zu, dass nicht nur in der Slowakei über Gott und die Welt debattiert wird. Das ist nicht etwas, was die Slowakei auszeichnet oder besonders typisch für sie ist, andererseits, so mag man einwenden, gibt es auch Weltgegenden, in denen nicht debattiert wird, weil nicht debattiert werden darf.

Viele Debatten in der Slowakei, sei es in den Medien oder am Kneipen- oder Küchentisch, fußen aber auf einer bestimmten Erfahrung, die die Mehrheit der Bevölkerung gemacht hat. Sie hat am eigenen Leibe erfahren, was es bedeutet, in zwei verschiedenen, ja gegensätzlichen gesellschaftlichen Systemen zu leben. Das spielt eine große Rolle bis heute.

Die Generation der heutigen 60-Jährigen befand sich in der Mitte ihres Lebens, als das alte System zusammenkrachte und das neue einige schwierige Jahre brauchte, um sich zu konsolidieren. Das ist eine Erfahrung, die ich nie machen musste. Mein ganzes Leben habe ich in einem System verbracht, nämlich in einem demokratischen Rechtsstaat mit einer sozialen Marktwirtschaft als Leitbild. Die Generation meiner Schwiegereltern ist hingegen in einem Staat mit einer Einparteienherrschaft und Planwirtschaft aufgewachsen. Die überwiegende Mehrheit dieser Generation hat sich in diesem System zurechtgefunden. Möglicherweise, weil sie keine Alternativen kennenlernen durften oder weil sie überzeugt waren, in einem guten System zu leben, oder weil sie sich vielleicht keine großen Gedanken darum gemacht haben und die Dinge so hinnahmen, wie sie waren.

Die Mehrheit all meiner slowakischen Gesprächspartner hat den Wandel Ende der 80er-Jahre begrüßt und beurteilt ihn im Rückblick zwar etwas kritischer, aber immer noch als richtig und wichtig. Trotzdem ist die Erfahrung, in zwei gesellschaftlichen Systemen gelebt zu haben, nicht abgeschlossen oder gar nicht mehr relevant. Im Gegenteil, diese Lebenserfahrung prägt private Diskussionen und gesellschaftliche Debatten, so erlebe ich das, bis heute. Ich meine im Alltag drei Phänomene zu beobachten, wenn es darum geht, eigene Ansichten zu politisch relevanten Themen zu äußern:

*1. Doppelter Boden und Zwischentöne*

Zu sozialistischen Zeiten konnte nicht offen gesprochen werden. Eigene Meinungen wurden deshalb oft unterdrückt, in schwer belegbaren Nebensätzen oder in vagen Andeutungen versteckt, oder es wurde geradeaus das Gegenteil gesagt von dem, was man eigentlich meinte. So ist es nicht verwunderlich, dass die meisten Slowaken geschult waren und sind, Zwischentöne zu deuten und davon auszugehen, dass der andere nicht sagt, was er gerade denkt. Positiv daran ist, dass viele in der Lage sind, Aussagen dezidiert hin und her zu wenden und sie nicht unausgesprochen zu glauben. Negativ ist, dass ein generelles Misstrauen Grundlage sein kann für abstruse Verschwörungstheorien.

*2. Darüber spricht man nicht oder nur mit bestimmten Leuten*

Der Satz »Politik ist ein schmutziges Geschäft, und da halte ich mich raus« fällt oft. Selbst dann, wenn die Gesprächsanfänge eher einen Small-Talk-Charakter haben, wie »Was halten Sie davon, dass ...« Man sucht sich aus, mit *wem* man über *was* spricht. Machen wir alle, könnte man einwenden und zustimmen, aber in der Slowakei, so scheint es mir, wird sensibler, vorsichtiger ausgewählt. Vermutlich, weil die Erfahrungen aus dem Sozialismus, dass eigene politische Meinungen handfeste Gefahren beschwören, noch wirksam sind. Eine Ausnahme mag vielleicht der Kneipentisch sein, da ist man geschützt durch den Alkoholkonsum, auf den man sich im Zweifelsfall berufen kann.

### *3. »Sowohl als auch« statt »entweder oder«*

Die Kneipe ist als Ort für Diskussionen immer noch spannender als das Internet, weil die Anwesenden sich einander ins Gesicht schauen und sich meistens auch noch danach weiter ins Gesicht schauen wollen. Die Lebenserfahrungen der zwei Systeme sind oft Gegenstand hitziger Diskussionen. Ein typischer Blick auf die heutige Zeit ist, ich zitiere aus einem Kneipengespräch: »Guck dir doch nur mal an, wie sich die Leute von einem Sabbatical zum nächsten retten, um das unvermeidliche Burnout zu vermeiden. Und guck dir all die schütter behaarten Effizienzprediger und Zeitwächter an, die das überaus redegewandt organisieren, damit einige wenige reich werden und die meisten weniger in der Tasche haben. Da wars früher sozialer.«

Sein Gesprächspartner bestellt für beide ein Bier und antwortet: »Stimmt, früher hatten wir alle gleich viel, nämlich wenig, aber du darfst nicht vergessen, dass du früher nicht nach Norwegen fahren konntest, um Lachse zu angeln, und solche Reden wie jetzt konntest du auch nicht schwingen.« Alle lachen, nehmen einen tiefen Schluck und wenden sich neuen Themen zu. Aber das Thema wird wiederkommen, vielleicht bei der nächsten Wahl, vielleicht beim nächsten politischen Skandal oder der nächsten Finanzkrise, vielleicht auch beim nächsten Bier. Es geistert durch die alltäglichen Gespräche.

Alle Menschen, die in zwei gesellschaftlichen Systemen gelebt haben, vergleichen und ziehen ihre Schlüsse daraus. Einige lautstark, andere behalten sie lieber für sich. Einige Schlussfolgerungen überzeugen mich, gefallen mir sogar, einige andere wiederum kann ich überhaupt nicht ausstehen und bieten einen Nährboden für Extremismus, den ich fürchte. Was ich jedoch uneingeschränkt anerkenne, ist, dass die Mehrheit der slowakischen Bevölkerung Erfahrungen in einem gesellschaftlichen System gemacht hat, die ich nicht habe, aber die nicht ausgeklammert werden dürfen.

*49. Grund*

## *Weil selbst tagelange Stromausfälle gelassen aufgenommen werden*

Ich kann mich noch gut an meinen allerersten Stromausfall erinnern. Zu der Zeit lebten wir in unserer *Chata* in den Bergen, und ich war dort allein für das Wochenende. Alles lief gut, bis ich versuchte, den Wasserkocher anzustellen. Es passierte nichts. Ich betätigte mehrere Lichtschalter im Haus, kippte mehrmals den Hauptschalter um, aber es blieb dunkel.

Wird schon wiederkommen, dachte ich mir. Als es Abend wurde, lag das ganze Dorf in vollendeter Dunkelheit, die Sterne funkelten prachtvoll am Nachthimmel. Am nächsten Morgen kochte ich meinen Kaffee wieder auf dem Ofen im Dunkeln. Ich ging rüber zu unserem Nachbarn und fragte ihn, ob er schon die Stromgesellschaft angerufen habe. Er runzelte seine Stirn und antwortete mit einem »Wozu?«, drehte sich um und arbeitete weiter. Das schien in seinen Augen eine irgendwie dumme, geradezu nutzlose Frage gewesen zu sein.

Der längste Stromausfall, an den ich mich erinnern kann, dauerte über eine Woche. In nur wenigen Stunden war sehr viel Schnee gefallen, ein nasser, klebriger Schnee, sodass überall im ganzen Land Strommasten brachen und die Versorgung komplett zusammenbrach. Aber im Gegensatz zu dem Schneechaos von 2005 in meiner alten Heimat im Münsterland, als viele Gemeinden für Tage ohne Strom auskommen mussten und die Medien ununterbrochen darüber berichteten, wurde in unserem Dorf darüber so gut wie gar nicht gesprochen.

Die Leute stellten überall Kerzen auf, packten die Inhalte des Tiefkühlfachs in die Bierkeller und gingen noch früher schlafen, als sie es sowieso taten. Die wenigen, die sich darüber aufregten, wurden mit einem »Ist doch gut für die Umwelt« abgespeist oder mit der Frage:

»Wie sollen sonst all die Kerzen verkauft werden?«. Oder mein persönlicher Favorit: »Das ist ein Geheimprogramm der slowakischen Regierung, damit mehr Kinder gezeugt werden.«

Als 2008 die weltweite Finanzkrise ihren Höhepunkt erreichte, fragte ich im Dorf, ob sie sich nicht Sorgen über ihre wirtschaftliche Zukunft machten. Immerhin arbeiteten viele Männer im Ausland und hatten Jobs, die zuerst wegfallen würden. Eine typische Reaktion war: »Ah, weißt du, wir haben den Sozialismus überstanden, den wilden Kapitalismus in den 90er-Jahren überlebt, dann werden wir doch noch eine Finanzkrise überstehen. Zur Not bestellen wir einen Kartoffelacker mehr.«

Mittlerweile habe ich ein Faible für solche Entgegnungen, die teilweise ans Absurde grenzen. Als ich mich einmal an einem scharfen Draht schnitt, der aus der Gartentür meiner Schwiegereltern rausragte, fragte mich meine Schwiegermutter vorwurfsvoll, warum ich denn keine Handschuhe anhabe. Wohlgemerkt, ich wollte den Garten nur betreten, nicht die Tür reparieren.

Einmal bin ich nachts mit meinem Rad fast in ein manntiefes, ungesichertes Loch gefallen, das entstanden ist, da die Straßendecke komplett ins sich zusammengestürzt war. Hier ein kleiner Auszug der Reaktionen, die ich auf meine kleine Geschichte erhalten habe:

»Warum musst du auch nachts mit dem Rad fahren?«

»Du solltest dir eine bessere Fahrradlampe anschaffen.«

»Besser Stabhochsprung statt Fahrradfahren.«

Einige waren gelangweilt und verstanden nicht, warum ich ihnen davon erzähle, und mehrere fragten, ob ich betrunken gewesen sei. Aber die Antwort, die ich am besten fand, war diese:

»Weißt du, in Deutschland fährt man einfach geradeaus, und fertig. Das ist doch langweilig. Hier bei uns müssen wir ständig achtsam sein, mal rechts, mal links rumfahren. Das erfordert einen guten Chauffeur. In Deutschland kann jeder fahren.«

Na, wenn das nicht eine wahrlich philosophische Sicht auf die Dinge ist, dann weiß ich es auch nicht. Aber um es einmal offiziell festzuhalten: Während der besagten Nachtfahrt war ich weder betrunken, noch sind die slowakischen Straßen in einem schlechten Zustand (Ausnahmen bestätigen die Regel).

Es geht einfach darum, wie man sich Missstände anschaut. Vor einigen Jahren stellten Inspekteure der slowakischen Armee fest, dass nur noch zwei Flugzeuge einsatzbereit waren. Jetzt rufen Spaziergänger, wenn sie ein Armeeflugzeug am Himmel sichten, beschwingt aus: »Schaut, 50 Prozent der slowakischen Luftwaffe sind in der Luft« und alle Beistehenden amüsieren sich köstlich.

In einer derartigen Sichtweise stecken viele Zutaten drin: eine Prise Fatalismus, aber auch philosophischer Gleichmut, Lebenserfahrung, bedingt durch einen rapiden erlebten Wechsel politischer Systeme und der Wunsch, das Leben nicht zu schwer zu nehmen. Davon kann man sich eine Scheibe abschneiden, denke ich.

*50. Grund*

## *Weil nicht nur die Schotten Dudelsack spielen*

Ja, richtig, nicht nur die Schotten können dudeln. Auch die Slowakei ist stolz auf ihre reiche Tradition im Dudelsackpfeifen, die immerhin bis ins 14. Jahrhundert zurückreicht. War Anfang des 20. Jahrhunderts die Kunst, in die Sackpfeife zu blasen, noch flächendeckend verbreitet, so ist sie heute vom Aussterben bedroht. Heute spielen nur noch etwa 100 Musiker in 40 Orten den slowakischen Dudelsack, der Gajdy genannt wird.

Wie der schottische Dudelsack besteht das Instrument aus Tierhäuten, Metall und Holz, hat aber in der Regel weniger Pfeifen, und oftmals ist die *Gajdy* mit Hörnern aus Holz verziert. Typischerweise haben Schäfer in den Mittelgebirgen der Mittel- und Westslowakei damit bei Volksfesten zum Tanz aufgespielt, aber durchaus auch zu Weihnachten.

In Malá Lehota in der Mittelslowakei findet alljährlich am letzten Freitag vor Aschermittwoch ein dreitägiger *Gajdy*-Fasching statt. Dabei gehen Gruppen von 20 und mehr Spielern von Haus zu Haus und zelebrieren ihre Kunst.

In Oravská Polhora, im Nordwesten des Landes, findet jedes Jahr ein internationales Festival statt, zu dem Dudelsackspieler aus Schottland, Irland, Belgien, Tschechien, Weißrussland und sogar aus Australien anreisen. Während des Festivals werden die Jüngsten in Workshops an die Sackpfeifen herangeführt, und zum Schluss wird in einem Wettbewerb der beste *Gajdy*-Spieler des Jahres gewählt.

Im Dezember 2015 wurde die slowakische Dudelsackpfeifer-Kultur in die UNESCO-Liste des immateriellen Weltkulturerbes aufgenommen. Für den Erhalt, die Popularisierung und die Förderung der Dudelsackpfeifer-Kultur in der Slowakei engagiert sich eine spezialisierte Zunft.

Trotz aller Bemühungen kann ich mich nicht des Eindrucks erwehren, dass die »*Gajdy*-Kultur« nur noch mit Mühen am Leben erhalten wird, ähnlich wie mancherorts Sprachen, die zwar staatlich gefördert werden, aber letztendlich aus dem Alltag verschwinden. Es wäre schade, wenn das Musikinstrument in den Museen verstauben würde, denn in meinen Ohren ist der Klang der *Gajdy* zwar archaisch, aber durchaus hörenswert.

*51. Grund*

## *Weil Friedhöfe leuchten*

In der Slowakei ist es nachts auf dem Land dunkel, ich meine wirklich dunkel. Bei uns im Dorf, wenn der letzte Bus um halb zwölf abgefahren ist, werden die Laternen ausgeknipst. Dann ist es dunkel. Bei kompletter Bewölkung ist es sogar finster, man kann die viel zitierte Hand vor Augen nicht sehen. Bei freiem Himmel hingegen funkeln die Sterne in ihrer ganzen Pracht, unberührt vom Lichtsmog, zum Greifen nah. Für unsere Gäste ist der Sternenhimmel zweifelslos eine große Attraktion. Ja, nachts auf dem Land ist es dunkel.

In dieser Dunkelheit flackern einmal im Jahr riesige Lichtinseln auf. Anfang November ist jeder, wirklich jeder Friedhof erleuchtet. Und jedes Grab ist mit mehreren Kerzen bestückt, die Grabsteine und Kreuze in Kerzenlicht tunken. Zu dieser Zeit über das Land zu fahren ist ein optisches Spektakel. All die illuminierten Friedhöfe schmiegen sich am Rande der Dörfer malerisch in die Berge und wirken wie ein gigantisches Landartprojekt. Was sie natürlich nicht sind, denn an Allerheiligen wird der Toten gedacht. Als eine Freundin aus Bayern die ganzen Lichter sah, meinte sie: Junge, Junge, die Slowaken denken noch an ihre Verstorbenen.

Am 1. November brechen überall im Land Familien auf, um die Gräber ihrer Lieben zu besuchen, sie zu schmücken und Lichter zu entzünden. Wichtig dabei ist, dass alle Gräber besucht werden, nicht nur eines stellvertretend für die anderen. Alle verstorbenen Verwandten müssen besucht werden, auch wenn sie auf verschiedenen Friedhöfen oder in anderen Teilen des Landes liegen. Diejenigen, die den Weg nicht mehr bewältigen können, stellen Lichter in ihre Fenster.

Zu Allerheiligen müssen Busfahrer und Lokomotivführer Sonderschichten einlegen, um den Ansturm zu bewältigen, denn er ist ein zentraler Feiertag im Jahreskreislauf, der nicht nur auf dem Papier steht, sondern gefeiert und gelebt wird.

Wie wichtig und ernst das Totengedenken den Slowaken ist, habe ich bei einer Wanderung ganz im Osten des Landes spüren können. Auf dem Gebiet des Nationalparks Poloniny wurden in den 80er-Jahren des vergangenen Jahrhunderts drei Dörfer zwangsweise umgesiedelt, um ein Wasserschutzgebiet einzurichten. Dazu wurden alle menschlichen Gebäude abgetragen. Die Dörfer sind vom Erdboden verschwunden, es gibt dort keine Häuser mehr, alle Schulen und

Kirchen sind weg. Aber an eines trauten sich die alten Machthaber nicht heran – an die Friedhöfe. Unberührt gedenken sie weiterhin der Toten, während die Natur ringsherum ehemalige Felder und alte Wege überwuchert. Es ist ein seltsam melancholisches Gefühl, in dieser Landschaft zu wandern. Auch nach Jahrzehnten, die ins Land gezogen sind, lässt sich die vergangene Anwesenheit von Menschen erahnen.

Auch wenn die letzten Beerdigungen jetzt mehr als 30 Jahre zurückliegen und die Nachkommen der Verstorbenen durch die Umsiedelung weit verstreut leben, stehen auf den meisten Gräbern immer noch frisch heruntergebrannte Dauerlichter. Als dann im neuen Jahrhundert Wisente in dem zwischenzeitlich eingerichteten Nationalpark angesiedelt wurden und sie inmitten der Grabsteine nach Nahrung suchten, war der Aufschrei der Hinterbliebenen groß. In kürzester Zeit wurden Zäune angebracht. Aus dem Grunde grasen jetzt zu Allerheiligen neben den Friedhöfen Wisente im flackernden Licht der Kerzen.

### *52. Grund*

## *Weil die Puppen tanzen*

In Bratislava lässt fast jede Woche jemand die Puppen tanzen, und das meistens umsonst. Zusammen mit meiner Tochter habe ich schon an den verschiedensten Orten Aufführungen des Marionettentheaters genossen: auf dem Wochenmarkt, auf dem Spielplatz, im Einkaufszentrum, im Kulturhaus, im Puppentheater, im Kindergarten und auf der Straße.

Die Aufführungen auf dem Spielplatz wurden vom Stadtteilbürgermeister gesponsert. Er hoffte, damit seine Chancen auf die Wiederwahl zu erhöhen. Auf dem Wochenmarkt und im Einkaufszentrum werden die Aufführungen von Gewerbetreibenden bezahlt, damit Kinder zuschauen und Eltern in Ruhe konsumieren können. Im Puppentheater kauften wir eine Eintrittskarte, und auf der Straße ging die Puppenspielerin nach der Aufführung mit dem Hut herum. Dank Vater Staat ist es im Kindergarten und im Kulturhaus kostenlos.

Meine Tochter liebt das Puppentheater. Bei Vorführungen sitzt sie mit vielen anderen Kindern im Schneidersitz vor der kleinen Bühne, und ihre Augen leuchten, wenn der Vorhang aufgeht. Meistens sind die Stücke interaktiv, und die Kinder schreien aus vollem Halse ihre Antworten. Ungerechtigkeiten werden lautstark kritisiert, und nicht selten entstehen kleine Rangeleien im Publikum, wenn jemand meint, er müsse die Plätze wechseln, um eine bessere Sicht zu bekommen. Die Aufführungen schrappen oft am Chaos vorbei, gekonnt verstehen es aber die Strippenzieher im Hintergrund immer wieder, rechtzeitig die Aufmerksamkeit der Kinder einzufangen. Es ist eine Freude, nicht nur dem Stück, sondern auch der Interaktion zwischen Publikum und Puppenspieler zuzuschauen.

Das Puppenspielen ist eine Kunstform, die in der Slowakei mit Hingabe betrieben wird. Die Stücke sind liebevoll choreografiert und weit entfernt von dem typischen Hau-drauf-Kasperl-Theater. Die Puppen werden aus Lindenholz handgeschnitzt, die Kleidung wird selbst genäht und das Bühnenbild eigenhändig gestaltet. Die Marionettenspieler singen, spielen mehrere Rollen mit verschiedenen Stimmen und koordinieren die Bewegungen ihrer Puppen mit komplizierten Schnüren, ohne sie zu verknoten.

Über Monate sind wir jeden Samstag mit unserer Tochter zum Puppentheater auf den Wochenmarkt gegangen. Nie war ein Puppenspieler zweimal da. Nie wurde ein Stück zweimal aufgeführt. Die Anzahl fahrender Puppenspieler muss riesig sein. Und in fast jeder großen Stadt gibt es Puppentheater.

Wenn ich meinen slowakischen Freunden erzähle, dass ich vom Marionettenspiel begeistert bin, sind sie bass erstaunt. Sie sind damit aufgewachsen, denn das war ein alltäglicher Bestandteil ihrer Kindheit. Sie können sich nicht vorstellen, dass das in anderen Ländern nicht genauso ist. Eine Kindheit ohne Puppenspiel – geht doch gar nicht.

Im Jahre 2016 haben die Slowaken und Tschechen erkannt, welchen Schatz sie da über die letzten 200 Jahre gepflegt haben, und deswegen haben sie das Marionettenspiel beider Länder in die Liste des immateriellen Weltkulturerbes der UNESCO eintragen lassen. Meiner Tochter ist das freilich vollkommen egal, sie freut sich aber schon, wenn die Puppen für sie das nächste Mal tanzen.

Sechstes Kapitel

# *Landschaften für Gourmets*

*53. Grund*

## *Weil das Paradies in der Slowakei liegt*

Jawohl, das Paradies liegt in der Slowakei. Die gute Nachricht ist, dass die Suche nach dem Paradies ein Ende hat. Es befindet sich westlich von der Niederen Tatra und östlich der Stadt Spišská Nová Ves. Und um es für alle Zeiten zu schützen, hat es die slowakische Regierung 1988 zum Nationalpark und als *Slowakisches Paradies* erklärt. Damit ist es offiziell: Das Paradies auf Erden ist slowakisch. Wer möchte es bezweifeln?

Ursprünglich war das ganze Gebiet des rund 200 km$^2$ großen Nationalparks ein einziges Karst-Plateau, das allerdings im Laufe der Zeit von den Flüssen Hornád und Hnilec und den Bächen Veľký Sokol, Suchá Belá und Biely potok zu etlichen kleineren Hochebenen zerkrümelt wurde. Das Zusammenspiel von Wasser und Karst zauberte dabei vielfältige Formen wie Einsturztrichter, Dolinen, Karren und Höhlen; übrigens gehört die Dobschauer Eishöhle (Dobšinská ľadová jaskyňa) zu den größten und interessantesten Eishöhlen in Europa. Bei einem Besuch, der Name verspricht es bereits, sollte man sich warm anziehen.

Die Korrosion, also die Lösungsverwitterung des Kalksteins, hat ebenfalls zahlreiche Schluchten entstehen lassen, in denen häufig malerische Wasserfälle rauschen. Mag das Wandern auch manchmal für Kinder langweilig sein, so wird das im Slowakischen Paradies nicht der Fall sein. Auf den allermeisten Wanderwegen müssen Passagen über frei stehende Leitern und eiserne Steige bewältigt werden. Die über lange Strecken spektakuläre Wegführung erfordert die ganze Konzentration und eine notwendige Portion Abenteuergeist. Das Ganze in einer Umgebung, in der Sichtungen von Braunbären, Luchsen, Wölfen und Fischottern möglich sind.

Das Slowakische Paradies bietet eine Reihe von Highlights, hier meine persönlichen Top 3:

1. Ein Aufstieg auf die Felsterrasse Tomášovský výhľad, die eine herrliche Aussicht auf die Täler des Baches Biely Potok und auf den Durchbruch des Flusses Hornád bietet. Bei klaren Sichtverhältnissen kann man sogar die Hohe Tatra sehen. Der Aussichtspunkt ist zu Fuß leicht von dem Bahnhof in Spišské Tomášovce zu erreichen; einfach der grünen Markierung auswärts für 45 Minuten und 2,7 Kilometer folgen. Eine leichte Wanderung mit einem atemberaubenden Endpunkt (zumindest geht es mir so, wenn ich mich an die Felskante antaste und 146 Meter in den Abgrund schaue).

2. Mit dem Packraft oder Kanu durch den Hornád-Durchbruch. Der Fluss Hornád ist zwar 286 Kilometer lang, aber die schönsten Kilometer befinden sich, wie kann es anders sein, im Slowakischen Paradies. Südlich von Hrabušice durchbricht der Hornád das Karstgestein und fließt für die nächsten zwölf Kilometer bis Čingov durch eine enge und felsige Schlucht. Die Strecke ist kurz, aber einzigartig in ihrer Schönheit. Dieser Abschnitt auf dem Fluss ist erst seit wenigen Jahren freigegeben, und man kann ihn nur zwischen dem 1. Mai und dem 31. Oktober und bei einer Wassertiefe von 70 Zentimetern befahren. Dazu muss man sich beim Nationalpark anmelden, damit nur eine bestimmte Anzahl von Kanuten pro Tag auf dem Wasser ist.

3. Eine Wanderung durch die längste und tiefste Schlucht namens Veľký Sokol beginnt südlich von dem Ort Píla. Die gelbe Markierung führt für sechs Kilometer durch die Schlucht, die stellenweise 300 Meter tief ist und zum Schluss auf nur einen Meter Breite schrumpft. Wenn man danach nicht umdrehen möchte, dann kann die rote Markierung über einen steilen Anstieg zurück zum Ausgangsort führen. Der komplette Rundweg dauert dann fünf bis sechs Stunden bei 16 Kilometern. Da die Schlucht etwas abseits von den Hauptströmen liegt, ist sie in der Regel weniger frequentiert.

Ich selbst hatte einen äußerst paradiesischen Moment im Slowakischen Paradies. Auf einer meiner Wanderungen habe ich mich zum Schlafen mit T-Shirt und kurzer Hose in die Sonne ins Gras gelegt, und als ich aufwachte, waren meine Arme und Beine komplett mit

Schmetterlingen bedeckt, die vermutlich in meinem Schweiß nach Salzen und Mineralien gesucht haben. Es war ein eigenartiges, unvergessliches und seltsam sanftes Gefühl, Hunderte von Fühlern und Saugrüsseln auf meiner Haut zu spüren. Als ich mich leicht bewegte, stob eine Wolke von Schmetterlingen auf, die dann aber nach und nach wieder auf mir landete, ganz friedlich.

Einen Nachteil gibt es aber, den ich nicht verschweigen will. Zusammen mit der Hohen Tatra gehört das Slowakische Paradies zu den meistbesuchten Nationalparks in der Slowakei. Wenn möglich, sollten Sie den Park nicht im Sommer zur Hauptsaison besuchen, vor allem nicht in den landesweiten Schulferien im Juli und August. Andererseits ist das Slowakische Paradies groß genug, um Touren zu finden, die weniger belaufen sind, wie im südlichen Teil des Parks.

*54. Grund*

## *Weil einmal im Jahr die Theiß aufblüht*

Die Theiß ist ein Fluss und keine Pflanze, und doch blüht sie einmal im Jahr Mitte Juni auf. Nämlich dann, wenn innerhalb von wenigen Tagen, manchmal nur in Stunden Hunderttausende von Eintagsfliegen ausschwärmen und wie kleine Feen auf der Wasseroberfläche tanzen. In Ausnahmejahren sollen die Schwärme so dicht sein, dass das gegenüberliegende Ufer nicht sichtbar ist. Eintagsfliegen kommen mit rund 400 Arten in Europa vor, aber die Theiß-Eintagsfliege ist mit zwölf Zentimetern die größte. Das charakteristische Erkennungszeichen für alle Eintagsfliegen sind ihre überproportional langen Hinterleibsfäden am Körperende. Wenn sie Mitte Juni synchron in diesen riesigen Zahlen ausfliegen, ist die Frage nach der richtigen Bestimmung eh nicht so relevant, weil jeder sie unschwer erkennen kann.

Eintagsfliegen heißen so, weil sie als Imago – also als Insekt nach der letzten Häutung – nur wenige Tage alt werden, im Falle der Theiß-

Eintagsfliege sogar nur wenige Stunden. Die Larven leben für rund drei Jahre im Uferschlamm, um sich dann in kürzester Zeit zu häuten und zum Hochzeitsflug auszuschwärmen. Zuerst erscheinen die Damen, dann die Herren, und im Flug findet die Paarung statt. Die Männer haben damit ihre einzige Aufgabe erledigt und verschwinden wieder von der Bildfläche, während die Frauen noch stromaufwärts fliegen, um ihre Eier schlicht und einfach ins Wasser fallen zu lassen. Was ziemlich clever ist, denn die Strömung des Flusses führt die langsam sinkenden Eier wieder in das Gebiet zurück, in dem die Eltern selbst gelebt haben und der sich damit als geeigneter Lebensraum erwiesen hat.

Beide Geschlechter sterben dann und fallen zurück ins Wasser, aus dem sie gekommen sind, und bieten Nahrung für Fische und Vögel. Wer an diesen Tagen mit einer Eintagsfliege als Köder angelt, wird erfolgreich sein. Allerdings dürfen die Köder nur künstlich hergestellt werden, weil die ehemals weit verbreitete Theiß-Eintagsfliege geschützt ist. Eintagsfliegen brauchen sauberes Wasser, und so haben sie es schwer. Gerade, weil sie so empfindlich auf Veränderungen der Wasserqualität reagieren, gelten sie als geeignete Bioindikatoren. Einfach gesagt, da, wo Eintagsfliegen vorkommen, dürfte das Wasser nicht oder nur mäßig belastet sein.

Das Blühen der Theiß ist vor allem in Ungarn eine große Attraktion. Besucher reisen von weither an, um mit offenem Mund zu staunen – wobei sie wenig Angst zu haben brauchen, eine Eintagsfliege zu verschlucken, da diese meistens in der Nähe der Wasseroberfläche fliegen. Die Theiß ist der längste Nebenfluss der Donau, sie entsteht in den ukrainischen Waldkarpaten und mündet nach 966 Kilometern in Serbien bei Novi Sad in der Donau. Nur schlappe 5,6 Kilometer fließt sie auf slowakischem Territorium, da bildet sie nämlich die Grenze zu Ungarn. Das ist wirklich nicht viel, aber für Eintagsfliegen eine lange Strecke.

*55. Grund*

## *Weil die Grenze zu Ungarn unterquert werden könnte*

Das größte Karstgebiet Mitteleuropas erstreckt sich vom Süden der Slowakei bis in den Norden Ungarns über zwei Nationalparks, den Slowakischen Karst und den ungarischen Aggtelek-Nationalpark. Sieht die Landschaft überirdisch mit ihren zahlreichen Karstformationen schon spektakulär aus, so liegen die Sensationen doch unter der Erde. Über 1.100 Höhlen wurden schon identifiziert, und jährlich kommen neue hinzu. Das hört sich nicht nur nach einem wahren Paradies für Speläologen und Höhlenfreunde an, es ist auch eins. Das Höhlensystem, das über Jahrmillionen entstanden ist, weist Einflüsse von tropischen Zeiten und der Eiszeit auf, das ist anscheinend nirgends so gut dokumentiert wie dort.

Die Öffentlichkeit hat Zugang zu vier Höhlen. In der Ochtinaer Aragonithöhle (Ochtinská aragonitová jaskyňa) kristallisiert das Mineral Argonit in extravaganten Formen wie Nadeln oder Spiralen. In Europa ist keine weitere vergleichbare Höhle der Öffentlichkeit zugänglich. Die Gombaseker Höhle (Gombasecká jaskyňa) ist bekannt für die nur wenige Millimeter dünnen Sinterröhrchen, die bis zu drei Meter lang werden können. In der Jossauer Höhle (Jasovská jaskyňa) wurden zwischen Stalagmiten Knochenreste von Höhlenbären und Höhlenhyänen gefunden. Die Domica-Höhle (Jaskyňa Domica) gilt zusammen mit der ungarischen Baradla-Höhle als größtes Stalakti-ten-Höhlensystem Europas. Im Prinzip wäre es also möglich, in der Slowakei in eine Höhle abzusteigen und in Ungarn wieder aufzusteigen. Dafür müssten die potenziellen Grenzgänger lediglich ein Gitter abschrauben, das an der unterirdischen Landesgrenze angebracht sein soll. Zählt Schengen eigentlich nicht unter Tage?

Wer unter Klaustrophobie leidet, kommt im Nationalpark Slowakischer Karst trotzdem auf seine Kosten. Radfahrer sollten durch die nördlich gelegene Schlucht von Háj radeln, und passionierte Fußgänger gehen besser durch die Schlucht von Zádiel. An ihrem nördlichen Ende verläuft der blaue Wanderweg oberhalb zurück bis zum Wegpunkt Veľký Ščob, von dem ein Abstieg wieder runter bis nach Zádiel führt, was eine ideale Tagestour ist, um einen ersten Einblick in die Naturschönheiten des Slowakischen Karst zu bekommen.

Immerhin hat der Nationalpark viel zu bieten. Botanisch Interessierte freuen sich über Seltenheiten wie den Ungarischen Lotwurz oder die Hunds-Zahnlilie, und ornithologisch Interessierte geraten bei Sichtungen von Rötelfalken, Schlangenadlern und Sakerfalken außer Häuschen. Alle anderen dürften begeistert sein von der Karstlandschaft.

*56. Grund*

## *Weil Poľana einer der größten (erloschenen) Vulkane Europas ist*

Das Poľana-Gebirge liegt in der Mittelslowakei, nördlich der kleinen Stadt Detva. Der höchste Gipfel ist der 1.458 Meter hohe Schichtvulkan Poľana, der seit mehr als 13 Millionen Jahren erloschen ist. Nichtsdestotrotz ist der bewaldete, aber markante Kraterrand deutlich sichtbar und auf weiten Strecken Untergrund für Wanderwege, die immer wieder Aussichten auf den Kratergrund freigeben.

Das gleichnamige Landschaftsschutzgebiet gilt als Heimat der dichtesten Bärenpopulation innerhalb der Slowakei, was das Wandern und – weil es kaum Unterkünfte gibt – freies Biwakieren spannender macht. Als ich vor einigen Jahren mit einem guten Freund dort eine mehrtägige Wanderung unternommen habe, traf ich nur eine weitere Gruppe von Gleichgesinnten, ansonsten waren wir allein unterwegs. Dafür konnten wir ungestört eine Wildkatze beobachten, die am Waldrand auf Mäusejagd war.

Im südlichen Teil des Gebirges befindet sich eine archäologische Fundstätte namens Kalamárka auf Felstürmen, die eine Art Miniplateau umgrenzt. Schon seit der Bronzezeit siedelten hier Menschen und bauten den Platz zu einer Festung aus. Wenn Sie sich die Zeit nehmen und oben auf dem Plateau etwas herumschlendern, werden Sie noch Löcher im Boden sehen, die als Zisternen gedient haben. Der Aufgang von südöstlicher Seite – hier liegen eine Reihe von behauenen Trittsteinen – dürfte seit dem 9. Jahrhundert unverändert sein. Mitten im Gebirge steht ein sagenumwobener Felsen namens Katruška, der mit dem slowakischen Robin Hood Jánošik verbunden ist und den man nicht während der Pfingsttage besuchen sollte. Die Geschichte geht so: Jánošik verliebte sich einst in eine Metzgerstochter, die unweit des Gebirges lebte. Auf seinen Streifzügen besuchte er sie regelmäßig in der Nacht. Das gefiel den Eltern nicht, und so zwangen sie ihre Tochter, Jánošik zu verraten. Besagte Tochter stach deshalb Jánošiks Hafersack an, sodass Helfer der Obrigkeit ihn in den Wald verfolgen konnten, wo sie gedachten, ihn festzunehmen. Jánošik gelang jedoch mit seinen Mannen die Flucht.

Seine Räubergesellen entführten daraufhin die Metzgerstochter und brachten sie zu dem Felsen Katruška, an dem sie ein Räubergericht abhielten. Das Urteil war einstimmig: Von zwölf anwesenden Räubern wurde sie zum Tode verurteilt und anschließend von dem Felsen gestoßen. Jánošik, der nicht anwesend war, meißelte aus Trauer ihren Namen in den Felsen. Sie werden sich denken können, wie ihr Name lautete: Katruška. Bis heute hört man, so die Legende, am Pfingstsamstag das Gellen ihrer Todesschreie.

Das ist vermutlich dann doch nicht der richtige Tag, den Felsen zu besuchen. Aber der Rest des Gebirges ist zu allen Jahreszeiten ein Besuch wert. Im Winter, für alle die, die gerne mit Schneeschuhen durch einsame und tief verschneite Wälder stapfen. Im Frühling, weil die Bergwiesen mit Orchideen gespickt sind, und im Herbst, weil die Rothirsche aus den Tälern röhren. Wichtig ist dabei – nicht den Schlafsack, die Isomatte und das Zelt vergessen.

*57. Grund*

## *Weil es auch im Flachen aufregend sein kann*

Denk ich an die Slowakei, sehe ich Berge und Täler vor meinem inneren Auge. Jahrelang, so muss ich zugeben, haben mich auf der Landkarte nur die braunen Flächen mit eng gesetzten Höhenlinien interessiert. Ich hatte einen regelrechten blinden Fleck für Gegenden, die schon auf dem Papier flach aussahen. Flach assoziierte ich mit langweilig, weil ich dort vor allem Landwirtschaft vermutete, die ja heutzutage eher mit Monotonie und nicht mit einer aufregenden Flora und Fauna einhergeht.

Ganz im Westen des Landes gibt es eine Gegend, die heißt Záhorie, und weil sie – schaut man aus dem Zentrum der Slowakei – hinter den Kleinen Karpaten liegt, bedeutet Záhorie übersetzt »Hinter den Bergen«. In Záhorie ist es flach, aber alles andere als langweilig. Mir hätte das eigentlich schon mit einem Blick auf die Karte auffallen müssen. An der Grenze zu Österreich schlängelt sich eine blaue Linie von Nord nach Süd, das ist der Fluss March. Rechts und links davon gibt es die grün schraffierten Flächen der Auwälder, in denen weitere kleinere blaue Linien wie ein Wurzelgeflecht prangen, die die zahlreichen Alt- und Nebenarme symbolisieren. Und große Flächen sind weiß mit blauer Strichelung, wo keine intensive Landwirtschaft betrieben werden kann, weil sie gelegentlich komplett unter Wasser stehen.

Entlang der March liegen die größten Überschwemmungswiesen Mitteleuropas. Im Frühjahr nach der Schneeschmelze und im Herbst bei starken Regenfällen kann der Wasserpegel so hoch steigen, dass die March über ihre Ufer tritt und sich in die umliegenden Wiesen ergießt. Die unter Wasser stehenden Wiesen sind dann Lebensraum für Limikolen, Enten, Gänse und weitere Vogelarten. Wenn das Wasser langsam wieder abläuft oder versickert, verenden Fische auf dem Trockenen, die wiederum willkommene Nahrung für Reiher und

Störche sind. Kurz: Das Ganze ist ein gigantisches Fest der biologischen Vielfalt und für Ornithologen ein Hotspot.

Die Tatsache, dass die March Teil des Eisernen Vorhangs zwischen der Tschechoslowakei und Österreich war, hat zum Schutz der Auwälder und Feuchtwiesen beigetragen. Slowakische Bürger brauchten Sondergenehmigungen, wenn sie den Schutzstreifen östlich der Grenze betreten wollten. Ähnlich wie mit der innerdeutschen Grenze sind dadurch wertvolle Habitate erhalten geblieben, die ansonsten der Intensivierung der Landwirtschaft zum Opfer gefallen wären.

Gehen oder fahren Sie in die Marchauen! Auf slowakischer wie auf österreichischer Seite gibt es entlang der March gut angelegte und markierte Radwege. Aber vergessen Sie nicht ein Fernglas, wenn Sie Interesse an der gefiederten Welt haben. Im Winter jagen Seeadler gerne über offene Wasserflächen Enten und andere Wasservögel. Kaiseradler, die eher bodenlebende Säugetiere jagen, kann man am besten auf den Grünlandflächen sichten. Mit ein bisschen Glück finden Sie in den Wiesen das mittlerweile gefährdete Braunkehlchen.

Mich begeistern die Auwälder vor allem, weil sie eine ganz andere Atmosphäre ausstrahlen als die karpatischen Bergwälder. Hier finden Sie große und alte Flatter-Ulmen, die es aushalten, mehrere Wochen unter Wasser zu stehen, und die mit ihren kräftigen Brettwurzeln so aussehen, als ob sie auch im Regenwald wachsen könnten. Auwälder haben es schwer in einem Europa, in dem Flüsse begradigt und eingedämmt werden. Deswegen bin ich froh über jeden Meter, den ich in einem naturnahen Auwald wandern kann.

Eine weitere Besonderheit der Záhorie sind die zahlreichen Flugsanddünen und Sandflächen. Nach der letzten Eiszeit, als große Flächen noch nicht bewaldet waren, wirbelte der Westwind aus den Sand- und Kiesbänken des Flusses Feinsegmente zu imposanten Dünen mit mehreren Metern Höhe auf. In der Nacheiszeit wuchsen darauf Wälder, die allerdings großflächig im Mittelalter gerodet wurden. Die Sande begannen wieder zu wandern und waren, wie man es damals ausdrückte, »eine arge Plage des Landmannes«. Unter Maria

Theresia begann ein großes Wiederaufforstungsprogramm mit zahlreichen Windschutzpflanzungen.

Östlich von Malacky gibt es einen großen Truppenübungsplatz der slowakischen Armee, den Zivilisten an einigen Wochenenden im Jahr betreten dürfen. Die Ketten der Panzer haben die eh nur dünnen Humusschichten aufgerissen, und so läuft man dort kilometerweit über Sand und fühlt sich eher an die Sahara erinnert als an Mitteleuropa. Deswegen sagen die Slowaken gerne mit einem Hauch von Stolz: Wir haben sogar eine Wüste.

Sand ist ein Lebensraum der Extreme. Da er kein Wasser speichert, trocknet die Oberfläche schnell aus und kann bei starkem Sonnenschein Temperaturen von über 60 Grad Celsius erreichen. Ganz anders sieht es hingegen wenige Zentimeter unter der Oberfläche aus. Da Sand ein schlechter Wärmeleiter ist, herrschen dort ausgeglichenere Temperaturen. Viele Insekten, wie zum Beispiel Grabwespen, nutzen das, um in den Sand ihre Eier abzulegen oder ihre Nester zu graben.

Im Sommer kann man überall Trichter im Sand sehen, an deren Grund, eingebuddelt, der Ameisenlöwe auf Beute wartet. Wenn ich mit meiner Tochter und ihren Freundinnen unterwegs bin, ist es jedes Mal eine große Attraktion, wenn ich mit einem Grashalm eine Ameise simuliere. Sobald der Ameisenlöwe spürt, dass eine Beute in seinem Trichter steckt, springt er mit einer raschen Fangbewegung auf diese zu, versucht sie zu fassen und in den Sand zu ziehen. Spätestens dann kreischen die Kleinen voller Begeisterung.

In Záhorie ist es an einem Tag möglich, morgens in einem alten Auwald zu wandern, mittags auf Feuchtwiesen seltene Vogelarten zu bestaunen und dann nachmittags im sonnenwarmen Sand zu liegen und den Rest des Tages einfach in die Wolken zu schauen und es sich gut gehen zu lassen. Und da viele Slowaken das Gebirgige dem Flachen vorziehen, wie ich es tat, werden Sie kaum auf andere Menschen treffen und somit das Gefühl haben, dass Sie das alles für sich alleine haben.

*58. Grund*

## *Weil zwischen zwei der schönsten Schluchten des Landes nur drei Kilometer liegen*

Der Zufall gepaart mit Jahrmillionen alten geologischen Prozessen hat dafür gesorgt, dass zwischen zwei der schönsten Schluchten des Landes nur drei Kilometer liegen. Die Schluchten heißen, wie die Dörfer an ihrem südlichen Eingang, Kvačianska und Prosiecka, und sie befinden sich in dem Gebirge mit dem schwer auszusprechenden Namen Chočské vrchy. Und da beide Schluchten nur drei Kilometer lang sind, ist es gut möglich, beide an einem Tag auf einem Rundwanderweg zu erleben.

Die Schlucht von Kvačianska verbindet nicht nur die beiden Dörfer Kvačianska und Veľké Borové, sondern auch die nördlich vom Gebirge gelegene Region Orava mit der südlich gelegenen Liptau. Deswegen transportierten Menschen über Jahrzehnte Waren auf dem Rücken durch die Schlucht. Der Weg ist kurvig, steil und steinig, und daher ist es schwer vorstellbar, dass auf ihm noch bis in die 80er-Jahre Autos fuhren. Was allerdings nicht ganz ungefährlich war, nicht wenige Autos stürzten in die Schlucht.

Heute geht es nur noch auf Schusters Rappen durch die Schlucht. Dafür ist es möglich, Jánošíks Gesicht in einem Felsen zu erkennen und von einer Aussichtsplattform 78 Meter tief in die Schlucht schauen zu können. Kurz vor dem nördlichen Ausgang steht eine historische Wassermühle, die noch mit Originaltechnik funktioniert.

Diejenigen, die gut zu Fuß sind, können dann den grünen Wanderweg nehmen und den 1.372 Meter hohen Prosečné besteigen. Die Wälder im Chočské-Gebirge sind alt und verfügen über genug Totholz, sodass eine Sichtung von Weißrückenspechten keine Seltenheit ist. Die, die es lieber gemütlich mögen, folgen dem blauen Wanderweg durch Veľké Borové und trinken ein Bier in der Dorfkneipe, in der schon Jánošíks Mannen gezecht haben.

Die Schlucht von Prosiecka ist noch sehenswerter und abenteuerlicher, weil sie sich an einigen Stellen auf wenige Meter verengt und besonders steile Abschnitte mit Leitern überwunden werden müssen. 20 Minuten vom Hauptweg entfernt fällt ein Wasserfall 15 Meter über Felsen in die Tiefe. Das Ganze sieht aus wie gemalt, fast schon kitschig, wie eine Fototapete. Ich würde mich nicht wundern, wenn Pärchen dort spontan Heiratsanträge exerzierten.

Der Weg in der Schlucht führt durch ein Labyrinth an umgestürzten Bäumen, die nicht weggeräumt, sondern lediglich freigeschnitten werden. Von Juni bis Juli wachsen an vielen Stellen zarte Waldhyazinthen, die zwischen den riesigen Stämmen irgendwie verloren wirken. Zum Ende der Schlucht ist es fast möglich, beide Felswände rechts und links gleichzeitig zu berühren, während man auf einem hölzernen Steg steht und der Bach unter den Füßen rauscht.

Ein gelber Wanderweg führt danach über Wiesen und ohne nennenswerte Steigungen eineinhalb Stunden zurück zu dem Eingang der Schlucht Kvačianska, was die Runde komplettiert.

Ein Blick auf den Kilometerzähler zeigt, dass die einfache Trasse nur 16 Kilometer beträgt, die leicht in fünf Stunden zu laufen sind. Die anstrengendere Trasse mit Gipfel und Abzweig zum Wasserfall ist 21 Kilometer lang, für die Wanderer durchschnittlich sieben Stunden brauchen. In sieben Stunden zwei Schluchten und einen Gipfel – nicht schlecht für eine Tageswanderung!

*59. Grund*

## *Weil Sie im Tal des Todes kein Unglück fürchten müssen*

Das Tal des Todes liegt unterhalb des Duklapasses, im Nordosten des Landes an der Grenze zu Polen. Der Duklapass ist einer der leichtesten Übergänge über die Karpaten. Darum verlaufen alte Handelswege über ihn. In der Geschichte war er aber immer wieder auch ein Ort blutigster militärischer Auseinandersetzungen.

Schon im Ersten Weltkrieg war der Pass bereits heftig umkämpft, im Zweiten Weltkrieg fand dort eine der größten Schlachten des gesamten Krieges statt. Im September 1944 rückte die Rote Armee zusammen mit Einheiten der Tschechoslowakischen Armee vor, um den Duklapass einzunehmen. Die Kämpfe gegen deutsche und ungarische Armeen dauerten zwei Monate, und dabei starben über 70.000 Soldaten.

Das ehemalige Schlachtfeld, das sich nördlich von Svidník zwischen den Dörfern Kapišová, Kružľová und Nižná Písaná erstreckt, wird deshalb Tal des Todes genannt. Bis heute findet man in den umliegenden Wäldern Bunker und Schützengräben, die von den Soldaten ausgehoben wurden. Insgesamt stehen in dem Gebiet 55 Überbleibsel schwerer Kriegstechnik, wie Panzer, Haubitzen und ein Flugzeug.

Oben auf dem Pass befindet sich eine 28 Meter hohe Bronzestatue, deren Titel »Ich klage an« angesichts der Historie verständlich ist. Nicht weit davon entfernt steht ein 49 Meter hoher Aussichtsturm, der ein Ausblick auf die riesigen Ausmaße des Schlachtfeldes bietet.

Auf dem europäischen Fernwanderweg E8 kann man durch das Tal des Todes wandern. Die Atmosphäre ist bedrückend, all die Panzer und Haubitzen, die im Gelände stehen, lassen die fernen historischen Ereignisse seltsam gegenwärtig wirken. Umso besser ist es dann, dass der Fernwanderweg E8 nicht an der polnischen Grenze endet, sondern durch Polen, die Urkaine, Rumänien, Serbien und Bulgarien bis nach Istanbul in der Türkei führt und damit für ein Europa steht, das zusammenwächst, statt sich zu bekriegen.

*60. Grund*

## *Weil die Karpaten die wilden Verwandten der Alpen sind*

Die Karpaten sind einer der wichtigsten Gründe, warum ich mich in der Slowakei sauwohl fühle. Ich mag sie einfach. Schon meine erste Auslandsreise als junger Spund führte mich in den slowakischen Teil der Karpaten. Von da an war es um mich geschehen. Ich wollte wiederkommen, und in den Jahren darauf kam ich auch immer wieder, ohne zu ahnen, dass ich in der Zukunft einmal genau dort leben würde. Das ist einfach so passiert, das hatte ich nie als Lebensziel ins Auge gefasst.

Ich mag an den Karpaten, dass sie wild sind, wild im Sinne von wildreich, denn die Karpaten bilden zusammen mit der Donau den artenreichsten Raum Europas. Ihre Wälder sind das größte zusammenhängende Waldgebiet des Kontinents, kein Wunder, dass in ihnen zwei Drittel aller europäischen Beutegreifer herumstreunen. Und wenn es um die letzten verbliebenen Urwälder geht, dann haben viele von ihnen ein letztes Refugium in den Karpaten gefunden. Und noch gibt es nicht diese riesigen Hotelkomplexe, die anderswo in die Berglandschaft gezwungen wurden.

Wild bedeutet aber nicht von Menschenhand unberührt, das wird manchmal falsch verstanden. Ja, es stimmt, dass es möglich ist, tagelang durch die Wälder und Gebirge zu streifen, ohne einer Menschenseele zu begegnen. Das heißt aber nicht, dass diese Gebirgskette nicht vom Menschen geprägt wurde. Das wäre schlicht falsch zu behaupten. Die Karpaten sind eine Landschaft, die Menschen in ihrem Denken und Fühlen geformt hat, aber umgekehrt wurden sie auch über Jahrhunderte maßgeblich von Menschen und ihren Nutztieren wie Schafe und Rinder geprägt und sichtbar gestaltet.

Der Karpatenbogen ist also keine Gegend, die frei von Bewirtschaftung wäre. Nein, aber im Gegensatz zu der momentan angesagten und weit verbreiteten Wirtschaftsweise wird in den Karpaten vor allem kleinteilig gewirtschaftet. Sei es in den Tälern oder in den Bergen – die Felder sind klein, die Anzahl der Nutztiere überschaubar und große Waldflächen immer noch Wälder und keine Forste. Es mag auf Touristen pittoresk wirken, dass Pferdegespanne Heu ziehen oder dass Hirten Kühe händisch melken. Und Ökonomen mögen das unter Umständen als Ausdruck von Armut oder fehlender technologischer Entwicklung beurteilen, aber gar nicht mal so selten sind Pferdewagen und handgemachter Käse lediglich nüchterne Ergebnisse einer durchdachten Kosten-Nutzen-Analyse.

Momentan, während ich diese Zeilen schreibe, haben deutsche Förster Albträume wegen des zweiten zu heißen Sommers in Folge und der langen Periode mit zu wenig Niederschlag. Sie fordern einen Masterplan, um dem Waldsterben beizukommen. Viele Wissenschaftler sind sich einig, dass ein Blick in die letzten intakten Urwälder dabei durchaus helfen kann. Denn noch immer sind nicht alle biologischen Prozesse in ihnen verstanden, könnten aber angesichts eines sich verändernden Klimas nützlich für die Zukunft sein.

Und die Empfehlungen für eine nachhaltige ökologische Landwirtschaft – wie weitgehender Verzicht auf chemische Pestizide, artgerechte Tierhaltung und ein sinnvoller Fruchtwechsel – sind nicht allzu weit entfernt von der noch existierenden Landwirtschaft karpatischer Kleinbauern. Ich will gar nicht ein Zurück zum einfachen Leben predigen oder die Verzückung des Ursprünglichen propagieren. Aber ich will auch nicht reflexhaft urteilen, dass alles rückständig ist, was nicht nach vermeintlich modernen Gesichtspunkten gemanagt wird. Gut möglich, dass die beiden Attribute »wild« und »modern« in den Karpaten keinen Widerspruch bilden, sondern eine harmonische Einheit. Ich erlebe das zumindest so.

*61. Grund*

## *Weil die Tatra nicht nur aus der Hohen Tatra besteht*

Die Tatra ist für die Slowakei wichtig, nicht umsonst bezieht sich die Nationalhymne unmittelbar auf sie »... über der Tatra blitzt es, Donner schlagen wild«. Und als in den 2000er-Jahren die slowakische Wirtschaft eine der höchsten Wachstumsraten in der Europäischen Union hinlegte, wurde das Land respektvoll als Tatra-Tiger bezeichnet. Aber um den Begriff der Tatra gibt es gelegentlich auch sprachliche Verwirrungen, die ich bei dieser Gelegenheit einmal auflösen möchte. Also vorweg: Die Hohe Tatra ist nicht gleichzusetzen mit der Tatra. Die Tatra besteht nämlich aus drei Gebirgen: aus der Westlichen Tatra, der Hohen Tatra und der Belianske Tatry.

Im Osten befindet sich die Belianske Tatry, die auch manchmal in nicht ganz korrekter deutscher Übersetzung und wegen des weißen Kalkgesteins Weiße Tatra genannt wird. Sie ist berühmt für ihre vielen Gämsen, die, weil sie seit Jahrzehnten geschützt sind, ihre Scheu vor Wanderern so abgelegt haben, dass für beide Parteien harmonische Begegnungen stattfinden.

Die Westliche Tatra liegt, wie es der Name schon verrät, im Westen des Tatra-Gebirges. Der Hauptkamm ist rund 30 Kilometer lang und bildet für große Strecken auch den Grenzverlauf zu Polen. Das Gebirge ist weniger felsig, hat weniger Höhenmeter und ist deutlich weniger besucht, sicherlich, weil es weniger Möglichkeiten zur Einkehr und Übernachtung gibt als in der Hohen Tatra. Das spricht in meinen Augen wiederum für die Westliche Tatra. In puncto Naturschönheiten steht sie der Hohen Tatra sowieso in nichts nach.

Die Hohe Tatra liegt zwischen diesen beiden Gebirgen, flächenmäßig ist sie das kleinste Hochgebirge der Welt. Aus ihr ragt der Gerlach (Gerlachovský štít) mit 2.654 Metern empor. Dieser Gipfel ist nicht nur der höchste der Tatra und in der Slowakei, sondern auch des gesamten Karpatenbogens. Für Freunde von sinnlosen Superlativen kann ich noch anfügen, dass die Gerlachspitze der höchste Berg Mitteleuropas östlich der Alpen ist.

Die Hohe Tatra ist beliebt, wirklich sehr beliebt und in manchen Zeiträumen im Jahr viel zu beliebt. Ich besuche sie nur außerhalb der offiziellen Ferienzeiten, ansonsten ist sie für meinen Geschmack zu überlaufen, zumindest die meisten Strecken und Berghütten. Unter Umständen bin ich durch die vielen Gebirge in der Slowakei, die teilweise einen menschenleeren Eindruck vermitteln, möglicherweise auch zu verwöhnt. Aber ich verstehe jeden, der sich aufmacht, die Hohe Tatra zu besteigen, weil ihre Schönheit wirklich sprichwörtlich ist. Wer die komplette Tatra erleben möchte, der kann sie auf dem Fernwanderweg namens »Tatra Magistrale« einmal komplett durchqueren. Die Wanderung dauert vier Tage, startet am Fuße der Westlichen Tatra, wo Bären durch Wälder streifen, um dann langsam in die Hohe Tatra aufzusteigen, wo es über die Baumgrenze geht, Felsen dominieren und Aussichten berauschen, um dann den Kamm der Weißen Tatra zu durchqueren, wo Murmeltiere pfeifen. Der Weg ist ein Traum, und ich gebe ihm auf einer Skala von eins bis zehn eine Neun, und den einen Punkt ziehe ich auch nur ab, wenn ich die Wanderung am Wochenende in den slowakischen Schulferien mache. Dann ist – ich wiederhole mich – an einigen Streckenabschnitten einfach zu viel los.

Die Tatra besteht also aus drei Teilgebirgen. Um das Thema vollständig abschließen zu können, muss ich allerdings noch sagen, dass es eine Niedere Tatra (Nízke Tatry) gibt. Die Niedere Tatra gehört nicht zur Tatra. Ich weiß – das verwirrt! Aber die Niedere Tatra ist ein eigenständiges Gebirge. Der Gebirgszug ist 95 Kilometer lang, und ihre höchsten Gipfel knacken gerade mal die 2000-Meter-Marke.

Und soll ich noch einen draufsetzen? Die Fatra ist ein weiteres Gebirge mit einem ähnlich klingenden Namen. Sie wird unterteilt in die Kleine Fatra (Malá Fatra) und die Große Fatra (Veľká Fatra). So, jetzt höre ich aber auf.

Siebtes Kapitel

# *Spannend zu wissen*

*62. Grund*

## *Weil im Slowakischen die Verniedlichung der Verniedlichung verniedlicht wird*

Meine Frau heißt Petra, allerdings zuckt sie zusammen, wenn ich sie mit »Petra« anspreche. Wenn sie mich Jörn nennt, dann weiß ich, dass die Luft dicker wird und dass der Zeitpunkt für eine Entschuldigung näher rückt. Alle, die Petra mögen, nennen sie Petruschka, was unscharf mit »Petralein« übersetzt werden könnte. Aber es gibt noch weitere Möglichkeiten der Verniedlichung: Petjulinka, Petja, Petjka, Petjinka oder Petjuscha. Alle haben eine fein abgestufte Bedeutung.

Anfänglich hat mich meine Schwiegermutter gesiezt, dann hat sie mich Jörn genannt, und jetzt bin ich für sie: »Jörnuschko«. Wir haben ein gutes Verhältnis, ich und meine Schwiegermutter, das kann jeder sofort daran erkennen, wie sie meinen Namen ausspricht. Als ich die Freunde meiner Frau kennenlernte, war einer dabei, den alle Stanko nannten. Also sprach ich ihn auch mit »Stanko« an. Eindeutig zu früh, wie ich an den Blicken seiner Frau merkte. Wir waren noch nicht so weit, für mich war er noch Stanislav.

Kinder sollten nicht mit dem vollen Vornamen angesprochen werden. Es kann sein, dass ein kleiner Junge namens Jakub sich nicht angesprochen fühlt, wenn man ihn nicht mit »Kubko« anspricht. Schwierig wird es mit Vater und Sohn, wenn sie die gleichen Vornamen aufweisen, was weit verbreitet ist. Nehmen wir einmal »Vladimir«. Dann heißt der Vater Vladimir und der Sohn Vladko. Noch schwieriger wird es, wenn Sie mit dem Vater befreundet sind und ihn nicht Vladimir nennen können (das wäre zu distanziert) und Vladko schon vergeben ist. Dafür gibt es natürlich auch eine Lösung, der Vater wird zu Vlado und der Sohn Vladko. Nennen Sie den Vater nicht Vladko, das ist zwar eine Verniedlichung, aber die ist nur Kindern vorbehalten.

So kreativ und ausdauernd verniedlicht wird, so ausdauernd und kreativ wird auch geflucht. Wie in so vielen anderen slawischen Sprachen ist es auch im Slowakischen möglich, die kompliziertesten Zusammenhänge mit einer begrenzten obszönen Lexik zu erläutern.

Als meine Tochter gerade laufen konnte, haben wir ein Schwimmbad besucht. Ich habe sie mit in den Umkleideraum genommen, in dem eine Gruppe von grauhaarigen Männern fluchte wie die Kesselflicker. Sie sprachen über Politik, und wenn jetzt ein Mitschnitt ihres Gesprächs ablaufen würde, dann würde man ein lang anhaltendes Piepen hören. Als die Herren meine Tochter bemerkten, entschuldigten sie sich sofort und schalteten nahtlos in ein Hochslowakisch um, das mir druckreif erschien. Beim Verlassen des Bades trugen sie alle Anzüge und sahen aus wie Universitätsprofessoren.

Diese Art des Sprechens ist nicht an eine bestimmte Schicht, ein bestimmtes Alter oder Bildungsniveau gebunden. Ich habe eine Kollegin, die, wenn sie richtig mit dem Fluchen loslegt, eine Ebene erreicht, die schon an Poesie grenzt. Bei uns im Dorf wohnt eine ältere Frau alleine im Wald in einem Weiler. Wenn wir uns treffen und uns kurz über belanglose Themen wie das Wetter unterhalten, benutzt sie Wörter, bei denen meine Mutter weiche Knie bekäme. Damit wir uns nicht falsch verstehen: Sie ist nett, die ältere Dame, aber sie mag es halt, die Dinge derb und deftig auszudrücken.

Das Spielen mit der Sprache steht überhaupt hoch im Kurs. Leider wirke ich da als Nichtmuttersprachler für viele Slowaken etwas begriffsstutzig, da ich bei Wortwitzen häufig nicht schnell genug hinterherkomme, obwohl mein Slowakisch mittlerweile ganz gut ist. Bei den Themen Wortwitz und vulgäre Sprache werden Sie unweigerlich eine Geschichte zu hören bekommen, in der ein Deutscher namens Manfred Kokot eine wichtige Rolle spielt.

Manfred Kokot war ein Kurzstreckenläufer aus der DDR. Jetzt ist wichtig zu wissen, dass »Kokot« ein äußerst unflätiger Ausdruck für das männliche Geschlechtsorgan und eins der härtesten Schimpfwörter auf Slowakisch ist. Der besagte Manfred Kokot stellte 1973 in

Ost-Berlin auf der 50-Meter-Strecke einen Hallenweltrekord auf. Der Sportkommentator Karol Polák kommentierte in Hinsicht auf das Abschneiden der tschechoslowakischen Sportler dazu recht doppeldeutig: »Schauen Sie, wo unsere Läufer sind, der eine ist der Letzte, der andere ist Vorletzter – hätten wir doch bloß mehr von diesen Kokots. Wo sind unsere Kokots, na wo sind sie bloß?«

Die Aufregung, zumindest die offizielle, war damals immens. Als Karol Polák im Jahre 2016 starb, war er jedoch eine Legende seiner Zunft, unter anderem hatte er 1976 das berühmte Europameisterschaftsendspiel zwischen der ČSSR und der BRD kommentiert, als Antonín Panenka beim Elfmeterschießen Sepp Maier mit einem Lupfer austrickste und die Tschechoslowaken dadurch Europameister wurden. Im kollektiven Gedächtnis hat er sich freilich mit diesem einen Satz – hätten wir doch bloß mehr von diesen Kokots – verankert, der mittlerweile schon so etwas wie ein geflügeltes Wort ist, zumindest, wenn man unter sich ist und keine Kinder anwesend sind.

Gegenüber meinen slowakischen Lesern möchte ich mich aufrichtig für meine Wortwahl entschuldigen, aber wir sind ja unter uns, nicht wahr.

*63. Grund*

## *Weil sich in Devín Jahrhunderte kristallisieren*

Devín steht in der Slowakei für drei Dinge: für einen Stadtteil von Bratislava, für eine Burg in dem gleichnamigen Stadtteil und für einen äußerst süffigen Johannisbeerwein. Den Wein heben wir uns für den Schluss auf, fangen wir mit der Geschichte an, denn die ist in Devín häufig und sichtbar aufgetreten.

Während der zweiten Hälfte des 20. Jahrhunderts hatte es Devín besonders schwer, denn der Stadtteil lag direkt am Eisernen Vorhang und war damit streng gesichertes Grenzgebiet, das schwer zu betreten war. Nur ausgewählte Bürger konnten dort ein Wohnrecht beantragen. Alle Kneipen und Gasthäuser waren geschlossen, und Teile von Devín waren eine verbotene Grenzzone mit Hochspannungszäunen, Wachtürmen und einer speziell ausgebildeten Grenzarmee. Bei dem Versuch, die Grenze zwischen der damaligen Tschechoslowakei und Österreich zu überwinden, sind 62 Menschen gestorben.

Heute hat Devín seine Kneipen, Gasthäuser und Hotels zurück, und in den Straßen vibriert es wieder vor Leben. Viele Menschen kommen, um die Burgruine zu besichtigen, die auch wirklich ein Prachtstück ist. Sie thront auf einem Felsen direkt über der Donau. Es gibt zwei Wege, sich von der Schönheit der Burg einnehmen zu lassen. Entweder steigt man auf den Sandberg (eine Anleitung dazu findet sich in diesem Buch) und schaut von oben auf die Burgruine herunter, oder man paddelt von Österreich kommend auf der Donau flussabwärts und schaut von unten auf sie herauf. Kurz vor slowakischem Territorium macht der Fluss eine scharfe Rechtskurve, und dahinter ist plötzlich das ganze Sichtfeld durch die mächtige Burganlage ausgefüllt. Ein imposanter Anblick.

Beeindruckend ist auch, dass die Burg Devín ein jahrhundertealter Grenzort ist. Schon die Römer stationierten dort Legionen, und von 1526 bis 1918 verlief unterhalb des Felsens die Binnengrenze der Habsburgermonarchie zwischen Ungarn und Österreich.

Im 19. Jahrhundert begannen jedoch die Vertreter der slowakischen Nationalbewegung die Burg für ihre Ziele zu reklamieren. Unter strengster Geheimhaltung versammelten sie sich dort am 24. April 1836, und ihr bekanntester Vertreter, Ľudovít Štúr, hielt eine Rede über das frühmittelalterliche Mährerreich, das er als Vorläufer für einen künftigen slowakischen Staat proklamierte.

An dieser Stelle ist es lohnenswert, einen Ausflug in die Geschichte zu machen, denn in der Präambel bezieht sich die slowakische Verfassung explizit auf das »historische Vermächtnis des Großmährischen Reiches«. Was interessant ist, denn das Mährerreich bestand als erster slawischer Staat zwischen dem 9. und 10. Jahrhundert, um dann wieder aus den Annalen der Geschichte zu verschwinden. Die slowakische Verfassung von 1992 bezieht sich also auf ein Staatswesen, das vor rund 1000 Jahren existierte. Die häufig zu hörenden Aussagen, dass die Slowaken unter 1000 Jahren Fremdherrschaft zu leben hatten, erklärt sich durch diesen historischen Bezug.

Nun aber wieder zurück ins 19. Jahrhundert. Die Ungarn hielten nicht viel von der slowakischen Nationalbewegung, und um dem Ausdruck zu verleihen, errichteten sie 1896 in der Burg eine 33 Meter hohe Säule, die sie nach dem ungarischen Großfürsten Árpád benannten, um auf das tausendjährige ungarische Reich zu verweisen.

Es ist anzunehmen, dass das die slowakischen Freiheitskämpfer arg verärgerte, aber noch saß die ungarische Krone am längeren Hebel – allerdings nur noch wenige Jahre. Am Ende des Ersten Weltkriegs erstiegen tschechoslowakische Legionäre die Burg und sprengten die Árpádsäule in tausend Teile. Symbolisch endete damit auch die Herrschaft der Ungarn, und ein neuer Staat entstand, die Tschechoslowakei.

Deswegen ist Devín für die Slowakei nicht nur eine Burg unter vielen, sondern auch ein Ort nationaler Vergewisserung. Wem das alles zu viel Geschichte ist, der sollte sich einfach nur an der Aussicht erfreuen und oder ein Glas von dem ausgezeichneten Ríbezlák genießen. Das ist ein Wein aus Johannisbeeren, der typisch für Devín ist und am Fuße der Burg überall ausgeschenkt wird. Wohl bekomm's!

*64. Grund*

## *Weil Walachen erfolgreich integriert wurden*

Wer slowakische Texte zur Geschichte des Landes liest, dem fällt auf, dass ein Begriff häufig genannt wird: »Valašská kolonizácia«, was übersetzt walachische Kolonisation bedeutet.

Unter diesem Schlagwort wird die Besiedlung der nördlichen Bergregionen der heutigen Slowakei durch die Walachen zwischen dem 14. und 17. Jahrhundert verstanden. Wichtig ist dabei festzuhalten, dass zu jener Zeit der Begriff »Walache« eine generelle Fremd- und Sammelbezeichnung für romanischsprachige Volksgruppen aus Südosteuropa war.

In der Geschichtsschreibung wird darüber gestritten, wer die Walachen nun genau waren. Sicher ist aber, dass sie die Karpaten aus dem Südosten beginnend besiedelt haben. Dabei brachten sie eine Menge Know-how mit, um in den raueren unbewohnten Höhenlagen der Berge erfolgreich zu wirtschaften. Sie waren Hirten und betrieben auf den Sommerweiden ausgetüftelte Sennereien, während die altangestammte Bevölkerung in den fruchtbaren Tälern Feldfrüchte kultivierten und Bauern waren.

Interessanterweise wurde vieles von dem, was heute als typisch slowakisch gilt, durch die Walachische Kolonisation in das heutige Gebiet der Slowakei gebracht und dann vor Ort weiterentwickelt, wie zum Beispiel der Schafskäse *Bryndza* und die Holzflöte *Fujara*, über die ich an anderer Stelle in diesem Buch schon geschrieben habe. Viele weitere Lehnwörter aus dem Rumänischen sind in die slowakische Sprache eingegangen. So ist ein *bača* ein Hirte, der auf einer *salaš*, also auf einer Alm, arbeitet und in der *koliba*, sprich in einer Schäferhütte, schläft.

Diese Berghirten hatten ihre eigene Kleidung, die heute in der Werbung als typisch slowakisch angepriesen wird: eine weiße eng anliegende Hose aus Schafswolle, ein sehr breiter Gürtel aus Leder, ein weißes Hemd aus Leinen darüber eine dunkle Weste und ein schwarzer breitkrempiger Hut. Ein wenig in Vergessenheit ist geraten, dass die Walachen auch ein austariertes System hatten, wer die Weiden wann bewirtschaften durfte, wie Erträge verteilt und wie Entscheidungen gemeinschaftlich getroffen wurden.

Über die Jahrhunderte haben sich dann die Hirten in den Bergen und die Bauern in den Tälern miteinander vermischt. Man kann also durchaus behaupten, dass die Zuwanderung der Walachen eine wirtschaftliche Erfolgsgeschichte und ein Beispiel für eine gelungene Integration ist.

*65. Grund*

## Weil die Slowakei ein kleines großes Land ist

Im Jahre 2007 zog ich in die Slowakei, weil meine Frau und ich es satt hatten, in einer Fernbeziehung zu leben. Wir wollten uns jeden Tag sehen, und so packte ich eine berufliche Chance am Schopf und wandelte meinen festen Vertrag mit Präsenzpflichten so um, so dass er es mir erlaubte, in unserer Hütte im slowakischen Vogelgebirge zu leben. Wir hatten kein fließendes Wasser im Haus, und das Plumpsklo war draußen. Dafür montierten wir auf dem Dach eine Satellitenschüssel, die uns Zugang zum Internet bot und mir half, meinen beruflichen Pflichten online nachzukommen.

Hinter unserer Hütte ist ein Wald, den ich an einem Tag nur durchlaufen kann, wenn ich im Hochsommer vor Sonnenaufgang aufstehe und den ganzen Tag ohne Pause durchwandere. Die ersten Wochen und Monate in den Bergen verstand ich täglich besser, wenn Kafka schrieb, dass im Wald Dinge sind, über die nachzudenken man jahrelang im Moos liegen könne. Ich lag im Moos, ich folgte den Fährten der Tiere und streunte manchmal tagelang im Wald umher, ohne auf einen Menschen zu treffen. Es war einfach großartig.

Die Slowakei ist voller Wälder und Gebirge, rund die Hälfte des Landes besteht aus ihnen. Und Begegnungen mit Bären, Wölfen und Luchsen gehören noch zum Alltag der Einwohner. In dem Jahr, als wir heirateten, brach im Nachbardorf ein Bär durch das Dach eines abgelegenen Häuschens, in dem eine alte Frau wohnte. Als sie vom Einkaufen nach Hause kam und die Tür öffnete, rempelte sie ein ausgewachsener Braunbär um. Sie hatte Glück und kam mit ein paar blauen Flecken davon. Ihre Küche allerdings war komplett verwüstet: Marmeladen- und Honiggläser zerschlagen, Konserven aufgebissen und der Kühlschrank ratzekahl ausgeräumt.

Ich bin mir nicht sicher, ob all diese Geschichten immer bis zum letzten Detail stimmen, aber die Häufigkeit, über die mit derartigen Begegnungen gesprochen wird, zeigt mir, dass das Leben der wilden Tiere und der Menschen noch miteinander verwoben sind. Es ist auch kein Wunder, dass Bär, Wolf und Luchs allgegenwärtig sind, denn der Donau-Karpaten-Raum (die Slowakei ist kein kleiner Teil davon) beherbergen rund die Hälfte aller großen Beutegreifer in Europa. Nach und nach verstand ich, wo ich da gelandet bin. Die Slowakei ist zwar ein kleines Land, aber in Sachen Natur gehört sie zu den Großen. Wenn ich als Naturfreund auf eine topografische Landkarte des Landes schaue, sehe ich vor allem drei große Naturräume, die eine Menge zu bieten haben: Gebirge, Flusslandschaften und Tiefebenen.

Die Tiefebenen ragen von Ungarn in den Süden der Slowakei; aufgrund der fruchtbaren Böden und des günstigen Klimas wird dort viel Landwirtschaft betrieben. Diese Flächen sehen auf den ersten Blick erst einmal langweilig aus, auf den zweiten Blick lassen sich aber einige Orte finden, die den Naturliebhaber begeistern können. Zwei Beispiele gefällig: Ganz nah bei Bratislava kann man im Winter und zeitigen Frühjahr auf abgeernteten Agrarflächen Großtrappen beobachten, das sind Europas größte flugfähige Vögel. Oder weiter im Osten des Landes gibt es die Feuchtwiesen und Fischteiche von Senné, deren gefiederte Vielfalt Ornithologen von weither anzieht.

Ein besonderes Schmankerl sind die leider selten gewordenen Landschaften und Habitate der Donau. Zwar fließt sie nur 80 Kilometer auf slowakischem Territorium, aber die haben es in sich, weil der Fluss ab Bratislava zu einem Flussbinnendelta abfällt und ein Geflecht aus zahlreichen Mäandern und Seitenarmen und rund 500 Inseln und Inselchen bildet. Die March wiederum mündet in die Donau. Ab und zu führt sie Hochwasser und ergießt sich auf die größten Überschwemmungswiesen Mitteleuropas und kreiert dabei ein Mosaik aus Feucht-, Frisch- und Trockenwiesen.

Der dominierende Naturraum sind allerdings die Gebirge, 17 % des gesamten Karpatenbogens liegen in der Slowakei, darunter der höchste Gipfel der Karpaten, die 2.654 Meter hohe Gerlachspitze. In den Karpaten, im Erzgebirge und in anderen Gebirgen werden über 100 Urwälder geschützt, darunter die letzten Buchenurwälder Europas. Das alles kann man herrlich zu Fuß erwandern, weil das slowakische Wanderwegenetz seinesgleichen sucht. Nachdem ich die Wälder rings um unsere Hütte erkundet hatte, juckte es mich in den Beinen, mehr von meiner neuen Heimat kennenzulernen. So kam es, dass wir eines Tages unsere Rucksäcke schnürten, die Türe verriegelten und losmarschierten und dabei einen wundervollen Wildniswanderweg entdeckten, den Weg der Helden, der uns quer durchs ganze Land führte. Und weil es dazu bisher keine Informationen in deutscher Sprache gab, entschlossen wir uns, einen Wanderführer darüber zu schreiben.

Seit mehr als zehn Jahren verbringe ich nahezu meine komplette Arbeits- und Freizeit draußen, sei es in den Bergen oder in den Auen, auf den Fährten der Tiere oder mit dem Paddel in der Hand, aber ich habe noch nicht annähernd das Gefühl, dass ich alles gesehen, alles entdeckt oder alles bewundert hätte. Die Gewissheit tut gut, dass da draußen noch so viel wartet, was mich in Ehrfurcht versetzt, und dass ich dafür nicht ins Flugzeug steigen und einen Kontinent wechseln muss. Es ist gut und wichtig, dass da draußen noch Braunbären frei umherstreunen und mächtige Wisente auf Berghängen grasen.

Den Wäldern, Bergen und Flüssen habe ich viel zu verdanken; sie haben mich begeistert, und im Tanz mit ihnen habe ich Fähigkeiten erworben, die ich vorher nicht hatte. Die Fährten von Wölfen und Luchsen haben mich gelehrt, wie sich Rehe, Hirsche und Wildschweine verhalten, was sie fressen und wohin sie gehen, wenn es kalt oder heiß ist. Als ich anfing zu hören, ob Vögel entspannt oder aufgeregt sind, begann ich Eulen, Marder und Schlangen zu sehen, wo ich vorher keine gesehen hatte. Das Ganze hatte einen gewissen Suchtfaktor. Je mehr ich lernte, desto größer wurde meine Begeisterung. Und je stärker meine Begeisterung wuchs, desto mehr wollte ich lernen, und ich begegnete immer mehr Menschen, die denselben Tanz tanzten. Heute lebe ich davon, Lernen zu organisieren, wo es traditionell nicht beheimatet ist, nämlich draußen in der Natur und nicht in Klassenzimmern und Hörsälen. Menschen jeglicher Couleur, unterschiedlichsten Bildungsstandes und finanzieller Möglichkeiten kommen zu mir. Wenn ich gefragt werde, wer denn an meinen Seminaren teilnehme, ist es schwierig für mich zu antworten. Die Gegenfrage ist nämlich: Wer hat überhaupt keine Lust auf Natur? Wer würde sagen, er könne Natur nicht ausstehen? Da fallen mir nicht viele ein, Woody Allen mal ausgenommen.

Das alles habe ich den Wäldern, Bergen und Flüssen der Slowakei zu verdanken. Ich hoffe, ihre Geheimnisse locken Sie so, wie sie mich gelockt haben und immer noch locken. Vielleicht treffen wir uns einmal auf einer Wegkreuzung im Wald oder auf einem Gipfel. Ich würde mich freuen.

### *66. Grund*

## *Weil Berghütten von Trägern versorgt werden*

Vielleicht ist es ein wenig snobistisch festzustellen, dass Berghütten eine bessere Atmosphäre haben, wenn sie nicht über eine Asphaltstraße oder durch eine Seilbahn versorgt werden. Dabei geht es mir gar nicht mal darum, dass sie dann etwas weniger besucht werden. Das mag in der Regel so sein, aber im Sommer zur Ferienzeit kann das auch anders aussehen.

Nein, ich denke, das ist ein romantischer Impuls von mir. Frei von rationalen Gründen, aber irgendwie schmecken mir die *Kapustnica* und das Bier besser, wenn ich weiß, dass jemand sie unter Mühen hochgetragen hat. Ich weiß das zu schätzen und bin gerne bereit, dafür mehr zu bezahlen. Das Phänomen dürften alle kennen, denen eine einfache Brotzeit oben auf dem Gipfel genauso gut schmeckt wie ein 3-Gänge-Menü im sterneprämierten Restaurant.

Beim Aufstieg zu einer meiner Lieblingshütten, der Chata Štefánikova in der Niederen Tatra, gibt es eine Station, an der Wanderer als freiwillige Träger Brennholz schultern können, um es auf die 1.740 Meter gelegene Berghütte zu transportieren. Da reichen wenige Holzscheite, um zu merken, wie anstrengend das ist. Puh! Schon nach einigen Hundert Metern lassen sich rechts und links des Weges Scheite finden, die von denen zur Seite geschmissen wurden, die sich überschätzt hatten.

4.000 Kilogramm werden jedes Jahr auf die Chata Štefánikova transportiert. Jedes Kilogramm wuchten Menschen Meter für Meter nach oben in überdimensionalen Holzkiepen, die weiter über die Köpfe der Träger ragen. Lasten von 60–90 Kilogramm sind keine Seltenheit. Auf dem Tragegestell werden sogar ganze Bierfässer festgeschnallt, und wenn eine Kloschüssel kaputtgeht, dann wird auch diese hochgeschleppt.

Die Tatsache, dass die Berghütten ohne Auto, Seilbahn oder Hubschrauber auskommen, ist romantisch, die Schufterei beim Hochtragen vermutlich nicht. Mag man zumindest denken. Nun, die Trägerinnen und Träger sind freiwillig unterwegs, niemand lebt vom Lastentransport, und viele von ihnen sagen, dass sie das Hochtragen als Meditation begreifen. Sicherlich ist es schwer, mit 60 Kilogramm auf dem Rücken über Probleme des Alltags zu grübeln, aber angesichts drohender 60 Kilogramm ist Grübeln vielleicht auch besser als Tragen. In der Chata Štefánikova trägt der Hüttenwirt noch regelmäßig selbst Lasten nach oben. Er hat bereits über 170.000 Kilogramm auf seinem Rücken transportiert. Träger wie er sind bekannt und werden von vielen bewundert, ohne dass sie in den sozialen Medien aktiv sein müssten.

Träger, die Berghütten versorgen – das ganze System wirkt wie aus der Zeit gefallen, und ich glaube, ich bin etwas altmodisch, aber mir gefällt es, und wer weiß, vielleicht wird es in naher Zukunft wieder modern.

### *67. Grund*

## *Weil jedes Jahr Morena verbrannt wird*

Das Hinaustragen der Morena ist einer der wenigen heidnischen Bräuche, die die Christianisierung überlebt haben und bis heute praktiziert werden. Eine in alte Frauenkleider gehüllte Strohpuppe wird dabei durch das Dorf getragen. Auf einer Brücke wird sie angezündet und in den Fluss geworfen. In Dörfern, in denen kein Bach oder Fluss fließt, wird Morena vom Felsen geworfen und gesteinigt. So oder so, es endet jedes Mal mit Morenas Tod.

Morena ist eine weibliche Gottheit der slawischen Mythologie, die mit Winter, Nacht und Tod assoziiert wird. Sie steht also symbolisch für einen Winter, der nicht weichen will, aber weichen muss, damit der Frühling Fruchtbarkeit und Licht bringen kann. Morena wird dabei nicht als böse angesehen. Sie ist wichtig, Bestandteil eines Ganzen, denn ohne den Winter kann es keinen Frühling geben. Morena braucht halt einen kleinen Schubs, damit sie geht und Platz macht. Nach dem Herbst kann, soll und muss sie wiederkommen.

Das Verbrennen der Strohpuppe ist damit also so etwas wie ein Mittel zum Zweck, den natürlichen Rhythmus der Jahreszeiten zu wahren. Das überzeugt aus heutiger Sicht sicherlich nur die wenigstens. Das Ganze, so sehen es viele, ist halt ein leicht verschrobener, aber liebenswerter Brauch. Er wirkt befremdlich, wie aus der Zeit gefallen und weit weg von unserem heutigen Leben.

Es gibt jedoch eine bestimmte Einsicht, die uns mit denen verbindet, die den Brauch um Morena ernsthaft praktizierten. Und zwar die Einsicht in die ökologische Gewissheit, dass eine aus dem Takt geratene Natur für uns alle lebensbedrohlich ist. Damit ist das Ansinnen des Brauches um Morena hochaktuell.

Am fünften Fastensonntag, zwei Wochen vor Ostern, kann, wer will, Morenas Ende in so manchen Dörfern und in einigen Städten bezeugen und darüber nachsinnen, was unsere Vorfahren noch wussten. Aber vor allem ist das Hinaustragen der Morena ein buntes Fest, auf dem gesungen und gelacht wird und gerne auch ein Schnäpschen fließt. Wenn nach Morenas Ableben frisch geschnittene Haselruten mit bunten Bändern geschmückt werden, ist der Frühling da.

*68. Grund*

## *Weil in Bratislava eine Pyramide auf dem Kopf steht und ein Ufo über der Donau schwebt*

Das offizielle Wahrzeichen der Stadt Bratislava ist die Burg, die mit ihren vier weithin sichtbaren Türmen auf einem 85 Meter hohen Felsen über der Stadt thront. 2010 hat die Burg einen neuen Anstrich bekommen, nachdem der alte über die Jahre etwas schmuddelig wirkte. Seitdem erstrahlt die Burg in einem barocken Weiß wie zu Zeiten Maria Theresias.

Viele Touristen dürfte aber ein anderes Bauwerk mit Bratislava verbinden. Eines, das bei dichtem Flussnebel über der Donau zu schweben scheint und das alle nur das »Ufo« nennen. Das Ufo ist ein Restaurant auf einem 85 Meter hohen Brückenturm der Brücke des slowakischen Nationalaufstandes. Die Donaubrücke ist eine sogenannte Schrägseilbrücke, das heißt, sie ist nur von einer Seite mit Stahlseilen gesichert.

Bei entsprechendem Licht und Perspektive sehen die Seile aus, als ob sie aus dem Ufo geschossen kommen. Zweifellos regt das Bauwerk die Fantasie des Betrachters an. Mit einem Aufzug oder über 430 Stufen können Besucher das Restaurant erreichen und bei einer Aussicht auf Bratislava speisen, die seinesgleichen sucht. Das freilich zu Preisen, für die man, so hat es eine serbische Freundin formuliert, eine Niere verkaufen muss. Besucher mit nur einer Niere oder solche, die nichts vom Organhandel halten, betreten für deutlich weniger Geld die Aussichtplattform.

Beim Blick über die Stadt fällt ein weiteres originelles Bauwerk auf, und zwar eine Pyramide, die auf dem Kopf steht. Darin ist der Slowakische Rundfunk untergebracht, der von hier aus seit 1985 sendet. Laut einer Liste der englischen Zeitung *The Telegraph* gehört die Pyramide zu den weltweit 33 hässlichsten Gebäuden. Das ist Quatsch, aber über Geschmack lässt sich bekanntlich streiten. Die Bratislavaer sind jedenfalls stolz auf ihre 15-geschössige Pyramide und betonen, dass sie in der Welt einzigartig ist. Das mag stimmen, ein Blickfang ist sie sicherlich.

Beide Gebäude wurden zu Zeiten erdacht und erbaut, als die Stilrichtung des Sozialistischen Realismus vorherrschte, die Ästhetisierungen vermied und auf Wirklichkeitsnähe setzte. Ein Ufo und eine auf den Kopf gestellte Pyramide sind alles andere als wirklichkeitsnah, möglicherweise sind sie deswegen so beliebt.

***69. Grund***

## *Weil es erstaunlich viele Skansen gibt*

Ich weiß nicht, ob es Ihnen mit dem Wort *Skansen* so geht, wie es mir ging, als ich es zum ersten Mal gehört habe. Ich hatte keine Ahnung, was es bedeutet. Ich wurde gefragt, ob wir nicht ein *Skansen* besuchen wollten. Aha, dachte ich, man kann es also besuchen.

Das Wort *Skansen* hat keine slowakischen Wurzeln, sondern stammt aus Schweden. Im Jahre 1891 eröffnete in Stockholm das

Stiftelsen Skansen, ein Park mit typischen Häusern aus allen Teilen des Landes. Skansen ist somit das älteste Freiluftmuseum der Welt. In der Slowakei ist *Skansen* ein Gattungsbegriff, der eine bestimmte Form und Konzeption eines Museums beschreibt.

*Skansen* liegen in der Natur, versammeln in der Regel typische Gebäude aus der Region, und häufig werden exemplarisch Nutztiere gehalten und alte Handwerke vorgeführt. Sogar einige Kirchen wurden Stein für Stein abgebaut und im Skansen wiederaufgebaut. Für so ein kleines Land wie die Slowakei ist die Anzahl von acht *Skansen* erstaunlich. Sie lassen sich finden in: Martin, Vychylovka, Zuberec, Pribylina, Humenné, Svidník, Stará Ľubovňa und Bardejovské Kúpele. Auffällig ist, dass alle diese Orte mehr oder weniger im nördlichen Teil der Slowakei liegen und dass es im südlichen Teil der Slowakei keine Freiluftmuseen gibt.

In Bobrovník, unweit des Stausees Liptovská Mara, befindet sich ein weiteres Museum mit Freiluftcharakter. Havránok ist eine keltische Siedlung, in der Archäologen nicht nur Gegenstände aus Keramik, Eisen und Bronze, sondern auch Überreste von Mauern, Wohnbauten und einer Kultstätte der Druiden fanden. All das wurde liebevoll rekonstruiert und kann kostenlos besichtigt werden.

Tja, mittlerweile weiß ich, was *Skansen* sind, und habe mir einige, wenn auch nicht alle, angeschaut. Sie vermitteln einen lebhaften Eindruck davon, wie die »einfachen« Menschen gelebt haben und wie sie die Herausforderungen des alltäglichen Lebens angegangen sind. Und jedes Mal, wenn in ihnen gebacken, gefochten wurde, Ziegen gemolken oder andere Aktionen angeboten wurden, waren auch die Kinder happy, die mit uns dabei waren.

*70. Grund*

## *Weil jeder Slowake eine Chata hat*

Als Vater einer kleinen Tochter verbringe ich viele lange Nachmittage auf Spielplätzen. Mit der Zeit habe ich herausgefunden, dass das ein Ort ist, an dem ich eine Menge über die Slowakei, über Land und Leute lernen kann. Meistens spielen die Kleinen im Sand oder schaukeln, und all die Mütter und Väter stehen daneben und wissen nicht so recht etwas mit sich anzufangen und sind dankbar für ein kleines Schwätzchen, um sich die Zeit zu vertreiben.

So kam ich einmal mit einem Vater von quirligen Zwillingen ins Gespräch, der in seiner Partei im Schattenkabinett als Arbeitsminister aufgestellt wurde. Zwischen gelegentlichen Interventionen in der Art von »Na, schlag den Tomaš nicht mit der Schaufel auf den Kopf« berichtete er mir davon, dass die Slowakei im europäischen Vergleich eine ungewöhnlich hohe Quote an Wohneigentum hat. Rund 90 Prozent aller Slowaken sind die Eigentümer der Wohnung oder des Hauses, in dem sie leben. Damit übersteigen sie deutlich den europäischen Durchschnitt von 70 Prozent, und Deutschland liegt mit einer geradezu niedrigen Eigentumsquote von 52,5 Prozent ziemlich unten auf der Skala einer Erhebung des statischen Amtes der Europäischen Union von 2015.

Ursache für diese ungewöhnlich hohe Zahl ist, dass nach dem Zusammenbruch des Sozialismus alle Wohnungen und Wohnhäuser, die vorher staatlich waren, privatisiert wurden. In der Regel wurden so aus Mietern Eigentümer. Was eine gute Sache war, weil Wohneigentum eine gute Prävention gegen Altersarmut ist. Allerdings hat das auch zur Folge, so der Arbeitsminister in spe, dass die Arbeitsmobilität innerhalb des Landes relativ gering ist. Vor allem die Region Bratislava leidet darunter, da die Nachfrage an Arbeitskräften hier nicht gestillt werden kann. Ich muss zugeben, dass das kein typisches Gesprächsthema zwischen Rutsche und Sandkasten ist. Neben den lieben Kleinen taucht jedoch immer wieder ein Gesprächsthema auf, über das die allermeisten Gesprächspartner mit leuchtenden Augen und freudiger Ausdauer plaudern können – über ihre *Chata.*

Laut slowakischem Wörterbuch kann das Wort *Chata* drei Bedeutungen haben:

a) ein Bauobjekt, in dem man vorübergehend oder zu Erholungszwecken wohnt,

b) eine einfache touristische Unterkunft, vor allem in den Bergen,

c) archäologisch gesehen: eine einfache Behausung aus Holz oder Weidengeflecht.

Die deutsche Entsprechung ist irgendetwas zwischen Hütte, Wochenendhaus, Baude oder Datscha. Aber eigentlich ist eine *Chata* viel mehr, nämlich ein Zufluchtsort und eine Art, auf das Leben zu schauen. *Chatas* sind sehr vielgestaltig und zeugen von der Kreativität und dem handwerklichen Geschick ihrer Besitzer. Im Sozialismus durfte eine neu gebaute *Chata* nur einstöckig auf einer Grundfläche von vier mal vier Metern sein. Um mehr Wohnfläche zu kreieren, wurden deswegen die Spitzdächer sehr in die Höhe gezogen, sodass das Ganze leicht unproportioniert wirkt, aber durchaus seinen Charme hat. In den 90er-Jahren wurden dann viele *Chatas* zu kleinen Gartenvillen ausgebaut. Die allermeisten sind aber bis heute kleine Häuser, oft ohne Anschluss an die Kanalisation, aber dafür oftmals in einer herrlichen Natur gelegen.

Mir kommt es so vor, dass jede Familie, die in der Stadt lebt, Zugang zu einer *Chata* hat. Bratislava zum Beispiel leert sich am Freitagnachmittag rapide, überall werden Lebensmittel und Kinder eingepackt, und Scharen von Autos brechen auf, um die Stadt schon fast fluchtartig zu verlassen. Am Wochenende wird dann mit der ganzen Familie an und in der *Chata* gewerkelt, Unkraut gerupft und Gemüse angebaut, und was natürlich nicht fehlen darf, ist *Špekačky* über dem Feuer. Hier erholt man sich von der Unbill des Lebens in der Stadt, hier kann man tun und lassen, was man möchte.

So eine *Chata* nivelliert auch soziale Unterschiede. Egal, ob du als Professor, Vorsitzender einer Aktiengesellschaft oder als Facharbeiter arbeitest, was zählt, ist, dass du selbst in der Lage bist, die Scheune zu reparieren oder einen Misthaufen anzulegen. So ist es nicht verwunderlich, dass es eine Reihe von Magazinen gibt, die sich diesen Themen widmen, sich großer Beliebtheit erfreuen und manchmal in der Übersetzung zweideutige Titel tragen wie »Mach's dir selbst«.

Auch wenn etwas mehr Menschen in Städten leben als in Dörfern, denke ich, dass die Slowakei ein ländlich geprägtes Land ist. Viele Städte haben nur wenige Tausend Einwohner und wirken mehr wie große Dörfer. Selbst Bratislava wird vom Volksmund als das größte Dorf in der Slowakei bezeichnet. Die meisten Menschen, die in großen Städten leben, halten über ihre *Chatas* immer noch Kontakt zum Dorf. Unter anderem mag das ein Grund sein, warum die slowakische Gesellschaft – aus meiner Perspektive – bis zu einem gewissen Grad zu konservativen Ansichten neigt. Das Leben in der *Chata* ist auch ein Grund dafür, dass viele Menschen noch einen echten Bezug zum Land haben und ihre Wälder, Wiesen und Berge leidenschaftlich lieben.

Für eine Sache ist eine *Chata* noch gut: als sozialer Gradmesser. Wenn Sie von einer Familie eingeladen werden, mit ihr in ihrer *Chata* ein Wochenende zu verbringen, dann können Sie sicher sein, dass Sie auf dem besten Wege sind, neue Freunde zu finden.

*71. Grund*

## *Weil die Mitte Europas in der Slowakei liegt*

In dem Dokumentarfilm *Die Mitte* macht sich der Filmemacher Stanisław Mucha auf die Suche nach der geografischen Mitte Europas. Unter anderen Orten besucht er auch die Mitte Europas, die jeder slowakischer Patriot nur als die einzige Mitte Europas akzeptieren kann: Kremnické Bane. Die Mitte Europas liegt 4,5 Kilometer nördlich der Stadt Kremnica und 3,5 Kilometer westlich des Dorfes Kunešov. In Kremnické Bane gibt es eigentlich nur eine Kreuzung, und da biegt man Richtung Osten auf die kurvenreiche Landstraße 2504, nach etwa einem Kilometer ragt links der weiße Turm der Kirche zum heiligen Johannes in den Himmel. Daneben steht ein aufragender Stein, der den geografischen Mittelpunkt Europas anzeigen soll. Für alle, die es genau wissen wollen, hier sind die Koordinaten: Nord 48 Grad 44 Minuten 37.43 Sekunden, Ost 18 Grad 54 Minuten 47.59 Sekunden.

Kremnické Bane ist nicht nur die Mitte Europas, sondern auch eine Wasserscheide. Es heißt, dass Regenwasser von der einen Seite des Kirchendaches in den Fluss Váh fließt, von der anderen Seite in den Fluss Hron. Neben der Kirche befindet sich eine Quelle, die zum Gedenken der Einführung des Euros in der Slowakei am 1. Januar 2009 als »Europaquelle« bezeichnet wird. Viel Europa also an so einem kleinen Fleckchen Erde.

Die Mitte der Slowakei wiederum liegt östlich von der Mitte Europas. Auch hier gibt es einen Ort, den die Vermessungsbehörden lokalisieren, der freilich ungleich schwerer zu erreichen ist, denn er liegt auf dem 1.255 Meter hohen Berg Hrb. Der wiederum ist nur zu Fuß zu erreichen. Für alle, die es wagen wollen, hier die Wegbeschreibung: Von dem Dorf Ľubietová folgen Sie östlich neun Kilometer dem blauen Wanderweg bis zur Berghütte »Chata pod Hrbom«. Etwa einen Kilometer südlich der Berghütte, nahe des roten Wanderweges, liegt die Mitte der Slowakei.

Allerdings ist es nicht so leicht mit den Mitten, weder die Vermessung der slowakischen Mitte noch die der europäischen ist unumstritten. Je nachdem, wie gemessen wird, ob Inseln wie Madeira mit eingerechnet werden oder nicht, verschiebt sich die Mitte Europas unweigerlich. Sie kann dann in Ungarn, in der Ukraine, in Weißrussland oder sogar auf einer kleinen Insel vor Estland liegen. Und dann gibt es noch die Mitte der Europäischen Union, die in der Gemeinde

Westergrund im Landkreis Aschaffenburg liegt, zumindest bis der Brexit noch nicht vollzogen wurde, dann würde sie sich um 70 Kilometer verschieben, worüber sich dann eine andere Gemeinde freuen würde. Vielleicht zeichnet es ja die Europäische Union aus, dass ihre Mitte changiert, mal hier, mal dort auftaucht.

Eines mögen viele Slowaken jedoch nicht: wenn die Slowakei als Osteuropa bezeichnet wird. Sie verweisen dann darauf, dass die Slowakei historisch, politisch und geografisch ein Teil Mitteleuropas ist. Dem kann ich nur zustimmen!

*72. Grund*

## *Weil von drei Bergen im Wappen, sich nur zwei in der Slowakei befinden*

Das Wappen der Slowakei zeigt ein silbernes Patriarchenkreuz auf rotem Grund, das aus einem blauen Dreiberg ragt. Das Doppelkreuz und der Dreiberg sind nicht selbsterklärende Elemente, aber gerade deshalb bieten sie einen tieferen Einblick in die Entwicklung des Landes.

Fangen wir mit dem Doppelkreuz an, dessen Wurzeln im byzantischen – also oströmischen – Reich liegen. Das einfache Kreuz als christliches Symbol ist ja verständlich, warum aber ein Kreuz mit zwei Querbalken? Dafür gibt es zwei grundsätzliche Erklärungen. Die eine besagt, dass die beiden horizontalen Arme einmal für die weltliche und die kirchliche Macht der byzantinischen Kaiser steht. Die andere besagt, dass das Doppelkreuz zwei Kreuze darstellt, die quasi zu einem zusammengeschmolzen sind. Das eine Kreuz symbolisiert den Tod Christi, das andere seine Auferstehung.

Kyrill und Method haben das Doppelkreuz im 9. Jahrhundert in das Gebiet der heutigen Slowakei gebracht. Die beiden Brüder betrieben eine erfolgreiche Missionierung der Slawen und führten dabei die sogenannte glagolitische Schrift ein, aus der dann später das nach Kyrill benannte Kyrillische Alphabet entstanden ist. Das liegt alles lange elf Jahrhunderte zurück, aber findet doch seinen Niederschlag in der Gegenwart, denn die slowakische Verfassung sieht sich ausdrücklich im geistigen Erbe der beiden Brüder stehend.

Doppelkreuze gibt es in verschiedenen Formen. Das Patriarchenkreuz weist zwei Besonderheiten auf. Seine Querbalken befinden sich oberhalb der Mitte, und der obere Querbalken ist kürzer als der untere. Das Patriarchenkreuz wird in der Slowakei gerne als Slowakisches Kreuz und in Ungarn als Ungarisches Kreuz bezeichnet. Darin wird schnell das besondere, manchmal zwiespältige Verhältnis zwischen den beiden Ländern deutlich.

Noch deutlicher wird das durch den Dreiberg, also durch die blauen Berge am Fuße des Wappens. Sie symbolisieren die drei Gebirge: Tatra, Fatra und Matra. Die Tatra liegt im Norden der heutigen Slowakei, an der Grenze zu Polen. Die Fatra, unterteilt in die Große und Kleine Fatra, schließt südwestlich davon an. Beide befinden sich auf dem heutigen Gebiet der Slowakei. Das dritte Gebirge, die Matra, allerdings nicht. Die Matra liegt in Ungarn. Warum, kann man in diesem Zusammenhang fragen, befindet sich ein ungarischer Berg – wenn auch symbolisiert – im slowakischen Wappen? Das ist doch ein Widerspruch.

Nicht unbedingt, und die Antwort liegt wie so oft in den manchmal verzwickten Windungen der Geschichte. Die Slowakei war ja über Jahrhunderte ein Teil des ungarischen Königreiches, und der Dreiberg symbolisiert zu dieser Zeit Oberungarn. Damit ist eine Landfläche gemeint, die nördlich der Donau und Theiß liegt, und das heutige Gebiet der Slowakei ist weitgehend deckungsgleich mit Oberungarn. Die Slowaken haben also den Dreiberg aus dem ungarischen Wappen übernommen und in ihr eigenes Wappen überführt.

*73. Grund*

## *Weil der slowakische Rock rockt*

In meiner Jugend war es üblich, einer Angebeteten eine Musikkassette mit ausgewählten Liedern aufzunehmen, das Cover möglichst kreativ zu verzieren und es ihr dann in der Hoffnung zu schenken, dass die Lieder sie überzeugen, man sei ein ganz vorzüglicher, ja, des Erwählens werter Mensch. Lang ists her, heute erstellt man wohl eine Playlist. Aber wenn ich eine Musikkassette aufnehmen würde, die slowakische Musik enthielte, die etwas über die Slowakei erzählte, dann wären das hier meine Top Four:

Jana Kirschner – *Pokoj v duši*

Jana Kirschner hat das Lied *Pokoj v duši* für den gleichnamigen Film aus dem Jahre 2009 geschrieben. Der Film bekäme von mir nicht mal einen Platz in den Top Ten slowakischer Filme, denn das Schauen dieses Filmes verursacht Depressionen. Folgerichtig bringt sich der Held des Filmes in der letzten Szene um. Das Lied *Pokoj v duši*, was »Seelenruhe« bedeutet, ist da ein anderes Kaliber. Es ist süßsauer, melancholisch, aber mit einem sanften Hauch Hoffnung, ohne dabei kitschig zu sein. Das Lied erzählt mir etwas über die Slowakei, was nicht in Worte zu fassen ist. Platz eins ganz klar!

Richard Müller – *Nahý II*

Der talentierte und mehrfach ausgezeichnete Musiker Richard Müller war Ende der 90er-Jahre auf dem Höhepunkt seiner Karriere, als er sich während eines Konzertes in Zlín in Tschechien komplett auszog und sich dem Publikum so präsentierte, wie der Schöpfer ihn erschaffen hat. Oh, oh, das war ein Riesenskandal. Aber statt dass er von nun an den Ball ein wenig flacher hielte, legte er noch einmal nach und gab im Fernsehen ein Interview, in dem er zugab, illegale Drogen zu konsumieren und seiner Frau regelmäßig fremdzugehen. Das war zu viel des Schlechten, die empörte Öffentlichkeit brach den Stab über seinen umnebelten Kopf. Es sah so aus, als ob seine Karriere beendet war, bis er 2001 ein Lied mit dem Titel *nackt* schrieb. Darin singt er:

*Už nebudem nahý, Drahé slečny, drahé ženy; / Ich werde nicht mehr nackt sein, Verehrte Fräuleins, verehrte Frauen;*
*Od teraz až navždy zostávam oblečený! / Von jetzt bis immer werde ich angezogen bleiben!*
*Nahý už som bol – stačí. Nevyzlečiem sa ani pred lekárom. / Nackt war ich schon einmal – es reicht. Nicht mal vor dem Arzt werde ich mich ausziehen.*
*Nech mi všetci svätí pomôžu – nahý až na kožu! / Mögen mir alle Heiligen helfen – ich bin nackt bis auf die Haut!*

Die Empörten hörten daraus eine Entschuldigung, die sie für angebracht hielten, die anderen Hörer mochten die Ironie des Textes, und der Rest war einfach begeistert. Bis heute wird es im Radio rauf und runter gespielt.

I.M.T Smile – *Veselá pesnička*

Die Mannen um den überzeugten Vollbartträger Ivan Tásler bringen seit Jahrzehnten zuverlässig und regelmäßig neue Hits heraus, die intelligent sind und dazu noch Spaß machen. Den Grundstein seiner Karriere legte Tásler aber, als er noch ohne Bartwuchs ein Lied schrieb, das wohl wie kein anderes das Lebensgefühl der Menschen in den 90ern beschrieb:

*vo väzení väzni žijú, čakajú na amnestiu / Im Gefängnis leben Gefangene, warten auf Amnestie*
*a ja čakám na slobode, kedy bude slušnosť v móde / Auch ich warte auf die Freiheit, wann wird der Anstand wieder Mode*
*korupcie škandály kam sme sa to dostali / Korruption Skandale wohin sind wir gekommen*
*drogy zbrane mafie kto je sviňa prežije / Drogen, Waffen, Mafia, wer ein Schwein ist überlebt*

*bomby v autách, na školách neistotu strieda strach / Bomben in Autos, in Schulen aus Unsicherheit wird Angst*

Para – *Abstinent*

Aus den 90ern kehren wir in die Gegenwart zurück. Ein Sänger der Band Para, Matúš Vallo, gewann überraschend 2018 als Parteiloser die Wahl zum Bürgermeister in Bratislava. In dem Hit *Abstinent* singt er über etwas, an dem er wohl auch in Zukunft gemessen wird:

*Nechcem byť abstinent a nehovorím len o pití / Will nicht abstinent sein, und ich rede nicht nur übers Trinken*
*fanatik, politik a nudné reči o prežití / Fanatiker, Politiker und langweiliges Reden übers Überleben*
*Niekto sa pokúša povedať mi že je iný / Einige versuchen zu sagen, dass wir anders sind*
*ale ja viem všetci ste rovnaký / aber ich weiß, dass ihr alle gleich seid*
*obálka do ruky a vaše reči o prežití / einen Briefumschlag in die Hand und euer Gerede ums Überleben*
*ľudia mi hovoria určite si taký istý / Leute sagen mir, sicher bist du genauso*
*ale ja viem ostávam rovnaký / aber ich weiß, dass ich der Gleiche bleibe*

Nachtrag: Alle Lieder findet man unter einschlägigen Quellen im Internet.

*74. Grund*

## *Weil die Fujara wie von einer anderen Welt klingt*

Eine *Fujara* ist eine fast zwei Meter große Flöte, die traditionell von Hirten in der Mittelslowakei gespielt wurde. Sie besteht aus zwei Röhren, einer lange Spielröhre und einer kürzere Anblasröhre, die durch ein Lederband miteinander verbunden sind. Sie hat drei Grifflöcher und ist in der Regel reich mit Schnitzornamenten verziert. Typischerweise wird sie aus Holunderholz hergestellt.

Eine *Fujara* klingt, wie ich finde, einmalig. Das Spektrum reicht von sanften Basstönen bis zu scharfen Obertönen und erstreckt sich über drei Oktaven. Der slowakische Schriftsteller Ladislav Ťažký schrieb, dass *Fujaras* nach dem Berg weinen, auf dem sie wuchsen, und dass der Berg in ihnen weint. Und in alten Zeiten sagten Hirten nicht »Ich spiele mit einer Fujara«, sondern ich sage etwas mit einer Fujara. Was präzise den poetischen Stellenwert beschreibt, den das Instrument im Leben der Schäfer in den langen Monaten auf der Alm hatte.

*Fujara*-Spieler starten ihre Lieder häufig mit einem sogenannten »Rozfuk«, einer kurzen rhythmischen Blastechnik. Auf die Frage, warum sie das tun, antworten einige von ihnen mit einem Augenzwinkern, dass sie Spinnen aus der *Fujara* vertreiben wollen. Der eigentliche Grund ist jedoch, dass sie sich auf den Ton einstimmen, mit dem sie starten wollen. Ganz ernst gemeint ist auch nicht die Aussage, dass Jazz von *Fujara*-Spielern erfunden wurde. Richtig ist, dass sie gerne improvisieren und Lieder häufig in verschiedenen Versionen präsentieren.

Die Bauweise der *Fujara* ist weltweit einzigartig, deswegen steht sie seit 2008 auf der UNESCO-Liste des immateriellen Erbes der Menschheit. Mit acht Einträgen auf der Liste kann sich die Slowakei durchaus sehen lassen. Die *Fujara* wurde als Erstes in die Liste aufgenommen. Danach folgten die Volksmusik von Terchová, die Dudelsack-Kultur, das Marionettentheater, der mehrstimmige Gesang auf Horehronie und 2018 der Blaudruck zusammen mit Deutschland, Österreich, Ungarn und Tschechien.

Von all diesen Einträgen spielt sicherlich das Marionettentheater die größte Rolle im Alltag der Slowaken. Aber das ist schon ein anderer Grund, die Slowakei zu mögen.

Achtes Kapitel

# *Draußen in Bewegung*

*75. Grund*

## *Weil es solche Menschen wie Janette Motlová Maziniová gibt*

Janette Motlová Maziniová habe ich kennengelernt, als ich an einem ihrer Seminare teilnahm. Ich arbeite seit über 25 Jahren in der Erwachsenenbildung und habe eine Menge gesehen und gehört, aber Janette ist eine der besten Pädagoginnen, die ich jemals getroffen habe. Wenn sie Geschichten erzählt, kann man die berühmte Stecknadel fallen hören, und in ihren Seminaren wird so viel gelacht, dass Bäuche wehtun. Ihre Intelligenz ist von der Art, dass man unweigerlich denkt: Mist, warum habe ich nicht mehr davon abbekommen, ohne auf sie neidisch zu sein. Man akzeptiert es einfach als Tatsache, sie kann auch nichts dafür.

Mit all diesen bewundernswerten Eigenschaften, so möchte man meinen, muss ihr Leben ein Klacks gewesen sein. Dem war nicht so, und das lag an einer Kleinigkeit: Ihre Haut ist ein paar Farbtöne dunkler, als viele das erwarten. Landesweit bekannt geworden ist sie durch ihr Buch *Cigánka*, was »Zigeunerin« bedeutet.

Darin erzählt sie, wie sie nach der Universität eine Arbeit sucht. Weil sie perfekt französisch spricht, bewirbt sie sich bei einem großen und bekannten Reiseunternehmen als Reiseleiterin für Frankreich. Sie führt ein telefonisches Bewerbungsgespräch, und der Unternehmenschef fragt nach ihren Bildungsabschlüssen, nach ihrer Motivation, stellt Fragen zur Geschichte Frankreichs, fragt danach, wie sie mit den Kunden umzugehen gedenkt, und das Ganze auf Französisch. Der Chef ist begeistert, ihr Französisch ist hervorragend, er bittet sie, in einer Notsituation auszuhelfen und direkt am nächsten Dienstag eine Reisegruppe nach Paris zu betreuen. Am Montag soll sie ins Büro kommen, um die Papiere zu unterzeichnen. Janette ist glücklich. Paris, die Stadt der Liebe, davon hatte Janette geträumt, seit sie ein kleines Kind war.

Am Montagmorgen ist sie pünktlich zum vereinbarten Termin da und teilt der Sekretärin am Empfang mit, dass sie als neue Mitarbeiterin anfangen wird und einen Gesprächstermin mit dem Chef hat. Der Sekretärin klappt die Kinnlade runter, sie stottert und teilt Janette mit, dass sie Platz nehmen solle. Die Sekretärin telefoniert. Janette wartet eine halbe Stunde, sie wartet eine Stunde, dann fragt sie höflich nach. Die Sekretärin sagt, der Chef sei nicht da, sie müsse warten. Janette wartet weiter. Sie wird noch viele Stunden warten und mehrmals nachfragen, aber die Sekretärin wiederholt immer wieder stupide, dass der Chef nicht da sei. Sie hat ihn nie zu Gesicht bekommen, und Janette wird nie als Reiseleiterin arbeiten.

Wer würde es ihr übel nehmen, wenn sie wegen solcher Geschichten verbittert wäre. Sie ist es nicht. Stattdessen arbeitete sie als Lehrerin an einer Schule. Die Hälfte der Eltern beschwert sich, dass ihre Kinder bei »so einer« Lehrerin nichts lernen können. Nachdem sie ein paar Jahre unterrichtet hat und gefragt wird, ein landesweites Bildungsprogramm zu leiten, bittet sie die gesamte Elternschaft zu bleiben.

Später gründet sie eine »Lebendige Bibliothek«, in der Menschen ihre Geschichten erzählen können. Geschichten, die sonst unter den Tisch fielen. Das Format: Eine Person erzählt, die anderen hören zu, stellen danach Fragen und bekommen einen Einblick in eine Welt, die ihnen ansonsten verschlossen bliebe. Wie ist es, mit verkümmerten Händen zu leben? Wie ist es, keine Kinder bekommen zu können? Wie ist es, eine andere Hautfarbe zu haben als die Mehrheit? Der Überbegriff ist Andersartigkeit. Dabei passiert etwas mit den Zuhörenden wie mit den Erzählenden, wenn sie ganz oldschool von Angesicht zu Angesicht miteinander sprechen.

Janette Motlová Maziniová hat mittlerweile einige zivilgesellschaftliche Preise gewonnen. Die Geschichten, die sie sammelt, und die Geschichten, die sie aus ihrem eigenen Leben erzählt, sind wichtig und bewegen, das weiß sie als geborene Storytellerin. Schade, dass man ihr Buch nicht auf Deutsch lesen kann.

*76. Grund*

## *Weil nur, wer selbst brennt, selbst kennt, was er trinkt*

Auch wenn ich tief im Wald wandere, keine Landkarte mit mir führe und nicht weiß, wo ich bin, kann ich in der Landschaft lesen, ob ich bald ein Dorf erreichen werde oder nicht. Woran ich das erkennen kann? Nun, die Anzahl der verwilderten Obstbäume im Wald ist ein gutes Indiz. Steigt ihre Anzahl merklich, ist in den meisten Fällen ein Dorf nicht mehr allzu weit entfernt.

Bis in die frühen Nachkriegsjahre hat jedes Dorf große Streuobstwiesen unterhalten, aber schon lange werden viele von ihnen, vor allem die weiter entfernt liegenden, nicht mehr gepflegt und verwildern. Die Wiesen sind dann verbuscht oder gänzlich verwaldet, und die alten Obstbäume haben ihre zurechtgeschnittenen Formen verloren, ihre Früchte sind kleiner, verholzter und weniger süß.

Der Durst nach Schnaps, so wage ich zu behaupten, hat nicht unwesentliche Teile der slowakischen Mittelgebirge geformt. Ich vermute doch stark, dass all das Obst von den vielen Streuobstwiesen nicht dafür gebraucht wurde, um einen Hunger nach Apfelkuchen zu stillen oder mehr Trockenpflaumen für den morgendlichen Magerquark zu produzieren. Nein, ein Selbstgebrannter gehört einfach zum Dorfleben in den Bergen dazu wie die Luft zum Atmen.

Der Nimbus des Selbstgebrannten ist eher nicht durch seinen Geschmack begründet, wie ich finde. Ich habe Obstbrände getrunken, die herrlich fruchtig im Geschmack und sanft im Abgang waren, aber auch welche, die mir keine Tränen der Freude in die Augen getrieben haben, sondern echte. Nein, der Reiz des Selbstgebrannten liegt in dem Verbotenen. Mit einem Gläschen Schnaps, heimlich in der eigenen Scheune gebrannt, sagt man denen da oben: Ihr könnt mich mal mit euren Regeln und Steuern. Halt flüssig und mit berauschender Wirkung. Mit dem Gefühl der Verbrüderung prostet man sich einander augenzwinkernd zu. Das schmeckt dann doppelt gut. Gebrannt wurde und wird alles, was in der Umgebung gedeiht und destilliert werden kann. Das sind neben Pflaumen, Birnen und Äpfeln besonders gern auch Beeren vom Wacholder, was *Borovička* heißt und je nach Prozenten brennend die Kehle runterrinnt.

Der Nachteil beim Selbstbrennen ist natürlich die geringe Fehlertoleranz. Bei jedem Schluck fragt man sich unbewusst: Hat mein Gastgeber sein Metier im Griff, oder droht mir Blindheit oder gar der Tod? Wem es an Vertrauen mangelt oder wer dieses Risiko nicht eingehen will, der kann sich in den gut gefüllten Regalen der Supermärkte eindecken und sicher sein, dass keine weiteren Nebenwirkungen außer vielleicht einem Kater eintreten.

Übrigens: Auf Slowakisch wird auf die Gesundheit mit *Na zdravie* getrunken und nicht, wie viele meinen, wie im Russischen mit *Na zdorovye*. Das ist ein kleiner, aber feiner Unterschied, den aber Gastgeber zu schätzen wissen.

*77. Grund*

## *Weil vier Farben durchs ganze Land führen*

Sage und schreibe 15.000 Kilometer lang ist das markierte Wanderwegenetz in der Slowakei. Bei einer Leistung von drei Kilometern in der Stunde könnte ein durchschnittlicher Wanderer 4.666 Stunden an einem Stück wandern. Wenn wir uns einen Wanderer vorstellen, der jeden Tag acht Stunden ginge, dann wäre er ununterbrochen eineinhalb Jahre unterwegs.

Dabei würde er die meisten Städte passieren, durch viele Dörfer kommen und alle Nationalparks, Landschaftsschutzgebiete und Biosphärenreservate durchqueren. Er würde durch Wälder und über Wiesen wandern, die höchsten Gipfel ersteigen und mäandernden Flussverläufen folgen. Dabei würde er auf einen ziemlich repräsentativen Querschnitt der slowakischen Bevölkerung treffen. Er würde Armut sehen, ebenso wie neu gewonnenen Reichtum. Fast jeden Tag würden sich seine Eindrücke ändern, aber eines bliebe gleich – das hervorragende Wanderwegenetz.

Die Wanderwege werden seit mehr als 130 Jahren von einem Heer an Freiwilligen instand gehalten, das mag ein Grund sein, warum sie in so einem guten Zustand sind. Und sie sind fest verwurzelt in der Geschichte des Landes. Denn schon zu Zeiten der Tschechoslowakei entstand eine bis heute gültige staatliche Norm, die regelt, wie Markierungen auszusehen haben, welche Informationen darauf enthalten sein müssen und wie sie angebracht werden. Das ist ein riesiger Vorteil, denn im Gegensatz zu Deutschland, wo es Dutzende von Markierungen, Informationsstandards und Zertifizierungen gibt, folgen Sie in der Slowakei einem System durchs ganze Land. Das erleichtert die Orientierung und erhöht das Gehvergnügen ungemein.

Und das System ist denkbar einfach. Es gibt vier Markierungsfarben. Rote Markierungen stehen für Fernwege, die mehrere Regionen passieren und auf Slowakisch *Magistrála* genannt werden. Blau oder grün werden Wanderwege mittlerer Distanzen markiert, und gelbe Wege sind in der Regel Verbindungswege, die bei Bus- und Bahnhöfen beginnen oder enden.

Durch die Slowakei führen fünf internationale Fernwanderwege. Da sind die beiden europäischen Fernwanderwege E8 und E3, wobei der E8 in der Slowakei dem »Weg der Helden des slowakischen Nationalaufstandes« folgt. Von Eisenach nach Budapest verläuft der einzige internationale Fernwanderweg, der zu sozialistischen Zeiten entstanden ist, der »Weg der Freundschaft«, bekannt unter dem Kürzel EB. Der Marienpilgerweg I 23, der erst 1995 eröffnet wurde, führt von Częstochowa in Polen über Levoča in der Slowakei ins österreichische Mariazell. Die Muschel als Zeichen des Jakobswegs können Sie von Košice bis Bratislava finden. Alle eventuellen Wanderaktivitäten lassen sich leicht planen dank interaktiver Online-Karten unter *hiking.sk* oder *mapy.kst.sk*.

Dazu gibt es mehrere nationale Fernwanderwege. Ganz im Westen erschließt die Záhorácka magistrála die östlich der Kleinen Karpaten gelegene Tiefebene Záhorie. Der Wanderweg erstreckt sich über rund 100 Kilometer und ist aufgrund seiner geringen Höhendifferenzen leicht zu laufen. Die 88 Kilometer lange Tatranská magistrála steuert einige der schönsten Seen und Ausblicke in der Tatra an. Sie ist ein wahrer Augenschmaus, und man kann jede Nacht in einer Hütte übernachten, was in der Rudná magistrála nicht möglich ist, denn sie führt über 240 Kilometer durch das slowakische Erzgebirge und damit auf langen Abschnitten durch kaum frequentierte Bergwälder.

So ein Wanderwegenetz aufzubauen und über Generationen zu erhalten ist eine riesige Kulturleistung. Spannend ist auch, dass das Wanderwegenetz die unterschiedlichsten Gesellschaftsformen überlebt hat. Die erste Vereinigung zur Pflege des Wanderns entstand bereits 1862 in Banská Štiavnica noch zu Zeiten der Habsburgermonarchie. In der ersten Tschechoslowakischen Republik, nach dem Ersten Weltkrieg, wurde der Karpatenverein (Karpatský spolok) gegründet, der mehr und mehr Wanderwege markierte. Nach dem Zweiten Weltkrieg übernahmen die Kommunisten die Macht, aber auch sie unterstützen das Wandern im Inland, vermutlich weil die Bürger ansonsten wenig Möglichkeiten hatten, ins Ausland zu reisen.

Seit 1990 pflegen rund 20.000 Mitglieder des Klubs Slowakischer Touristen (KST) Wege, die jetzt zunehmend auch neu für Mountainbiker, Skilangläufer und Reiter angelegt werden.

Nach jedem gesellschaftlichen Umbruch gab es spezielle Herausforderungen, das Wegenetz mit seinen Markierungen aufrechtzuerhalten. Viele Dinge haben sich im Laufe der Zeit geändert, doch ein Problem ist immer gleich geblieben: Braunbären haben anscheinend eine Vorliebe für die ölhaltigen Farben der Markierungen. Immer wieder lassen sich Markierungen finden, die offensichtlich von sehr, sehr großen Eckzähnen bearbeitet wurden. Ähnliches passiert, wenn Waldarbeiter Plastikkanister mit Motoröl liegen lassen; die sind dann häufig komplett zerbissen. Aber Braunbären sind schon ein anderes, wenn auch spannendes Thema.

*78. Grund*

## *Weil slowakische Mittelgebirge fürs Schneeschuhwandern geschaffen wurden*

Im Winter kann ich mir kaum was Schöneres vorstellen, als mir Schneeschuhe unter die Füße zu spannen und einfach loszustapfen. Vor mir eine unberührte Schneedecke, hinter mir nur meine eigenen Fußstapfen. So ein Winterwald kann was Magisches haben. Manchmal – bei Windstille – ist es so leise, dass man hört, wie die Schneeflocken fallen.

Für Skilanglauf werden Loipen gespurt, beim Ski Alpin Hänge gerodet, beim Schneeschuhwandern entsteht der Weg beim Gehen. Ganz sanft und nach der Schneeschmelze bleiben nicht einmal Fußspuren zurück. In kaum einer anderen Jahreszeit erlebe ich das Freiheitsgefühl so intensiv wie im Winter. Und nie sind die Geschichten, die die Tiere hinterlassen, leichter zu lesen als im Schnee. Es kann süchtig machen, den ganzen Tag auf der Fährte eines Luchses zu laufen. Ich bezweifle, dass es möglich ist, einen intimeren Einblick in das Leben eines Wildtieres zu erhalten als beim Spurenlesen.

Drei Dinge braucht man aber dafür: Schneeschuhe, etwas Zeit und ungestörte Waldareale. Und genau hier kommen die slowakischen Mittelgebirge ins Spiel. Über 50 gibt es davon in der Slowakei, und die meisten sind touristisch kaum frequentiert und dürften den wenigsten Menschen bekannt sein. Sie tragen kaum bekannte Namen, wie zum Beispiel Volovské vrchy. Im privaten Sprachgebrauch nennen wir das Gebirge Kleinkanada, denn als wir dort einmal drei Tage wanderten, trafen wir keine Menschenseele. Oder die Zipser Magura, die sich nördlich der Tatra anschließt. Äußerst dünn besiedelt und kaum besucht, weil alle in die Hohe Tatra pilgern. Aus dem Tribeč-Gebirge konnte der slowakische Schriftsteller Jozef Karika eine Art Bermudas für Wanderer machen. Natürlich ist sein Roman nicht der Wahrheit verpflichtet, aber da das Gebirge so schön menschenleer und unbekannt ist, wirken seine Fiktionen, dass dort Menschen verschwinden, glaubhaft. Ich könnte damit fortfahren, mehr als 50 weitere Mittelgebirge aufzuzählen. Durch viele bin ich noch nicht gewandert, würde es aber gerne. Sei es im Sommer mit Wanderschuhen oder im Winter mit Schneeschuhen.

Einmal traf ich ganz früh am Morgen auf dem Gipfel im Vogelgebirge einen alten Mann, die ersten Sonnenstrahlen blinzelten gerade am Horizont. Er erzählte mir, dass er sich zu seinem 75. Geburtstag selbst beschenkt hat: Er wollte innerhalb eines Jahres alle 40 Gipfel über 1.000 Metern in der Slowakei besteigen. Hut ab! Und seitdem weiß ich, was ich mir zu meinem 75. wünsche.

*79. Grund*

## *Weil der »Weg der Helden« nicht nur für Helden ist*

Was gibt es für eine bessere Art und Weise, ein Land kennenzulernen, als zu Fuß einmal durch das ganze Land zu laufen? Und weil mir keine andere Antwort eingefallen wäre, habe ich genau das gemacht: Zusammen mit meiner Frau bin ich auf einem Fernwanderweg – dem »Weg der Helden« – rund 760 Kilometer von West nach Ost durch die gesamte Slowakei gewandert.

Wenn ich mich an die Wanderung erinnere, sehe ich die Kleinen Karpaten bei Bratislava vor meinem geistigen Auge, die auf Landkarten so unscheinbar wirken, aber mit lichten Eichenwäldern überraschen, in denen Muffelschädel aufeinanderkrachen. Und die verschiedenen kleinen Gebirge danach, die kaum einer kennt, durch die kaum einer wandert und die für Nichtmuttersprachler so schwer auszusprechen sind (wer will, probiere Strážovské vrchy) und wo die ersten Bären, Wölfe und Luchse auftauchen.

Und da ist die Niedere Tatra, das touristische Sahnestück in der Mitte des Landes, wo der Weg über die Baumgrenze auf über 2.000 Meter führt und Aussichten zu Panoramen werden. Wo Steinadler in der Thermik kreisen, Gämsen auf steilen Graten verharren und Murmeltiere vor Wanderern mit schrillen Pfiffen warnen.

Im Osten dann tiefe Buchenwälder, Bergwiesen mit bunt getupften Orchideen, karpatische Holzkirchen, zugewachsene Burgruinen, blökende Schafsherden und verschlafene Dörfer, wo man in der Kneipe beim Bier nicht lange allein sitzen wird. Überhaupt die Menschen rings des Weges, überraschend in ihrer Vielfältigkeit, inspirierend in ihrer Art, das Leben zu meistern.

Ich erinnere mich an Marek, einen Rettungssanitäter, der sich einmal die Woche in seiner Freizeit eine riesige Kiepe auf den Rücken wuchtet und schnaufend den Berg hochsteigt, um die Schutzhütte Andrejcová mit Lebensmitteln zu versorgen. Ich denke an die Jungs auf ihren zusammengeschraubten Mopeds am Dorfrand von Kurimka, wo die Menschen russinisch – eine seltene ostslawische Sprache – sprechen und kyrillisch schreiben. Und an all die Schäfer mit Gummistiefeln, Filzhüten und Gesichtern, die nur aus Falten zu bestehen scheinen.

Ja, das sind schöne Erinnerungen, und sie bilden bis heute das Rückgrat meiner Beziehung zur Slowakei. Der Weg der Helden gehört zu den ersten Gründen, die mir eingefallen sind, als ich an die 111 Gründe dieses Buches dachte. Ich meine, wo findet sich ein vergleichbarer Weg in Mitteleuropa, auf dem Sie mehrere Tage wandern können, ohne jemanden zu treffen, ohne Städte oder Straßen zu passieren? Wo die großen Beutegreifer wie Bär, Luchs und Wolf frei umherstreifen? Meine Fragen sind rhetorisch, und über die Antworten könnte man sich streiten, aber Sie werden merken, dass ich in den Weg der Helden ein wenig verschossen bin und ihn Ihnen uneingeschränkt ans Herz legen möchte.

Sie brauchen kein Held zu sein, um den Weg zu begehen. Es gibt leichte Teilstücke mit einer guten Infrastruktur an Übernachtungs- und Verpflegungsmöglichkeiten, und es gibt Teilstücke, die sind für die, die es einsam und wild mögen. Der Fernwanderweg heißt »Weg der Helden«, weil er sich auf den slowakischen Nationalaufstand gegen Hitlerdeutschland und die eigene Kollaborationsregierung unter Präsident Josef Tiso bezieht. Gleichzeitig ist er das slowakische Teilstück des europäischen Fernwanderwegs E8, der von Dublin in Irland bis nach Istanbul in die Türkei führt und damit Europa verbindet.

Egal, ob Sie ein leichtes oder ein schwieriges Teilstück oder den gesamten Weg gehen sollten, so oder so werden Sie die Slowakei dadurch mit jedem Schritt etwas besser kennenlernen. Ich wünsche Ihnen viel Spaß dabei, einen blauen Himmel und keine Blasen an den Füßen!

*80. Grund*

## *Weil die Karseen in der Tatra von einer überirdischen Schönheit sind*

Wenn ich mir das Wanderwegenetz der Tatra anschaue, fällt mir auf, dass es einerseits Wege gibt, die sowohl bei ihrem Anfang als auch bei ihrem Ende durch eine Kreuzung mit anderen Wegen verbunden sind. Das ist eigentlich eine banale Feststellung. Genauso wie die, dass es Wege gibt, die an einem Ziel enden. An diesem Ziel angekommen, bleibt einem nichts anders übrig als wieder umzukehren – wie in einer Stichstraße mit Sackgasse.

Interessant ist aber, dass die Stichwege in der Tatra nur zu zwei Arten von Zielen führen: entweder zu einem Gipfel oder zu einem Gebirgssee. Diese für die Tatra typischen Seen haben im Slowakischen eine ganz eigene Bezeichnung, sie heißen *pleso*. Ganz früher wurden diese Seen von der Bevölkerung »Meeresaugen« genannt, weil sie davon ausgegangen sind, dass sie einen unterirdischen Zugang zum Meer haben.

Das ist zwar eine poetische Vorstellung, aber sachlich leider falsch. Geologen wissen, dass diese Art von Seen dadurch entstanden sind, dass Frost, Schnee und Eis aus Hangmulden im Laufe der Zeit kesselförmige Eintiefungen ausschürfen. Diese werden Kare oder Karseen genannt. In der slowakischen Tatra gibt es 150 dieser Kleinode.

Der Karsee Nižné Temnosmrečinské pleso kann nur über einen rot markierten Stichweg erreicht werden. Er liegt auf 1.677 Metern Höhe und ist vom grünen Wanderweg in 40 Minuten zu erreichen. Wer sich Zeit nimmt und an seinem Ufer verweilt, der erlebt, wie schon kleinste Veränderungen am Himmel die Farben der Seeoberfläche dramatisch variieren. Von strahlendem Blau über tropisches Grün bis zu dunklem Bleigrau, und das innerhalb von wenigen Minuten. Natürlich möchte man sofort in den Bergsee springen, das ist allerdings verboten. Die empfindlichen Biotope sind geschützt, und die tiefen Wassertemperaturen würden das Badevergnügen, wenn überhaupt, nur sehr kurz ausfallen lassen.

Die Karseen sind, neben den Gipfeln, einer der größten Anziehungspunkte der Tatra, das beweist die Führung der Wanderwege, die nach Möglichkeit keinen auslässt. Einige sind allerdings so abgelegen, dass sie nur mit Sondergenehmigungen erreicht werden können. Andere Seen sind wie zum Beispiel Štrbské pleso zu beliebten Touristenorten geworden. Egal, ob stark oder kaum besucht, diese Gebirgsseen in der Tatra haben sich ihre Schönheit seit der letzten Eiszeit erhalten.

## *Weil man in der Donau Gold waschen kann*

Es war einmal ein junger Müller, der liebte ein hübsches Mädchen auf der anderen Flussseite. Als er zu ihr hinüberruderte, überraschte ihn ein starkes Gewitter. Der Wind peitschte die Wellen so hoch auf, dass der junge Müller kenterte. Mit Mühe und Not schwamm er ans Ufer zurück und rettete sein Leben. Am nächsten Tag, als die Sonne wieder schien, brachten Fischer seinen Hut, den er tags zuvor im Wasser verloren hatte. Der Filzhut war arg verschmutzt, und so wusch der junge Müller ihn unter fließendem Wasser aus. Und als er den Schlamm entfernte, glitzerten goldene Körner in der Wolle des Hutes auf. Der junge Müller hatte Gold gefunden!

So, sagt die Legende, wurde zum ersten Mal Gold in der Donau gefunden, und zwar auf der Großen Schüttinsel nahe Zlatná na Ostrove. Für Goldsucher ist die Lage des Dorfes vielversprechend, weil dort die Donau einen ziemlich tiefen Punkt durchströmt, an dem sich besonders gut Gold finden lässt.

Schon seit den Kelten wurde dort Gold gewaschen, aber natürlich wollte auch die Obrigkeit einen Teil vom Kuchen, und deswegen führte bereits Maria Theresia eine Meldepflicht für Goldfunde ein. Um 1900 herum haben in Zlatná na Ostrove mehrere Hundert Familien vom Goldwaschen gelebt, und aus den amtlichen Aufzeichnungen geht hervor, dass sie rund vier Kilogramm Gold pro Jahr gefördert haben. Bei dem heutigen Goldpreis wäre das eine stolze Fördersumme von 160.000 Euro im Jahr. Allerdings war der damalige Goldpreis ein anderer, und die jeweiligen Fördermengen waren so klein, dass die, die mit gebücktem Rücken über ihren Waschpfannen standen, nicht reich wurden. Goldwaschen war eine Knochenarbeit, die gerade genug zum Überleben einbrachte. Ein Sprichwort aus der damaligen Zeit fasst das so zusammen: »Jäger strengen sich an, Fischer sind selten trocken, und Goldwäscher laufen in Lumpen.«

Bis heute transportiert die Donau Gold aus den Alpen flussabwärts. Und es gibt immer noch eine kleine Szene von Amateur-Goldwäschern, die in ihrer Freizeit mit Schaufel und Waschpfanne losziehen. Sie suchen die Innenseiten von Flussbiegungen auf, an der sich die Strömung deutlich verlangsamt und Sedimente ablagert. Ihre Funde sind nicht besonders spektakulär, sie finden nicht wie während des Goldrausches am Klondike River handgroße Nuggets, sondern Körner, kleine Partikel oder Goldstaub.

Aber auch kleine Funde summieren sich, wenn sie durch stoische Arbeit angehäuft werden. Im Jahre 2018 fand die Weltmeisterschaft im Goldschürfen in der Slowakei statt. Ihr Organisator hat mir erzählt, dass es durchaus noch slowakische Goldwäscher gibt, die sich durch Gold aus der Donau über Jahre hinweg ein Eigenheim finanziert haben.

*82. Grund*

## *Weil die Slowakei ein Eldorado für Mountainbiker ist*

Als ich 2007 in die Slowakei gezogen bin, waren relativ wenig Radfahrer unterwegs. In den Städten und zwischen den Dörfern gab es kaum Radfahrwege, und im Wald sind mir mehr Wanderer als Mountainbiker begegnet. Im letzten Jahrzehnt hat sich das jedoch stark verändert.

Zwar ist die Infrastruktur für Radfahrer in den Städten immer noch nicht optimal, in Bratislava ist sie gelinde gesagt eine Katastrophe, aber immerhin gibt es vonseiten der Politik erste Schritte, das zu ändern. In den Wäldern haben sich die Dinge aber am meisten geändert, das Wegenetz für Mountainbiker ist mittlerweile genauso gut wie das für die Wanderer, und überall schließen Bike Parks wie Pilze aus dem Boden.

An dem Boom dürfte der beliebteste slowakische Sportler, Peter Sagan, der ursprünglich vom Mountainbiken kommt, nicht ganz unschuldig sein. Er wird in der Slowakei verehrt wie seinerzeit in Deutschland Franz Beckenbauer vor dem Finanzskandal. Peter Sagan hat bisher siebenmal das grüne Trikot der Tour de France und dreimal hintereinander die Weltmeisterschaft im Straßenrennen gewonnen. Beides Leistungen, die einmalig sind und ihm für immer einen Platz unter den größten Sporthelden der Slowakei garantieren.

Mit Sagan als Vorbild ist gefühlt jeder Mountainbiker von Kopf bis Fuß in absoluter Profikleidung unterwegs, sei es, dass die Wampe auf der Querstange aufliegt oder nicht. Dabei gehört es zum Radsport dazu, dass man mindestens einmal anhält und ein frisch gezapftes Bier oder eine *Kofola* trinkt. Am Damm der Donau reihen sich deswegen die Sommerkneipen aneinander, und sie sind stets voller gelber und grüner Trikots.

Über diesen Damm radeln auch viele Fernreisende, wenn sie auf dem Donau-Radweg bis zum Schwarzen Meer unterwegs sind. Für viele von ihnen gehört dieser Abschnitt aber nicht gerade zu den schönsten der gesamten Etappe, weil der Damm über Kilometer strikt geradeaus verläuft.

Da sind die slowakischen Mittelgebirge mit ihren Labyrinthen an Forstwegen und extra angelegten Trails wahrlich ein größeres Vergnügen. Und der in anderen Ländern übliche Konflikt zwischen Bikern und Wanderern hält sich auch noch in Grenzen, weil bisher noch für alle Platz genug vorhanden ist. Langsam ist allerdings zu merken, dass mit elektronischer Unterstützung Radfahrer in die Berge kommen, die ohne Motor wohl bei der ersten Steigung abgestiegen und umgedreht wären.

Ein viral gegangenes Video zeigt, worauf passionierte Mountainbiker in manchen Wäldern freilich achten sollten. In den Aufnahmen, die aus dem Bike Park Malinô Brdo bei Ružomberok stammen, ist zu sehen, wie ein ausgewachsener Braunbär aus dem Unterholz bricht und hinter einem Biker herläuft, der mit hoher Geschwindigkeit bergab fährt. Sein Kollege, der eine Kamera auf dem Helm hat, filmt das Ganze. Einige Meter biegt der Bär wieder ab. Nach den Geräuschen der Fahrer zu urteilen, die ja live aufgenommen wurden, mussten beide nach diesem Zwischenfall ihre gefütterten Radlerhosen wechseln.

Die Begegnung war in der Tat auch nicht ungefährlich. Eine Zeitung berichtete darüber, wie es dazu kommen konnte. Anscheinend haben Wanderer den Bären aufgeschreckt, und dieser ist dann rennend geflüchtet und so auf die Downhill-Strecke geraten, auf der die beiden Biker gerade herabsausten. In diesem Sinne wollte der Bär also nicht angreifen, sondern wurde genauso überrascht wie die beiden Radfahrer. Noch mal gut gegangen also. Das ist allerdings der einzige Zwischenfall zwischen Bären und Bikern, der mir bekannt ist. Die Wahrscheinlichkeit weiterer derartiger Treffen ist vermutlich nicht allzu hoch. Insofern, liebe Mountainbikerinnen und Mountainbiker, fürchtet euch nicht, denn die Slowakei ist ein sicheres Eldorado zum Mountainbiken.

### *83. Grund*

## *Weil sich die Berge von Súľov einfach für einen Tagesausflug anbieten*

Östlich des Dorfes Súľov unterhalb des Gipfels Kečka steht auf einer Hangwiese ein Kunstwerk, das jeder begehen kann und das den etwas seltsamen Namen »Sichtpyramide« trägt. Von außen sieht das Ganze aus wie eine hölzerne Pyramide, die zur Seite gekippt wurde. Auf den ersten Blick wenig beeindruckend, das ändert sich aber, sobald man die 18 Meter lange Konstruktion betritt und sich nach einigen Metern umdreht. Die Formationen der Súľover Berge sind dann quasi eingerahmt, und man fühlt sich wie in einem Fernrohr für einen Riesen.

Das komplette Sichtfeld ist dann ausgerichtet auf den 816 Meter hohen Gipfel Brada, der gleichzeitig der höchste aller Súľover Berge ist. Sie sind nicht hoch, die Súľover Berge, aber sie sind schroff und bilden eigenartige Felsformationen, und das in einer erstaunlichen Dichte. So sind Wanderungen auch immer optisch unterhaltsam. Da gibt es Felsen, die Pilzen oder Eulen gleichen, da stechen Felsnadeln in die Luft, und steinerne Bögen bilden Pforten, die durchschritten werden wollen. Wie gesagt, ein visuelles Vergnügen.

Und dazu sind die Wege kurz und die Höhenmeter übersichtlich. In nur zehn Kilometern Fußweg passieren Wanderer eine halb verfallene, aber eindrucksvolle Burgruine, viele, sehr viele skurrile Felsgestalten, die nicht nur die Fantasie von Kindern anregen, eine Höhle, in der vor Urzeiten mal ein Höhlenbär gehaust hat, und die eingangs bereits beschriebene Sichtpyramide, die sich aufgrund ihrer Ausrichtung gen Westen hervorragend anbietet, zuzuschauen, wie die Sonne hinter den Felsen versinkt.

Würde ich nach einer Tour in der Slowakei gefragt werden, die nur einen Tag dauern dürfte, aber dafür durch landschaftliche Schönheit glänzt, einen ersten Einblick in die Geschichte des Landes bietet und dazu noch überaus kurzweilig und leicht zu gehen sein sollte, dann wäre die Wanderung durch Súľov sicherlich auf Platz eins. Wenn ich es mir recht überlege, sollte ich mal mit meiner Tochter dorthin fahren, denn mit ihr war ich noch nicht in den Súľover Bergen unterwegs.

Neuntes Kapitel

# *Geschichten aus der Geschichte*

*84. Grund*

## *Weil der Prager Frühling auch in Bratislava blühte*

Es gibt Momente in der Geschichte, die das kollektive Gedächtnis einer ganzen Generation formen und an die sich alle erinnern. Ich erinnere mich zum Beispiel an den Moment, als die Berliner Mauer gefallen ist und ich den Jubel der Menschen, die die Grenze passierten, in den Nachrichten sah. Gut erinnere mich an all die Menschen, die sich glücklich weinend in den Armen lagen, und an dieses Gefühl – jetzt ist alles möglich. Dabei ahnte ich noch nicht, dass ich mein ganzes späteres berufliches und privates Leben mit dem Osten Europas verbunden sein würde.

Die Generation meiner Schwiegereltern, Marta und Karol, wurde nicht nur durch einen Moment geformt, sondern durch ein ganzes Jahr, das am 21. August 1968 endete, als sowjetische Panzer Schluss machten mit dem Versuch, einen Sozialismus mit menschlichem Antlitz zu schaffen. Der Slowake Alexander Dubček löste das aus, was heute als »Prager Frühling« bekannt ist.

Alexander Dubček war ein Maschinenschlosser und überzeugter Kommunist, der seine Kindheit und Jugend in der Sowjetunion verbracht hatte und nach dem Zweiten Weltkrieg Parteifunktionär wurde. In den 50er-Jahren ging er zum Studieren zurück in die Sowjetunion und erlebte dort die Entstalinisierung mit, die ihn stark prägen sollte.

Am 5. Januar 1968 setzte er sich nach internen Auseinandersetzungen über die Aufarbeitung des stalinistischen Terrors durch und wurde Erster Sekretär des Zentralkomitees der tschechoslowakischen Kommunisten. Dubček gelangte zur Einsicht, wie er es später formulierte, dass es an Übereinstimmung zwischen Partei und Volk mangelte und dass sich in diesem Fall eben die Partei ändern muss, da das Volk sich nicht austauschen lässt. Einen Monat später, im Februar, führte er die Reisefreiheit ein und schaffte die Zensur ab.

Das führte zu einer wahren Informationsexplosion in der Presse und zu öffentlichen Debatten, die man vorher nicht öffentlich debattieren konnte.

Meine Schwiegermutter Marta nutzte die Gunst der Stunde und schrieb eine Agentur in London an, die ihr einen Au-pair-Platz in Großbritannien vermittelte. Im Mai legte sie ihr Abitur mit einer Eins in Mathe und Physik und einer Zwei in Slowakisch und Russisch ab. Vor ihr lag ein Sommer voller Möglichkeiten, der aufregend zu werden versprach.

Die Sowjets, die zunächst den Machtwechsel zu Dubček guthießen, wurden zunehmend skeptischer und witterten Konterrevolution, als das Machtmonopol der Kommunisten öffentlich durch das Manifest der 2.000 Worte angegriffen wurde. Am 21. August startete der Warschauer Pakt die größte Militäroperation auf europäischem Boden seit Ende des Zweiten Weltkrieges und setzte eine halbe Million Soldaten in Marsch.

Mein Schwiegervater Karol, der erst Ende Juli zur Armee einberufen wurde, befand sich zu diesem Zeitpunkt in einer Kaserne in Komárno, einer Stadt an der Donau, die dort die Grenze zu Ungarn bildet. Gegen 23 Uhr hörten er und seine Kameraden zum ersten Mal das Dröhnen der Panzer, die den Fluss überquerten. Die ganze Nacht warteten sie darauf, was passieren würde, bis am nächsten Morgen die Panzer vor den Toren der Kaserne standen. Die tschechoslowakischen Offiziere ließen die sowjetischen Truppen ohne Blutvergießen in die Kaserne ein.

Marta sah die Panzer zum ersten Mal vor der Comenius-Universität, wo auch das berühmte Bild mit Emil Gallo entstand, der mit entblößter Brust vor einem Kanonenrohr steht. Überall in den Straßen redeten aufgeregte Passanten auf junge sowjetische Soldaten ein, die mehrheitlich nicht verstanden, wo sie waren, noch was der Sinn der ganzen Aktion war. Gleichzeitig montierte die Bevölkerung im ganzen Land Straßenschilder ab und tauschte Wegweiser aus, um das Vorrücken der Besatzungstruppen zu erschweren.

Dubček wurde von sowjetischen Offizieren festgenommen und nach Moskau gebracht, wo er die sogenannten Moskauer Protokolle unterzeichnen musste. Am 27. August trat Dubček mit versagender Stimme vor die Mikrofone und verkündete das Ende aller Reformbestrebungen. Der Prager Frühling ging ohne Sommer in den Herbst über, mehr als 100 Slowaken und Tschechen starben durch den Einmarsch, und 200.000 Menschen emigrierten oder kamen nicht aus dem Ausland zurück.

Karol, der in der Kaserne festsaß und von Informationen abgeschnitten war, bekam von allem nichts mit. Über Wochen konnte er weder mit seiner Mutter noch mit seinen Freunden sprechen. Erst im September traf er seine Mutter wieder, die zu seiner Vereidigung mit dem Bus aus Bratislava angereist war. Auf meine Frage, wie das Treffen verlaufen war, ob sie über die Panzer und all das gesprochen hätten, stockte unser bisher flüssiges Gespräch, und er schaute mich an.

Ich spürte seinen Zweifel, ob ich in der Lage sei, die Zeiten zu verstehen, in denen er gelebt hatte. Er antwortete ausweichend, dass er am Ende seiner Armeezeit unterschreiben musste, für fünf Jahre nicht darüber zu sprechen. Ich insistierte und fragte noch einmal, wie das Gespräch mit seiner Mutter verlaufen war, ob sie nicht über den Einmarsch gesprochen hätten, über die Panzer, die Angst, ob es zu bewaffneten Konflikten kommen würde, die Unmöglichkeit, miteinander zu sprechen, die Sorgen, die sie gehabt haben mussten. Er antwortete: »Nein, darüber sprach man nicht.«

Als ich Marta fragte, was nach den Panzern kam, antwortete sie: »Resignation.« Auf den Frühling von 1968 folgte ein lang anhaltender Winter, der im Parteijargon »Normalisierung« genannt wurde. Die Zensur wurde wieder eingeführt, die Reisefreiheit aufgehoben. Marta durfte nicht nach Großbritannien ausreisen und verlor ihren Au-pair-Platz. Es sollten 20 Jahre vergehen, bevor Dubčeks Ideen wieder auftauchten, unter anderen Worten wie »Glasnost« und »Perestroika«, und diesmal in Moskau statt in Prag, aber das ist ein anderer entscheidender Moment in der Geschichte.

Das Ganze ist schon lange her, 50 Jahre. Und doch spielt es noch eine Rolle, wenn auch nicht im politischen Tagesgeschehen. Wenn ich aber verstehen möchte, wie ein Land und seine Leute ticken, ja, wenn ich es mögen möchte, dann ist es wichtig, von solchen historischen Augenblicken zu wissen und ein Gefühl dafür zu bekommen, wie diese Momente Menschen in ihrem Denken geprägt haben und prägen – bis heute.

*85. Grund*

## *Weil Móric Beňovský (nicht) König auf Madagaskar war*

Ich habe eine Schwäche für historische Lebensläufe, die so viele Wendungen einschlagen, dass sie nahezu unglaublich wirken. Móric Beňovskýs Lebensweg ist zweifelsohne so einer: Er war Soldat, Reisender, Seemann, Kolonisator, Aufständischer, Schriftsteller und selbst ernannter König von Madagaskar.

Ein Slowake wird König auf Madagaskar – das ist eine Geschichte, die in der Slowakei an vielen Orten aufploppt, sei es in Kneipen, im Fernsehen oder an Universitäten. Einige sind stolz auf ihn, einige kritisieren ihn, dass er willfährig die französische Kolonisation auf Madagaskar vorangetrieben hat. Andere wiederum betonen, dass er bei den Madagassen beliebt war und sich für die Selbstständigkeit der Insel engagierte. Was Fakten, was Fiktionen sind, das ist schwer zu unterscheiden bei einer derartigen bunten historischen Figur wie Beňovský.

Selbst seine Geburts- und Sterbedaten sind nicht unbestritten. Die meisten Quellen geben an, dass er am 20. September 1746 im westslowakischen Städtchen Vrbové als Sohn eines slowakischen Adeligen geboren wurde und dass er am 24. Mai 1786 nur 39-jährig auf Madagaskar starb.

Als junger Mann geriet er in russische Gefangenschaft, weil er auf polnischer Seite kämpfte. Nach einem Fluchtversuch wurde er nach Kamtschatka verbannt. Dort beteiligte er sich an einem Aufstand, bei dem der Gouverneur ermordet und die Kronkasse geplündert wurde. Die Aufständischen flohen und segelten mit erbeuteten Schiffen über Japan, Macao, Mauritius und Madagaskar nach Frankreich.

Dort trennte sich Beňovský von seinen Gefährten und reiste nach Paris, wo er durch die Salons am Hofe tourte und einen Geldgeber für eine Expedition nach Madagaskar fand. Dort landetet er im November 1773 mit dem Ziel, eine französische Kolonie zu gründen. In den nächsten drei Jahren pries er in Berichten nach Frankreich seine Verdienste an und behauptete, er sei von den Einheimischen zum König gewählt worden. Berichte, die von lokalen Händlern und aus Frankreich gesandten königlichen Inspekteuren stammen, widersprechen dieser Behauptung aber deutlich.

Als gesichert gilt, dass der selbst ernannte König von Madagaskar schon nach drei Jahren die Insel verließ und nach Frankreich reiste, um für einen anderen Plan zur Entwicklung von Madagaskar zu werben. Als dieser abgelehnt wurde, reiste er nach Amerika und suchte bei George Washington während des Unabhängigkeitskriegs finanzielle Unterstützung, um eine Miliz unter seinem Kommando auszurüsten. George Washington lehnte trotz einer ausdrücklichen Empfehlung von Benjamin Franklin ab.

Das trübte Beňovskýs Tatendrang nicht allzu sehr. Erzherzog Joseph II. von Österreich stellte ihm einen Schutzbrief für eine zweite Expedition nach Madagaskar aus. Danach segelte er nach Baltimore, wie so oft in seinem Leben auf der Suche nach Geldgebern. Er fand zwei Händler, die ihm Geld gaben und ihn mit einem Schiff ausstatteten, um Sklaven von Madagaskar nach Amerika zu transportieren.

Als er erneut auf Madagaskar landete, wurde er aber diesmal von den madagassischen Sakalava, die ebenfalls Sklavenhandel betrieben, gefangen genommen. Es ist nicht überliefert, wie er sich aus dieser Lage nach einem Jahr hat befreien können, aber als dem französischen Gouverneur Berichte zu Ohren kamen, dass Beňovský 1786 auf Madagaskar im Auftrag der Habsburger handelte, sandte er Soldaten aus, die ihn am 24. Mai töteten.

So weit sein Leben in knappen Zügen. Es wurde in den verschiedensten Sprachen verfilmt, in Opern und Theaterstücken thematisiert, es sind Straßen in Ungarn, Österreich und auf Madagaskar nach ihm benannt.

In Gesprächen wird Móric Beňovský oft für vier Dinge gerühmt. Zwei davon sind falsch. Es stimmt nicht, dass die Insel Mauritius nach ihm benannt wurde, Namenspatron war ein anderer Moritz, nämlich der niederländische Prinz Moritz von Oranien. Weiter kann aufgrund zahlreicher Berichte bezweifelt werden, dass Beňovský wirklich zum König von Madagaskar gewählt wurde. Es ist jedoch wahr, dass er so etwas wie der erste slowakische Autor eines Weltbestsellers war, denn seine Lebenserinnerungen waren ein riesiger kommerzieller Erfolg. Und es ist stimmt, dass Móric Beňovský der erste Slowake ist, der vier Kontinente – Europa, Asien, Afrika, Nordamerika – betreten hat.

Das ist doch was! Und wenn Sie nach diesen Zeilen in der Lage sind, die eine oder andere Anekdote über Beňovský zum Besten zu geben, ist ein interessantes Gespräch garantiert.

***86. Grund***

## *Weil Štefan Banič einen Fallschirm erfunden hat*

Nach alldem, was ich über ihn gehört und gelesen habe, muss Štefan Banič ein sympathischer Typ gewesen sein. Sein Name taucht ziemlich oft auf, wenn ich Slowaken frage, auf wen sie stolz sind. Was wiederum interessant ist, weil sein Geburtsjahr rund eineinhalb Jahrhunderte zurückliegt und sein Leben, misst man es nach den Kriterien von Ruhm und Reichtum, äußerst bescheiden war.

Štefan Banič wurde 1870 in Neštich in der Österreichisch-Ungarischen Monarchie geboren, dem heutigen Smolenice, Slowakei. Smolenice ist für das gleichnamige sehr sehenswerte Schloss bekannt, das der ungarischen Adelsfamilie Pálffy gehörte. Das Schloss wurde während der Napoleonischen Kriege niedergebrannt. Anfang des 20. Jahrhunderts half Štefan Banič beim Wiederaufbau als Maurer, wie weitere 60 Männer aus seinem Dorf,

1907 wurde er von den Pállfys gefeuert, weil er sich für bessere Arbeitsbedingungen einsetzte und es offen wagte, die Schulgesetze des ungarischen Grafen Albert Apponyi zu kritisieren. Erklärtes Ziel dieser Gesetzgebung war die Magyarisierung, also die Assimilation aller nichtungarischen Bevölkerungsgruppen. Eine Folge dieser Gesetze war, dass slowakische Kinder in der Schule nur noch eine Stunde Slowakisch in der Woche lernen durften.

Nach seinem Rauswurf emigrierte Štefan Banič in die Vereinigten Staaten, wo er sich in Greenville, Pennsylvania niederließ und als Bergmann in einer Kohlemine arbeitete. Er lernte fließend Englisch und besuchte eine technische Abendschule. 1912 wurde er Augenzeuge eines Flugzeugabsturzes. Daraufhin entwarf er einen Fallschirm, den er als Prototyp selbst baute.

Natürlich wurden Fallschirme schon lange auch vor ihm entworfen und getestet, aber Banič entwickelte eine neue Form von Fallschirm, der nach einer Art Regenschirmprinzip um die eigene Achse angelegt wurde. Um die Funktionsfähigkeit seiner Erfindung zu demonstrieren, soll er gegenüber dem Patentamt in Washington von einem 15-stöckigen Hochhaus gesprungen sein. Das scheint die anwesenden Beamten überzeugt zu haben, denn Banič konnte seine Erfindung unter der Nummer 1.108.484 patentieren lassen. Als der Erste Weltkrieg ausbrach, schenkte er das Patent der amerikanischen Luftwaffe, die ihn dafür als Ehrenmitglied in das U.S. Army Air Corps aufnahm.

Nach dem Ersten Weltkrieg kehrte er nach Smolenice in die frisch gegründete Tschechoslowakische Republik zurück. Er arbeitete wieder als Maurer, legte sich einen Obstgarten an, und zusammen mit seinem Sohn und Freunden entdeckte er die über 600 Meter lange Karsthöhle Driny, die nur zwei Kilometer entfernt im Wald der Kleinen Karpaten liegt.

Štefan Banič starb 1941. Zeitlebens wurden seine Verdienste kaum gewürdigt. Seine Enkeltochter erinnert sich nur noch, dass er bei ihren Besuchen jedes Mal ein Butterbrot schmierte und darauf Zucker streute. Heute erinnern an ihn eine Briefmarke der slowakischen Post, ein Denkmal am Flughafen in Bratislava und ein kleines Gedenkzimmer im Heimatmuseum seines Dorfes. Vielleicht würde er sich darüber freuen.

*87. Grund*

## *Weil Juraj Jánošík der slowakische Robin Hood ist*

Der Karpatenräuber Juraj Jánošík ist eine legendenumwobene Figur und Nationalheld Nummer eins in der Slowakei. Als gesichert gilt, dass er 1688 in Terchová am Fuße der Kleinen Fatra in eine Bauernfamilie geboren wurde. 1707 schloss er sich den antihabsburgischen Aufständen der Kuruzen unter Führung von Franz II. Rákoczi an, die jedoch von kaisertreuen Truppen niedergeschlagen wurden. 1711 ging Jánošík zu den Räubern und überfiel mit seiner Bande einige Stadtbürger und Adelige, wobei er Geld, Schmuck und Waffen unblutig erbeutet haben soll. Zwei Jahre später wurde er gefasst, gefoltert und wegen Räuberei zum Tode verurteilt. In Liptovský Mikuláš hing er drei Tage aufgespießt auf einen eisernen Haken in der linken Rippe, bis er starb.

Obwohl Jánošík ein Held ohne Heldentaten ist, eignen sich sein früher Tod mit nur 25 Jahren und die grausame Hinrichtung für Legendenbildungen. So wurde er recht schnell als edler Räuber, der von den Reichen nimmt und den Armen gibt, besungen, auch wenn historisch nichts davon belegt ist.

Auch wenn die ganze Geschichte schon mehr als 200 Jahre alt ist, lebt sein Mythos bis heute fort. Mir persönlich gefallen am besten die Legenden, die mit der Landschaft verwoben sind. Ich denke da zum Beispiel an die Kvačianska-Schlucht, in der das Antlitz von Jánošík in einem Felsen sichtbar wird. Oder ein weiterer Felsen im Polana-Gebirge, von dem seine Geliebte Katruška als Verräterin gestürzt wurde und dessen Namenszug im Stein zu lesen ist. Mir macht es Spaß, all die Stellen zu finden, an denen Jánošík einen Schatz vergrub, sich versteckte oder mit seinen Mannen lagerte. Dabei muss ich oft schmunzeln und mich fragen, wie er das bloß geschafft hat, in den zwei Jahren seiner beruflichen Tätigkeit als Räuberhauptmann fast überall im Land gewesen zu sein?

In den Bibliotheken gibt es ganze Regalreihen zu dieser berühmten Figur, spannend ist in meinen Augen jedoch vor allem, was die jeweilige historische Epoche aus Jánošík gemacht hat. Kurz nach seinem Ableben galt er als Symbol gegen die Unterdrückung der Habsburger, die die einfache Bevölkerung als deutschsprachig wahrnahm, ohne dass ihm eine bestimmte Nationalität zugeordnet wurde. Später verkörperte er den Widerstand gegen die ungarischen Herren, und sein Aussehen wurde stark slowakisiert, indem er in Darstellungen die langen geflochtenen Zöpfe, den breitkrempigen Hut, den hellen weiten Umhang und den metallbeschlagenen Gürtel trug, die typisch für die Hirten in der Hohen Tatra waren.

Die Schlussszene des Films *Jánošík* von 1935 etablierte ihn bildgewaltig als slowakischen Nationalhelden. Zum Tode verurteilt steht er schon vor dem todbringenden Haken, als er ein Volkslied hört und einfach nicht anders kann, als seine eisernen Fußfesseln abzustreifen und einen letzten Tanz in Verzückung zu tanzen. Unmittelbar vor seinem Tod schaut er in die Hohe Tatra, über der dunkle Wolken drohen. Eine Anspielung auf die slowakische Nationalhymne, in der es heißt: »Über der Tatra blitzt es, die Donner schlagen wild.« In der letzten Kameraeinstellung formen die Blitze ein slowakisches Doppelkreuz. Die Kommunisten machten aus dem Räuber Jánošík einen Partisanen und wollten ihm eine 30 Meter hohe Statue errichten, die dann allerdings nur sieben Meter erreichte, aber trotzdem recht wuchtig wirkt. Im Kapitalismus tauchte dann sein Konterfei auf einer recht preiswerten und wenig schmackhaften Käsesorte auf.

Und selbst in der neueren Politik spielt sein Name eine Rolle. 2008 bezeichnete der damalige Premierminister Robert Fico in einer Rede Jánošík als »das große Vorbild meiner Regierung«. Von einigen Intellektuellen wurde er dafür kritisiert, dass er ausgerechnet einen Räuber und Gesetzeslosen zum Vorbild erklärt. Pikanterweise musste Fico im März 2018 auf Druck der Öffentlichkeit zurücktreten, weil die Ermordung des Journalisten Ján Kuciak zu einer Regierungskrise geführt hat. Kuciak hatte zu den Verbindungen der italienischen Mafia bis in die höchsten slowakischen Regierungskreise recherchiert.

Jánošík taucht heutzutage in Reden, Filmen, Gedichten oder auf Ölbildern, Werbeplakaten und Felswänden auf. Mir scheint, dass die Figur dabei stets eine Projektionsfläche ist, die zu der jeweiligen Zeit mit den unterschiedlichsten Interessen gefüllt wurde. Es kann eine Menge Spaß machen, das herauszuklamüsern und dabei etwas über die Slowakei zu lernen; genauso viel Spaß macht es, Filme über ihn auf YouTube anzuschauen oder mitten im Wald an Orten zu übernachten, an denen er auch übernachtet haben soll. So oder so, er ist allgegenwärtig.

*88. Grund*

## *Weil Elisabeth Báthory Lust am Morbiden stillt*

Elisabeth Báthory ist wahrlich kein Grund, die Slowakei zu mögen, und Kenner der slowakischen Geschichte werden vermutlich auch einwenden, dass sie zudem auch keine Slowakin war. Was vollkommen richtig ist, denn sie war eine Gräfin aus dem alten ungarischen Adelsgeschlecht der Báthory von Ecsed, die im ungarischen Königreich Lehen und Burgen besaßen. Sie lebte von 1560 bis 1614 zu einer Zeit, als die heutige Slowakei Bestandteil Ungarns war.

Elisabeth Báthory lebte und starb in der Burg Čachtice, die am Rande der Kleinen Karpaten in der Slowakei liegt. Heutzutage steht die Burganlage nur noch in Ruinen, weil sie nach der Eroberung durch antihabsburgische Aufständische unter der Führung von Franz II. Rákóczi im Jahre 1708 zunehmend verfiel.

Elisabeths Beiname ist »die Blutgräfin«, weil sie, so will es die Legende, in dem Blut von Jungfrauen gebadet haben soll, um jung und schön zu bleiben. Die historisch belegbaren Fakten sind, dass ihr Vetter Graf Georg III. Thurzo auf Befehl des ungarischen Königs 1610 die Burg Čachtice stürmte und Elisabeth wegen vielfachen Mordes an ihren Dienerinnen anklagte.

Die ebenfalls wegen Mordes und Folter angeklagten Bediensteten wurden daraufhin unter Folter vernommen, schuldig gesprochen und zum Tode verurteilt. Ihrer Amme und Kammerzofe wurden die vorderen Fingerglieder abgetrennt, und dann wurde sie bei lebendigem Leibe verbrannt. Ihr Page wurde hingegen erst geköpft und dann verbrannt. Die Gräfin verblieb bis zu ihrem Lebensende auf der Burg unter Hausarrest, ohne jemals offiziell verurteilt zu werden. 1614, vier Jahre später, wurde sie in ihrem Zimmer tot aufgefunden und in der Kirche des Dorfes Čachtice beerdigt. Aufgrund von Protesten in der lokalen Bevölkerung wurde sie jedoch exhumiert, in den Nordosten des heutigen Ungarns transportiert und erneut begraben. Als jedoch im Jahre 1995 die Familiengruft der Bathórys geöffnet wurde, konnten die Überreste von Elisabeth Báthory nicht gefunden werden.

Rund 100 Jahre nach ihrem Ableben erfand der Jesuit László Turóczi die Legende, dass Elisabeth auf der Suche nach ewiger Jugend im Blut ihrer Opfer gebadet haben soll. Was schlicht und einfach frei erfunden war, denn in den Prozessakten in den Archiven lässt sich darüber kein Wort finden. Im Laufe der Jahrhunderte wurden die Details ihrer Missetaten immer blutrünstiger. Obwohl niemals offiziell verurteilt, scheint das Urteil bis heute klar zu sein: Sie gilt als die furchtbarste Serienmörderin in der Geschichte der Menschheit, sogar mit eigenem Eintrag im *Guinness Buch der Rekorde*.

Seit den 1980er-Jahren wird diese Sichtweise von einigen Historikern aber angezweifelt, und das nicht nur, weil Anfang des 17. Jahrhundert die beiden Familien Habsburg und die Báthorys schon seit längerer Zeit um Macht und Einfluss rangen. Es ist historisch belegt, dass der Habsburger Matthias II., seines Zeichens auch ungarischer König, gegenüber Elisabeth tief in finanzieller Schuld stand. Mit einer Verurteilung Elisabeths wären nicht nur seine kompletten Schulden weggefallen, nach damaliger Rechtsprechung hätte er auch darüber hinaus ihre zahlreichen Burgen und Lehen beanspruchen können. Das ist ein handfestes Motiv.

Kritiker weisen aber zu Recht darauf hin, dass die große und detaillierte Anzahl von Zeugenaussagen gegen diese Theorie sprechen. Man bedenke, selbst ihr Vetter Georg hatte schriftlich bestätigt, dass er bei seinem Eintreffen ein totes Mädchen vorfand. Andererseits behandelte Elisabeth Untertanen in ihrer Burg, die an den zahlreichen Seuchen litten, die Anfang des 17. Jahrhunderts grassierten. Das mag die Tote erklären, sagen die, die auf unschuldig plädieren.

Die eine Sichtweise sagt: Komm schon, die Báthorys waren für ihre psychischen Erkrankungen bekannt. Sie war halt eine Sadistin und konnte sich das Foltern all der Bauernmädchen erlauben, wer hat sich zu der Zeit schon um die einfachen Leute gekümmert? So viele Zeugenaussagen, die können doch nicht alle gelogen haben. Sie wurde nur deshalb nicht verurteilt, weil die Adeligen zusammengehalten haben, nach dem Motto »Eine Krähe hackt der anderen kein Auge aus«.

Die andere Sichtweise sagt: Da war eine protestantische ungarische Frau, die nach dem Tod ihres Mannes unglaublich viel Macht in ihren Händen hielt. Und da gab es einen mächtigen katholischen

Habsburger-König, der eine Chance sah, seine Schulden loszuwerden und die mächtige Báthory-Familie zu schwächen. Elisabeth war eine Heilerin, und in dieser Zeit war es halt üblich, dass man Wunden ausbrannte oder Patienten bei der Behandlung auch mal starben. Das hat die Bevölkerung halt falsch interpretiert und ihre Gegner als Anlass genommen, ihr etwas ans Bein zu flicken.

Wie es auch war, ob Elisabeth Opfer eines Komplotts oder sadistische Täterin war – rund 400 Jahre später wird es schwer sein, diesen Kriminalfall zu lösen und die Wahrheit ans Licht zu bringen. Fest steht jedoch, dass Elisabeth Báthory als Blutgräfin und als eine Art weibliche Ausgabe Draculas in die Annalen der Geschichte eingegangen ist und in unzähligen Büchern und Filmen bis heute eine nicht zu leugnende weit verbreitete Lust am Morbiden stillt.

*89. Grund*

## *Weil Ľudovít Štúr den Slowaken Selbstbewusstsein gegeben hat*

Ľudovít Štúr gilt als Vater der Nationalbewegung und ist damit eine der wichtigsten historischen Persönlichkeiten der slowakischen Geschichte. Durch die Kodifizierung der slowakischen Sprache hat er – wie es so schön im offiziellen Sprachgebrauch heißt – das slowakische Volk zur kulturellen Einheit geführt.

So weit, so gut, dachte ich, als ich mich mit diesem Mann beschäftigte. Dann fiel mir auf, dass er in meinem Alltagsleben eine weitaus bedeutendere Rolle spielt, als ich mir vorstellen konnte, zumal er ja schon 1855 bei einem Jagdunfall verstorben war (bei dem Versuch, über einen Bach zu springen, hat er sich versehentlich ins Bein geschossen).

Bitte schauen wir uns erst einmal die Schreibweise seines Namens genauer an: Ľudovít Štúr. Wir zählen: zwei Wörter, elf Buchstaben, vier davon mit sogenannten diakritischen Zeichen, das sind also die Striche über dem Ľ, dem í und dem ú sowie das Häkchen über dem Š. Die Striche werden Akut genannt, das Häkchen heißt Hatschek.

Habe ich noch Ihre Aufmerksamkeit, oder denken Sie bereits: Oje, das ist mir jetzt zu kompliziert? Herzlich willkommen in meiner Welt! Das slowakische Alphabet enthält 46 Buchstaben. Die alle auf einer deutschen Tastatur zu finden, das ist gar nicht mal so leicht. Da gibt es die bekannten 26 Grundbuchstaben und darüber hinaus 17 weitere Buchstaben, die nur mit allerlei Tastenkombinationen zu erreichen sind.

46 Buchstaben, kein Wunder, dass die Slowaken stolz auf Ľudovít Štúr sind. Slowakische Leser werden jetzt vermutlich einwenden, dass diese Sichtweise viel zu oberflächlich ist. Schließlich war Ľudovít Štúr eine führende Persönlichkeit des Slowakischen Aufstandes von September 1848 bis November 1849 und des allgemeinen Freiheitskampfes der Slowaken gegen die Magyaren. Stimmt! Und deswegen gebührt ihm Respekt, den ich ihm gerne zollen will.

Sein Abbild, so werden aufmerksame Besucher der Slowakei schnell feststellen, ist häufig zu finden. Sollten Sie das Bild eines Mannes mittleren Alters sichten, der einen imponierenden Backenbart plus prächtigen Schnurbart trägt und Sie mit kämpferischem Selbstbewusstsein anschaut, dann handelt es sich mit hoher Wahrscheinlichkeit um Ľudovít Štúr.

Ihm zu Ehren wurde 1948 die Kleinstadt Parkan in Štúrovo umbenannt, obwohl er dort niemals gelebt oder gewirkt hat. Anfang der 90er-Jahre hat deshalb, wenig überraschend, die Mehrheit der Bürger bei einem Referendum dafür gestimmt, der Kleinstadt ihren alten Namen zurückzugeben, was die damalige slowakische Regierung jedoch mit dem etwas nebulösen Hinweis auf ein gesamtgesellschaftliches Interesse ablehnte.

Wer weiß, ob das Ľudovít Štúr, der zeit seines Lebens für Selbstbestimmung gekämpft hat, gefallen hätte?

*90. Grund*

## *Weil Indiana Jones neben Milan Rastislav Štefánik blass wirkt*

Milan Rastislav Štefánik gilt zusammen mit Tomáš Garrigue Masaryk und Edvard Beneš als Gründervater der Ersten Tschechoslowakischen Republik. Unzählige Straßen, Plätze, Wanderwege, Gebäude und Organisationen erinnern an ihn. Hier einige wenige Beispiele: Auf dem Štefánik-Platz in Bratislava ragt eine mehrere Meter hohe bronzene Štefánik-Skulptur in den Himmel; der Asteroid 3571 im äußeren Hauptgürtel zwischen Mars und Jupiter trägt seinen Namen ebenso wie der Flughafen in Bratislava. Auf dem Berg Bradlo wurde ihm zu Ehren ein pompöses Grabmal errichtet.

Štefánik ist die bekannteste und wichtigste historische Persönlichkeit in der Slowakei, und so ist es keine Überraschung, dass er 2019 bei dem landesweiten Wettbewerb – Wer ist der größte Slowake? – mit Abstand die meisten Stimmen bekam.

Der Erfolg wurde ihm nicht in die Wiege gelegt, eher im Gegenteil. Sein Gesicht war durch Masern verunstaltet, er war spindeldürr und 160 Zentimeter klein. Er litt unter chronischen Magenschmerzen und an einer Herzschwäche. An manchen Tagen fiel er mehrmals in Ohnmacht. Trotzdem war seine Anziehungskraft auf Frauen groß, und die nutzte er, als er nach seinem Studium nach Paris ging, um als Astrophysiker zu arbeiten und für die tschechoslowakische Sache zu werben. Es waren Frauen, die ihn in die besten Kreise der französischen Gesellschaft einführten und ihm Einfluss verschafften.

Dank seines Talentes als Wissenschaftler verdiente er sich einen Platz in der Académie française und wurde zum Ritter der Ehrenlegion ernannt. Wissenschaftliche Experimente führten ihn auf den Montblanc, nach Nordafrika und Turkmenistan, auf die Galapagosinseln und in den Stillen Ozean. Auf Tahiti lebte er zehn Monate. Dort beobachtete er den Halleyschen Kometen, verliebte sich in eine

Einheimische und schoss das erste Aktfoto in der Geschichte der Tschechoslowakei.

Als der Erste Weltkrieg ausbrach, wurde er zunächst Kampfpilot der französischen Armee, um sich danach jedoch ganz der Politik zu widmen. Auf Reisen durch die USA und die wichtigsten Staaten der Entente warb er für die Gründung der Tschechoslowakei. Als Mitbegründer des Tschechoslowakischen Nationalausschusses baute er noch in Frankreich die Tschechoslowakische Legion auf. Als General und Kriegsminister der vorläufigen Regierung befehligte er 250.000 Soldaten, die in Frankreich, Italien und Russland kämpften.

Nach Ende des Ersten Weltkriegs wurden Štefániks politische Träume wahr, die Erste Tschechoslowakische Republik entstand, und er war der erste Kriegsminister des neuen Staates. Allerdings nur wenige Monate, denn am 4. Mai 1919 stürzte sein Doppeldecker auf dem Weg nach Bratislava ab. Die Unglücksursache gilt nicht als vollständig geklärt. Im offiziellen Bericht wird schlechtes Wetter als Grund für den Absturz angegeben, obwohl die meteorologischen Daten an diesem Tag ein anderes Bild zeichnen.

Štefániks Tod ist wie sein Leben: abenteuerlich und legendenumwittert. Es ist eine Heldengeschichte wie aus einem Hollywood-Drehbuch: junger, kranker Mann geht ins Ausland, findet aus eigenen Kräften sein Glück als Wissenschaftler, reist als Abenteurer durch die Welt, wird General, besiegt die bösen Mächte, gründet einen demokratischen Staat und stirbt unverschuldet auf dem Höhepunkt seiner Macht.

Was für ein Leben! Daneben wirkt selbst eine Fantasiefigur wie Indiana Jones blass.

*91. Grund*

## *Weil Emil Gallo im Pyjama einen Panzer aufhielt*

In Bratislava ist vor der Comenius-Universität eines der bekanntesten Fotos des 20. Jahrhunderts entstanden. Es zeigt einen Panzer, dessen Kanonenrohr auf den Kopf eines Mannes zielt. Sein Gesicht ist verzerrt, er reißt das Hemd seines Pyjamas auf, entblößt seine nackte Brust. Sein Mund ist geöffnet, als schrie er dem Panzerkommandanten etwas entgegen. Es stehen weitere Passanten ringsum, außerhalb der Reichweite des Kanonenrohrs. In ihren Gesichtern eine Mischung aus Wut, Verzweiflung und Resignation. Sie schauen auf das, was hinter dem Panzer ist. In ihren Gesichtern ist zu lesen, dass dort noch mehr Panzer anrollen. Viel mehr Panzer.

Der Mann, der mit entblößter Brust vor dem Panzer steht, heißt Emil Gallo. Am 21. August 1968 war Emil 24 Jahre alt und bereits Witwer und alleinerziehender Vater von vier Kindern. Er war auf dem Weg zu seiner Arbeit als Installateur, als die Panzer des Warschauer Paktes in Bratislava einrollten, um Alexander Dubčeks Versuch, einen Sozialismus mit menschlichem Antlitz zu schaffen, zusammen mit einer halben Million Soldaten gewaltsam beendeten.

Ladislav Bielik fotografierte Emil Gallo und ließ das Foto außer Landes schmuggeln, wo es dann um die halbe Welt, in diesem Fall westliche Welt, ging und zahlreiche Preise gewann. Davon hatte der Fotograf nichts, denn er konnte sich nicht zu dem Foto bekennen. Er versteckte sogar die Negative, damit der Geheimdienst sie nicht fand. Bis zu seinem Tode sprach er mit seiner Familie nicht darüber. 1989 fand sein Sohn zufällig die Negative in einem verschimmelten Koffer, den Ladislav in dem Keller des Plattenbaus versteckt hatte, in dem sie lebten.

Auch Emil Gallo sprach nicht mit seinen Kindern über den Tag, als er mit entblößter Brust vor dem Panzer stand. Er sprach mit niemandem darüber. Seine Kinder erfuhren von seiner Tat aus den

Im Gegensatz zu vielen anderen Ländern Europas wurden in der Slowakei Braunbären niemals ausgerottet. (Foto: Karol Kaliský)

Schloss von Smolenice in herrlicher Winterlandschaft.

**Oben:** Viadukt bei Telgárt.
**Unten:** Eine der imposantesten Burgen in der Slowakei – die Arwaburg.

**Oben:** Burg Čachtice – Wirkungsstätte von Elisabeth Báthory, der angeblichen Hexe und Serienmörderin.
**Unten:** Špania Dolina – ein Kleinod in den Bergen, versteckt und malerisch.

Wenn es wieder kühler wird, röhren die Hirsche aus fast jedem Tal.

**Oben:** Steinadlersichtungen sind gar nicht mal so selten in der Hohen und Niederen Tatra.
**Unten:** Die Slowakei unterstützt die Wiederansiedlung von Luchsen in vielen Ländern Europas.

Die einsamen Wälder in den Karpaten sind die eigentlichen Sehenswürdigkeiten des Landes.

**Oben:** Das Bergdorf Vlkolínec ist ein lebendiges Museum.
**Unten:** Der Bergsee Popradské pleso in der Hohen Tatra.

**Oben:** Gämse in der Belianske Tatry, seit Jahrzehnten geschützt und manchmal recht zutraulich.
**Unten:** Im Nordosten des Landes streifen wieder Wisente frei umher.

**Oben:** Trdelník – etwas für Naschkatzen.
**Unten:** Nite – oder wie Kinder gerne sagen: Spaghettikäse.

**Oben:** Slavín ist ein Denkmal zu Ehren gefallener Sowjetsoldaten, die im Zweiten Weltkrieg Bratislava befreit haben. **Unten:** Badekultur wird in der Slowakei großgeschrieben.

Der Kriváň ist der slowakische Nationalberg.

**Oben:** Murmeltiere in der Tatra bilden eine eigene Unterart.
**Unten:** Birkhähne bei der Balz – ein seltener Anblick!

Ein Gipfel und ein slowakisches Doppelkreuz – das passt gut zusammen.

Medien. Das Foto wurde zu einer Ikone des Widerstandes. Nicht, weil Emil Gallo – entgegen meiner Überschrift – den Panzer aufgehalten hätte, nein, sondern weil er es in seiner Verzweiflung versucht hatte. Geschichte wiederholt sich nicht, so sagt man. Mag sein, aber Fotomotive wiederholen sich:

Am 5. Juni 1989 stellt sich ein Mann in Peking unweit des Platzes des Himmlischen Friedens mit zwei Einkaufsbeuteln in den Händen vor einen Panzerkonvoi. Der erste Panzer will rechts ausweichen, der Mann stellt sich ihm erneut in den Weg. Der Konvoi muss anhalten.

Ein weiteres Motiv aus jüngerer Zeit: Am 12. Juli 2016 steht Ieshia Evans in Baton Rouge in den USA im wehenden Kleid vor einer geschlossenen Front von Kopf bis Fuß bepanzerter Polizisten, die eher wie Soldaten aussehen.

Unterschiedliche Zeiten mit unterschiedlichen Konstellationen, die man unterschiedlich interpretieren mag, aber die Aussage der Fotos bleibt gleich: David tritt gegen Goliath an. Nicht immer fällt Goliath, aber es ist David, der Goliath für alle sichtbar macht.

Emil Gallo hat ein Kanonenrohr mit nackter Brust geblockt, Ladislav Bielik hat den Auslöser gedrückt, und ein deutscher Student soll das Foto außer Landes geschmuggelt haben. Lauter kleine Davids, die angetreten sind und zur richtigen Zeit eine gehörige Portion Mumm aufbrachten. Ihr Mut wurde nicht belohnt, Ladislav verlor seine Anstellung als Fotoreporter und musste fortan von Gelegenheitsjobs leben, Emil Gallo beging drei Jahre später Selbstmord.

Solche Taten lohnen sich halt nicht, könnte man denken. Was bewirken schon ein Foto und eine nackte Brust im Angesicht eines tonnenschweren Panzers? Nun, Emil Gallo und Ladislav Bielik haben etwas im Großen geschafft, was sie im Kleinen nicht schaffen konnten. Beide schwiegen in ihren Familien darüber, was sie gemacht hatten. Was eine typische Folge jeglicher totalitären Systeme ist, Menschen selbst bis in ihre Privatsphäre sprachlos zu machen.

Am 21. August 1968 durchbrachen Emil Gallo und Ladislav Bielik diese Sprachlosigkeit, der eine mit einer Geste, der andere mit dem Finger auf dem Auslöser. Damit traten sie auf die große Bühne. Emil Gallo wusste, dass ihn viele Passanten beobachteten. Ladislav Bielik wusste, dass sein Foto Aufsehen erregen wird. Auf dem Foto steht Emil die Angst ins Gesicht geschrieben, Ladislav versteckte die Negative seiner Fotos. Beide hatten Angst, beide stellten sich einer Sache entgegen, die sie als ungerecht empfanden. Das sagt mir etwas, auch wenn es Jahrzehnte her ist. Das ist, so denke ich, eine Form von Mut, die nicht so schnell veraltet oder veralten wird, die auch zukünftig gefragt sein wird.

*92. Grund*

## *Weil Tramps Hütten verbargen*

»Du brauchst kein Zelt«, meinten meine Freunde, als sie mich zu einem zweitägigen Streifzug durch den Wald einluden. Ich schaute auf die Karte mit dem Maßstab 1:50.000, aber da war kein Zeichen für eine Hütte. »Mach dir keine Sorgen«, meinten sie. Ich machte mir keine, und am Ende des Tages bogen wir auf einen zugewachsenen Pfad ab und erreichten eine Holzhütte, die versteckt auf einer Bergnase im Wald stand. Sie hatte einige Jahre auf dem Buckel, stand mehr schief als aufrecht, aber das mehrfach geflickte Dach hielt den Regen draußen und uns trocken.

In der Hütte wurde regelmäßig übernachtet. Unsere Vorgänger hatten Streichhölzer, Kerzen, Konserven und eine Flasche Wein dagelassen. Draußen vor der Tür war frisches Brennholz aufgestapelt. »Das ist eine Schovanka«, so meine Freunde. *Schovanka* wird abgeleitet von dem slowakischen Verb *schovať*, was »verbergen« bedeutet. Sie war also eine verborgene Hütte.

Zu sozialistischen Zeiten in der Tschechoslowakei gab es eine starke Tramp-Bewegung. Tramps waren Leute, die gerne in die Natur zogen, abends am Lagerfeuer saßen und begleitet von einer Gitarre das eine oder andere Lied sangen, das die damaligen Machthaber nicht guthießen, sofern sie davon erfuhren. Tramps bildeten keine geheime Oppositionsbewegung, aber sie schrien auch nicht laut Hurra zum Sozialismus. Sie hatten gerne ihr Ruhe und fanden in den Wäldern eine Freiheit, die sie in der Stadt nicht zu finden meinten.

Die Hütte, in der ich übernachtete, wurde von Tramps erbaut und von staatlichen Förstern gutmütig toleriert. Sie taucht in keiner offiziellen Karte auf, bis heute übrigens. Jeder achtet darauf, sie so zu hinterlassen, wie sie vorgefunden wurde. Manchmal raufen sich ein paar Freiwillige zusammen und reparieren etwas nach ihren Möglichkeiten. Die Hütte ist in keinem guten Zustand, aber die Übernachtung ist kostenlos, und jeder ist willkommen.

In den 90ern verlor das Lagerfeuer im Wald als Gegenwelt zu einem restriktiv empfundenen Alltag an Anziehungskraft angesichts der vielen exotischen Orte weltweit, die nach dem Fall des Eisernen Vorhangs plötzlich erreichbar waren. Die wenigsten nennen sich heute noch Tramps.

Was nicht verloren gegangen ist, ist das Lebensgefühl, dass das gemeinsame Draußensein in der Natur eine wichtige Erfahrung ist. Und dass die Berge und das Wandern in den Bergen mehr ist als Sport und Erholung. Ein alter Mann, den ich einmal auf einer Wanderung traf, hat das so zusammengefasst: »In meinen 82 Jahren habe ich gelernt, dass vor allem drei Dinge wichtig sind im Leben: der liebe Gott, die Familie und die Berge.«

Zehntes Kapitel

# *Mit Humor ist das Leben leichter*

*93. Grund*

## *Weil mehrere Semester Mathestudium notwendig sind, um Fahrpläne zu verstehen*

Es gibt einen bekannten und beliebten tschechischen Film namens *Rebelové*, der von drei Deserteuren handelt, die 1968 versuchen, aus der Tschechoslowakei zu fliehen. Nach einigen Verwicklungen landet die Dreiergruppe, bestehend aus einem Slowaken und zwei Tschechen, in einem kleinen Provinznest. Sie verstecken sich in dem Warteraum des Bahnhofs. Dort warten sie auf einen Zug, auf den sie aufspringen wollen und der sie in den Westen bringen soll. Kurz bevor sie sich auf den Weg machen wollen, betritt ein Offizier den Wartesaal.

Es droht, dass sie auffliegen und der Offizier sie als Fahnenflüchtige erkennt und sie verhaftet. Sie müssen ihn dringend ablenken. Glücklicherweise fragt der Offizier, ob an dem Tag der Zug nach Kostelec fährt.

Einer der Hauptdarsteller sagt daraufhin: »… das hängt davon ab, ob der Tag ein Werktag vor einem Sonn- und Feiertag oder ein Sonn- und Feiertag vor einem Werktag oder ob es ein Tag der Arbeitsruhe nach einem Sonn- und Feiertag ist.«

Der Offizier antwortet, frei übersetzt: »Das kann doch kein Mensch verstehen.«

In dem Moment fährt der Zug ein, die drei Männer sprinten nach draußen, während der Offizier noch immer nicht weiß, wann und ob sein Zug fährt.

An der Aussage »Das kann doch kein Mensch verstehen« hat sich im Prinzip nicht viel verändert, auch wenn der Film in den 60er-Jahren in der Tschechoslowakei spielt, so ist doch die Realität in den 10er-Jahren des neuen Jahrhunderts in der Slowakei unverändert.

Das wirklich Komplizierte an den Fahrplänen, insbesondere an den Busfahrplänen, ist die verwirrende Vielfalt kleingedruckter

Zeichen. Eine kleine Kostprobe gefällig? Fangen wir mit den leicht verständlichen Symbolen an: Da sind das Kreuz für Sonn- und Feiertage und die gekreuzten Hämmerchen für die Werktage. Und es gibt eingekreiste Zahlen von 1 bis 7, analog zu den Wochentagen von Montag bis Sonntag. So weit, so gut und einfach.

Dazu kommen Zahlen im schwarzen Quadrat, die von 1 bis 79 reichen können (zumindest habe ich nie eine höhere Zahl als 79 gefunden, bin mir aber sicher, dass die Grenze nach oben offen ist). Sicher ist, dass sich dadurch gleich eine viel höhere Zahl an Kombinationen ergibt. So kann es sein, dass ein Bus nach Malá Lehota um 13.44 fährt, aber hinter der Uhrzeit finden Sie eine eingekreiste 6, ein Kreuz und eine 23 im schwarzen Quadrat. Das bedeutet jetzt was?

Das bedeutet, dass der Bus nach Malá Lehota an Samstagen (eingekreiste 6), an Sonntagen und staatlich anerkannten Feiertagen (Kreuz), aber nicht vom 24.–26. Dezember und am 21. März (23 im schwarzen Quadrat) fährt. Warum fährt der Bus nicht am 21. März?

Der 21. März ist kein Feiertag, kein Gedenktag, an diesem Tag werden vermutlich keine landesweiten Events veranstaltet, warum fährt er nicht? Ich kenne niemanden, der diese Frage beantworten könnte. Vielleicht haben die Busfahrer des Verkehrsbundes an diesem Tag ihr allgemeines Frühjahrstreffen, vielleicht ist bei der Erstellung der Zeichen eine Zeile verrutscht, vielleicht lebe ich einfach noch nicht lange genug in der Slowakei, um es zu verstehen, aber eins ist ziemlich sicher: Am 21. März um 13.44 wird niemand, und sei er noch so gehbehindert, nach Malá Lehota mit dem Bus fahren können.

Überhaupt gilt in vielen Lebensbereichen »Warum einfach, wenn's auch kompliziert geht?«. Wir besuchen gelegentlich einen Pferdehof, um auszureiten. Um das machen zu können, müssen wir einen Tag vorher, bevor wir reiten wollen, anrufen, ob das am nächsten Tag möglich ist. Bei einer positiven Antwort schicken wir per SMS am selbigen Tag Informationen darüber, wie viele Personen reiten möchten und wie ihr jeweiliger Stand an Reitfähigkeiten ist. Das können wir nicht telefonisch machen, das geht nur per SMS. Dann abends, nur zwischen 18 und 19 Uhr, rufen wir erneut an und erfahren, ob und wann und wie viele von uns reiten dürfen. Häufig, wenn auch nicht immer, erhalten wir dann am Morgen des nächsten Tages einen Anruf, in dem uns mitgeteilt wird, dass der Plan sich verändert hat.

Es gibt eigentlich nur zwei Möglichkeiten, auf derartige Dinge zu reagieren: Entweder Sie regen sich auf, oder Sie nehmen es hin. Wenn Sie sich aufregen, was ich immer noch gelegentlich tue, outen Sie sich als jemand, der keinen Sinn für fein abgestimmte Entscheidungsprozesse hat oder der die tiefe Komplexität der Materie nicht versteht. Alle Beteiligten werden sich lediglich schlecht fühlen, vielleicht bekommen sie ein Magengeschwür.

Oder Sie sehen das Glas als halb voll statt halb leer an, Sie erkennen die Möglichkeiten, die in diesen Situationen stecken. Gemeinsam mit anderen Reisenden stehen Sie vor einem Busfahrplan und versuchen ein Rätsel zu lösen, das in seiner Schwere der Entzifferung ägyptischer Hieroglyphen ähnelt. Auf dem Weg nach Malá Lehota verbrüdern Sie sich spontan mit Ihren Mitreisenden, und gemeinsam werden Sie nach einem Bus Ausschau halten, von dem Sie nie wissen, ob er jetzt kommen wird oder nicht. Stellen Sie sich das Gefühl vor, wenn dann der Bus einfährt und Sie gemeinsam mit den anderen jubelnd auf ihn zulaufen.

Sie können das nutzen, um mehr und länger und tiefer zu kommunizieren. Unsere Reitlehrerin zählen wir mittlerweile zu unseren Freunden, wir haben sie zu unserer Hochzeit eingeladen. Wie wäre das alles gelaufen, wenn wir nur einfach hätten anrufen können und fragen, wann etwas frei ist? Nein, das ist zu einfach. Daraus ergeben sich keine Situationen, in denen sich die wahren Charaktere aller Beteiligten offenbaren. Nein, wären die Busfahrpläne einfacher, ich bin mir sicher, dann würde unweigerlich das gesamtgesellschaftliche Vermögen sinken, logisch verzwickte Herausforderungen zu lösen. Das kann niemand wollen!

## *Weil ein »starejší« zu dem schönsten Tag im Leben gehört*

Meine Frau und ich wurden in den letzten Jahren zu einer Reihe von Hochzeiten in der Slowakei eingeladen, und wenn sie auch alle unterschiedlich waren, ist doch eine Sache immer gleich gewesen: Durch das Hochzeitsfest führte ein *starejší*.

*Starý* bedeutet auf Deutsch »alt«, ein *starejší* ist so was wie der Älteste. Das bedeutet aber nicht, dass der älteste Gast auf einer slowakischen Hochzeit den Ton angibt. Ein *starejší* kann alt oder jung sein, aber er ist es, der das Fest zu Ehren des Brautpaares anleitet. Er leitet Spiele an, wählt aus, wer wann einen Toast aussprechen darf, und streitet sich, wenn notwendig, mit der Musikkapelle, wenn diese zu häufig pausiert. Ich habe eine Reihe von *starejší* gesehen. Die Bandbreite ihrer Qualität als Zeremonienmeister ist riesig. Der erste *starejší*, den ich miterlebt habe, war ein alter Veteran des Hochzeitswesens. Seine Haut war kalkweiß, und wenn er sprach, traten ihm Schweißperlen auf die Stirn, obwohl der Festsaal durch eine brummende Klimaanlage auf Eisestemperaturen runtergekühlt wurde. Mit äußerst monotoner, emotionsloser Stimme und unbewegtem Gesicht verkündete er: »Das ist sehr lustig hier.«

Der zweite *starejší* liebte es zu feiern, und er bemühte sich um gute Laune. Vor allem bemühte er sich um seine gute Laune. Er trank in großen Zügen Rotwein aus Modra, schäkerte mit den Brautjungfern, und nach Mitternacht verstand ihn kaum noch jemand, weil er lallte wie ein Seemann auf Landgang. Von allen Gästen musste sein Kater am nächsten Tag der heftigste gewesen sein.

Wir hatten ausgesprochenes Glück mit unserem *starejší*. Nach meinen Erfahrungen mit seinen Zunftkollegen war ich äußerst skeptisch, ob wir für unsere Hochzeit überhaupt einen anheuern sollten. Meine Frau aber bestand darauf, was sich als kluge Idee für eine bilinguale Hochzeit herausstellte. Auf zweisprachigen Hochzeiten findet oftmals die eine Hälfte der Gäste aufgrund der Sprachbarriere keinen Zugang zu der anderen Hälfte. Unser *starejší* stellte sich dieser Herausforderung. Er organisierte Spiele, in denen die Gäste zusammenarbeiten mussten, ob sie sich nun zierten oder nicht. Kaum saß eine ältere Dame allein am Tisch, sprang er wie Schmidtchen Schleicher mit den elastischen Beinen hin und wirbelte Sekunden später mit ihr auf der Tanzfläche herum. Zwischendurch sang er alte slowakisches Volkslieder. Er schmiss sich so in seine Aufgabe, dass er zweimal sein Hemd wechseln musste. Unsere Gäste waren begeistert, es diente der internationalen Völkerverständigung.

Gestern las ich in einem Zeitungsartikel, dass unser *starejší* nun *starosta* ist. Ein *starosta* ist jemand, der sich kümmert und sorgt oder mit anderen Worten: ein Bürgermeister. Meine Frau und ich waren uns gleich einig, dass er einen guten Bürgermeister abgeben wird. Möge er oft wiedergewählt werden.

*95. Grund*

## *Weil Slowaken mich manchmal an Hobbits erinnern*

Achtung! Ich möchte Sie vorwarnen. Die folgenden Zeilen sind nicht geeignet für zwei Gruppen von Lesern. Bitte lesen Sie nicht weiter, wenn Sie erstens zu denen gehören, die unzulässige Stereotypisierungen und augenzwinkernde Vergleiche nicht mögen, verurteilen oder gar verachten und zweitens, wenn Sie nicht mit *Der Herr der Ringe* und oder *Der Hobbit* von J. R. R. Tolkien vertraut sind (Filme reichen).

Ich kann mir nicht helfen, aber an vielen Orten in der Slowakei fühle ich mich an Szenen aus dem Film *Der Herr der Ringe* erinnert. Das fällt nicht nur mir auf, sondern auch vielen Freunden und Seminarteilnehmern, die mit mir draußen unterwegs sind. Hier kommt ein Beispiel: Vielleicht können Sie sich die Szene ins Gedächtnis zurückrufen, als Gandalf und Pippin – beide auf dem Schimmel Schattenfell – Rohan verlassen und gen Gondor galoppieren. Sehen Sie die weiten Wiesen von Rohan vor Ihrem inneren Auge? Wenn nein, dann sollten Sie die Hochebene in der Muránska planina besuchen. Dort grasen halbwilde Pferderassen, die Noriker und Huzulen heißen (Namen, die Tolkien vermutlich gefallen hätten), auf weiten Wiesen, die denen von Rohan in nichts nachstehen. Zumindest bräuchten Sie dafür nicht bis nach Neuseeland zu reisen, wo der Film gedreht wurde.

Oder nehmen wir das Auenland mit seinen saftig grünen Hügeln und den niedlichen Häusern, tief in die Hänge eingegraben. Genauso schaut es in Liptovská Teplička aus. Gehen Sie gen Süden, und direkt am Dorfrand werden Sie ebenfalls saftig grüne Hügel finden, gespickt mit grasüberwucherten Holztüren, die, wenn man sie öffnet, einen zwei bis drei Meter langen Raum freigeben. Darin haben zwar nie Hobbits gewohnt, dort werden aber bis heute Kartoffeln und Gemüse gelagert, ganz ohne Strom wie im Auenland. Von weither pilgern Herr-der-Ringe-Fans an, um die mehr als 400 »Hobbithäuschen« zu bewundern.

Apropos Hobbits, Tolkien beschreibt sie als ein ruhiges, gemütliches Völkchen, das gerne seine Ruhe hat und gegenüber Fremden eher reserviert auftritt. Das erinnert mich daran, als wir in unsere *Chata* in den Bergen gezogen sind. Anfangs habe ich versucht, meine damaligen mangelhaften Sprachkenntnisse mit überaus freundlichen Grüßen und einer ausladenden Gestik zu kompensieren. Sobald ich einen meiner spärlichen Nachbarn erblickte, streckte ich für gewöhnlich meine Hand weit in den Himmel, winkte kräftig hin und her, und schon von Weitem rief ich mit einem herzlichen Lächeln »Ahoj!«, was »Hallo« heißt.

Niemand antwortete, oder präziser gesagt, wer die Möglichkeit hatte, drehte sich einfach weg und schaute in eine andere Richtung.

Nach ein paar Tagen nahm mich meine Frau zur Seite und erklärte mir, dass nur Menschen, mit denen man sich duzt, mit »Ahoj« begrüßt werden. »Aha«, dachte ich, »das ist die Lösung des Problems« und grüßte fortan mit einem förmlicheren »Dobrý deň«, was »Guten Tag« bedeutete. Doch das Ergebnis war das gleiche. Ich war mir sicher, dass sich das nach einigen Tagen legen würde, zumal ja meine slowakische Frau von allen freundlich begrüßt wurde, obwohl sie auch neu in dem Dorf war.

Ich brauchte mehrere Monate, bis einer unserer nächsten Nachbarn zum ersten Mal zurückgrüßte. Das war der Durchbruch, auf den ich so lange gewartet hatte! Ein Moment, an den ich mich bis heute mit einer gewissen Rührung erinnere. Als mich mein Nachbar grüßte, starrte er auf den Boden und mir entging nicht, dass seine Hand auf Hüfthöhe ein klitzekleines Winken andeutete. Schon nach wenigen weiteren Monaten wanderte seine Hand beim Grüßen auf Schulterhöhe. Jetzt, nachdem ich seit mehr als zehn Jahren in das Dorf komme, schaut mich mein Nachbar gelegentlich direkt an, wenn ich ihn grüße. Er ist ein feiner Kerl, vielleicht ein wenig scheu, und ihm zuliebe winke ich auch nicht mehr so euphorisch wie früher.

Desto überraschter war ich, als wir unseren Dachstuhl auswechseln mussten und auf einmal Männer mit Säge und Hammer in den Händen auf unserem Hof standen und für eine Woche von Sonnenaufgang bis -untergang mit uns schufteten und sich danach beharrlich weigerten, auch nur einen Cent dafür anzunehmen.

Es muss auch in den ersten Monaten meines Lebens in der Slowakei gewesen sein, als ich meiner Frau stolz die Theorie präsentierte, dass die Slowaken wie Hobbits sind und nichts von Ausländern wissen wollen. Nach der Geschichte mit dem Dachstuhl war es dann meine Frau, die mich genüsslich darauf hinwies, dass immerhin Frodo und Samweis, also zwei Hobbits, diejenigen waren, die Modor und Sauron zu Fall gebracht hatten.

Recht hat sie!

*96. Grund*

## *Weil es lustige Denkmäler gibt*

Wer es sich leicht macht, teilt alle Denkmäler der Slowakei in drei Kategorien auf. Da sind die Denkmäler aus der Zeit vor dem Sozialismus. Ich denke an die glorifizierten Jahre unter Maria Theresia oder die stolzen Jahre der ersten demokratischen Tschechoslowakei. Dann sind da die Denkmäler aus der Zeit des Sozialismus, oftmals mit kantigen Gesichtern und heroisch ausgestreckten Armen, und dann, als dritte, nicht zu vernachlässigende Kategorie sind da noch die kleinen, oftmals unscheinbaren Denkmäler, die mit einem Augenzwinkern aufgestellt wurden und mir besonders ans Herz gewachsen sind. Es folgt eine kleine persönliche Auswahl, geografisch von West nach Ost gegliedert:

*Kanalarbeiter*

In Bratislava, so wird gerühmt, steht das weltweit einzige Denkmal für einen Kanalarbeiter. Čumil, so heißt eine kleine bronzene Figur mit Schutzhelm, die halb aus einem Gulli schaut, das Kinn gestützt auf seinen auf den Boden verschränkten Händen, dabei süffisant grinsend. Böse Zungen behaupten, er grinse deshalb, weil er Passantinnen unter den Rock schaut. Sein Helm ist ziemlich blank poliert, weil es heißt, dass es Glück bringt, wenn man ihn anfasst. Čumil ist sehr beliebt. Einmal, als er angefahren wurde und für einige Wochen nicht an seinem Platz sein konnte, stellten Einwohner brennende Kerzen auf den Gullideckel. Ein besonderes Vergnügen ist es, Touristen zu beobachten, wie sie sich verbiegen, um mit ihm ein Selfie zu schießen.

*Dino*

In Donovaly, einem Dorf in der Mitte der Slowakei, ziemlich genau auf dem Übergang zwischen der Großen Fatra und der Niederen Tatra, steht eine 100 Kilogramm schwere Bronzestatue, die jeden Hundeliebhaber erfreuen dürfte. Denn dargestellt ist Dino, ein Alaskan Malamut, der tatsächlich in Donovaly gelebt hat und die Inspiration dafür war, dass dort 1922 die ersten Hundeschlittenrennen veranstaltet wurden. Die Statue ist in Europa das einzige Denkmal, das zu Ehren einer nordischen Hunderasse aufgestellt wurde. Die Hunderennen haben dem Dorf gutgetan, denn mittlerweile finden dort internationale Meisterschaften statt, und Donovaly hat sich zu einem beliebten Touristenort gemausert, ohne seinen rustikalen Charme zu verlieren. Der wirkliche Dino soll übrigens auf dem Wettkampfgelände begraben liegen.

### *Schwejk, der brave Soldat*

In Humenné, ziemlich weit im Osten des Landes, steht eine Figur zu Ehren Schwejks, des braven Soldaten. Schwejk ist eine Romanfigur aus der Feder des tschechischen Schriftstellers Jaroslav Hašek, die sich als Soldat mit Einfältigkeit und Chuzpe gegenüber der Obrigkeit zu wehren weiß. Noch heute wird aus dem Roman in entsprechenden Situationen gern zitiert, zum Beispiel wenn der Amtsschimmel mal wieder kräftig wiehert.

Sein Denkmal steht direkt vor dem Bahnhof, unweit des Postamtes in der Nähe eines Brunnens, aus dem Schwejk, wie es der Schriftsteller Hašek formulierte, »ausgezeichnetes nach Eisen schmeckendes Wasser« trank. Wer will, kann auf einem Weg radeln, der der Eisenbahnstrecke folgt, die Schwejk genommen hat, als er zur Front fuhr. Der markierte Radweg ist meines Wissens 52 Kilometer lang und soll eigentlich von Ungarn nach Polen führen, wurde aber, wie ich vermute, aus bürokratischen Hindernissen nicht fertiggestellt. Was Schwejk vermutlich nur ein müdes Achselzucken entlocken würde.

Es gibt ein paar weitere Denkmäler aus der dritten Kategorie, aber ich will Ihnen nicht das Vergnügen rauben, sie selbst zu entdecken.

*97. Grund*

## *Weil mein Namenstag jetzt auch gefeiert wird*

Es ist toll, dass mein Namenstag jetzt auch gefeiert wird. Das kannte ich so nicht aus dem Münsterland, wo ich aufgewachsen bin. Statt einmal versammeln sich nun zweimal im Jahr Freunde und Familienmitglieder, um mit mir Zeit zu verbringen, um mich hochleben zu lassen und mir alles Gute zu wünschen.

Und da alle anderen Freunde und Familienmitglieder in der Slowakei auch ihren Namenstag feiern, ist die Zahl der Feiern um den Faktor 2 gestiegen. Viele gute Gelegenheiten, mit Menschen zusammen zu sein, die man mag. Feste soll man feiern, wie sie fallen, pflegte meine Oma zu sagen. Recht hat sie.

Zwischen einer Feier zu Ehren des Geburtstages oder des Namenstages gibt es eigentlich nur einen Unterschied, beim Letzteren wird kein Geburtstagslied gesungen. Wichtig bei beiden Anlässen ist es, dass selbst die kleinsten Geschenke in überdimensionalen Geschenktaschen aus Papier übergeben werden. Dazu stellen sich die Gratulanten in einer Reihe auf. Ich kann nicht beurteilen, ob es typisch für das ganze Land ist, aber meiner Erfahrung nach ist es verpönt, sich beim Gratulieren zu umarmen. Die Distanz wird gewahrt. Mit ausgestrecktem Arm (den Ellbogen auf gar keinen Fall anwinkeln) gibt man sich die Hände. Dabei schaut der Gratulierende dem zu Gratulierenden ernst in die Augen und rattert routiniert eine Vielzahl von Wünschen herunter.

Alles Gute oder Herzlichen Glückwunsch reichen da auf keinen Fall. Gesundheit, Glück, Erfolg bei der Arbeit und Harmonie in der Familie, Frieden, innere Seelenruhe, Ruhe und Muße … all das kann und sollte unter weiteren Wünschen gewünscht werden. Jeder Gratulant fängt damit erneut von vorne an, und somit kann die gesamte Prozedur einige Zeit in Anspruch nehmen. Im Anschluss bedankt sich der Gefeierte artig und deutet mit der Entschuldigung, man habe nicht genug Zeit gehabt, alles ordnungsgemäß vorzubereiten, auf eine Festtafel, die unter der Last von Essen und Getränken nahezu zusammenbricht.

Meinen Namenstag konnte ich anfänglich nicht so ohne Weiteres feiern, da mein Vorname Jörn nicht im slowakischen Kalender geführt wird. Um dieses Hindernis zu überwinden, galt es kreativ und flexibel zu sein. Jörn ist ein norddeutscher Name und stammt von Jürgen ab. Aus Jürgen wird Jürn, aus Jürn wird Jörn. Jürgen ist wiederum eine Abwandlung von Georg. Und Georg ist auf Slowakisch Juraj. Voilà, und schon hatte ich einen Namenstag. Am 24. April reihe ich mich nun unter all denen Jurajs ein, die beglückwünscht und reich beschenkt werden.

Den Rest des Jahres verzweifle ich an der Aufgabe, Geschenke für all die anderen Personen zu finden, die es verdienen, auch gewürdigt zu werden. Ich schaue meiner Frau dabei zu, die diese Aufgabe mit einer Leichtigkeit und Bravour erfüllt, die ich vermutlich nie erreichen werde.

*98. Grund*

## *Weil Witzigkeit keine Grenzen kennt*

Jahrelang habe ich meiner Frau die Witzeseite in den Zeitungen vorgelesen, um meine Aussprache auf Slowakisch zu trainieren. Stotternd, mit starkem Akzent und einer Intonation wie ein Roboter. Meine Frau, dieser Engel auf Erden, lachte so manches Mal dabei, obwohl meine Aussprache nicht verständlich war. Wobei ich so tat, als merkte ich nicht, dass sie mich nicht versteht. Das waren vergnügliche Stunden. Wir beide lachend, nicht wissend warum und worüber.

Sagt ein Tscheche zum Slowaken: »Kommen wir teilen brüderlich!«, antwortet der Slowake: »Also, fifty-fifty wäre mir lieber.«

Zu der Begabung, keine Witze erzählen zu können, gehört gewiss das Verlangen, Witze erklären oder – noch schlimmer – intelligent wirken zu wollen: Na, in welcher geschichtlichen Epoche der Slowakei war dieser Witz populär? »Wer die Wahrheit sagt, stirbt zumindest nicht an einer Krankheit.«

Kein Witz, echte Begebenheit: Unsere Trauung feiern wir auf der Wiese hinter unserer Hütte in den Bergen. Viele Gäste kommen aus Deutschland, ihre Autos parken im Dorf. Jeder zweite Gast aus dem Dorf witzelt: »Das letzte Mal waren 1944 so viele Deutsche hier.«

»Ein Witz, der ins Ziel trifft, ist wie das Ziehen eines entzündeten Zahnes: Es schmerzt, aber befreit.«

Zu nachdenklich? Erst neulich gehört im Wartesaal: »Ein Rentner in Frankreich – eine Flasche Wein und den ganzen Tag am Strand. Ein Rentner in England – eine Flasche Whisky und den ganzen Tag beim Angeln. Ein Rentner in der Slowakei – ein Flasche Urin und den ganzen Tag beim Arzt.«

Spätestens jetzt könnte ich ausholen und vom Gesundheitssystem in der Slowakei berichten, über die Vorliebe, Political Correctness zu brechen, warum Witze Vorurteile verbreiten und Humor das Leben erträglicher macht.

Sagt ein Masochist zum Sadisten: »Schlag mich bitte!« – Antwortet der Sadist: »Nein.«

*99. Grund*

## *Weil kleine Bahnhöfe großartig sind*

Vor langer Zeit betrat ich einmal einen Bahnhof in einem kleinen Provinzstädtchen in der Mittelslowakei mit dem Ziel, eine internationale Fahrkarte zu erwerben. Es war ein heißer Sommer, und in dem kleinen Wartesaal mit nur zwei Sitzreihen war das Licht trübe und die Luft stickig. Niemand wartete auf einen Zug. Als ich an den

Fahrkartenschalter herantrat, musste ich sehr leise gewesen sein, denn die Fahrkartenverkäuferin erwachte nicht.

Sie saß auf einem einfachen Schreibtischstuhl, ihr Kinn ruhte auf der Brust, und sie atmete in tiefen Zügen. Die Schirmmütze ihrer Eisenbahnuniform bewegte sich mit jedem ihrer gleichmäßigen Atemzüge auf und ab, drohte zu verrutschen und wirkte doch wie angeklebt. Die Uhr im Wartesaal tickte. Der Fahrkartenschalter öffnete zehn Minuten vor Abfahrt des jeweils nächsten Zuges. Ich war zu früh gekommen, es waren noch 18 Minuten. Sie zu wecken, schien mir ungehörig zu sein. Stattdessen verfolgte ich gebannt den Kampf der Schirmmütze mit der Schwerkraft. Zwölf Minuten vor Einfahrt des Zuges fiel sie herunter, landete auf dem Tisch, kullerte über die Tischkante und prallte auf dem Boden auf.

Die Fahrkartenverkäuferin wachte davon nicht auf. Herrgott, ich beneidete sie für ihre Fähigkeit, so tief schlafen zu können. Ihr Gewissen musste rein wie das eines Engels sein. Sieben Minuten vor Abfahrt des Zuges eilte ein Rentnerpärchen mit hochroten Köpfen in den Wartesaal. Sie waren beide arg verschwitzt, schienen sich Sorgen zu machen, ob sie noch genug Zeit hätten, eine Fahrkarte zu kaufen. Als sie hinter dem Schalter die schlafende Fahrkartenverkäuferin erblickten, erstarrten sie.

Ratlos schauten sie auf die Uhr, dann fragend auf mich. Ich wusste keinen Rat, zuckte mit den Achseln. Die nächsten vier Minuten schauten wir zusammen auf die Schlafende. Ab und zu tauschten wir ein Grinsen aus, wagten jedoch nicht zu sprechen.

Drei Minuten vor Einfahrt des Zuges erscholl draußen vor dem Bahnhof eine Computerstimme im Lautsprecher, die die Einfahrt des Zuges ankündigte. Dann überschlugen sich die Ereignisse, die Fahrkartenverkäuferin erwachte, die beiden Alten taten so, als ob sie gerade erst eingetroffen wären, kauften ihr Tickets und erwischten noch ihren Zug.

Ich mag diese kleinen Provinzbahnhöfe. In vielen von ihnen hängen Trommeln, die an tibetische Gebetsmühlen erinnern, nur dass sie statt Mantras Fahrpläne enthalten. Noch nie habe ich beobachtet, dass sie jemand benutzt und rotieren lässt. In den Wartesälen wird auch fast immer geschwiegen. Wer mit lauter Stimme spricht, wird scheel angesehen. Beim Warten beschleicht mich öfters der Gedanke, dass ich mal den *Radetzkymarsch* von Joseph Roth lesen sollte.

Ich mag auch, dass viele dieser Provinzbahnhöfe keinen Bahnsteig haben. Nach dem Aussteigen stehen Fahrgäste direkt neben den Gleisen und schauen auf ein verloren wirkendes Bahnhofsgebäude. Und ich mag es, wenn Züge durchfahren, dass der Bahnhofsvorsteher rauskommt und sie mit Würde grüßt.

Sie sind einfach großartig, diese kleinen Bahnhöfe.

*100. Grund*

## *Weil grüne Trabanten Glück bringen*

Eine Prise Aberglaube kann das Leben bereichern. Wer freut sich nicht über ein vierblättriges Kleeblatt? Und so ist es mir immer ein Vergnügen, wenn ich in einem anderen Land verweile, darauf zu achten, welche Praktiken in die Kategorie Aberglaube fallen. In der Slowakei ist einiges davon einfach witzig (dazu später mehr), anderes hanebüchen (zumindest in meinen Augen), und wieder anderes hat vielleicht ernsthaftere Wurzeln, als auf den ersten Blick möglich erscheint.

Eine Praktik, die angewendet wird, wenn jemand zu viel oder vielleicht Verdorbenes gegessen hat, gehört eventuell zu der letzteren Kategorie. Kundige merken dann, dass bei der betroffenen Person eine Art Knubbel oberhalb des Handgelenks entsteht. Der muss kräftig massiert, ja mit dem Daumen nahezu punktiert werden. Das soll gegen Übelkeit helfen, und viele meinen, dass es tatsächlich hilft. Mir fehlt das medizinische Wissen, um beurteilen zu können, ob das in irgendeiner Art und Weise möglich ist, aber ich will es auch nicht komplett ausschließen. Zumal ich auch keine schädlichen Nebenwirkungen erahnen kann, die daraus entstehen könnten.

Die nächste Praktik hat unter Umständen eine medizinische Relevanz, aber mit Sicherheit auch einen starken christlichen Bezug. Bei Unwohlsein, die dadurch entstanden ist, dass dir jemand etwas Böses wünscht, soll Folgendes getan werden, aber – Achtung! – die Reihenfolge ist strikt einzuhalten: Man nimmt ein Glas Wasser und zündet dann ein erstes Streichholz an, um damit ein zweites und mit dem zweiten ein drittes Streichholz anzustecken. Alle Streichhölzer werden nacheinander im Wasserglas gelöscht, und nachdem man sich einmal bekreuzigt hat, wird das Wasser in einem Schluck ausgetrunken. Das soll auch gegen drohenden Durchfall helfen. Vielleicht hilft ja die Holzkohle des Streichholzes, auch wenn es keine medizinische Aktivkohle ist. Und vielleicht hilft auch der Glaube, denn der Glaube soll ja Berge versetzen können.

Wenn ich bei einem Stadtspaziergang in slowakische Kinderwagen hineinschaue, dann komme ich nicht umhin festzustellen, dass es noch viele Menschen zu geben scheint, die an den »Bösen Blick« glauben. Denn viele Babys haben ein rotes Armbändchen um ihr Handgelenk. Die Farbe Rot, so sagt man, wehrt den Bösen Blick ab.

Der Aberglaube, über den ich am herzhaftesten lachen musste, wird allerdings nicht mehr praktiziert. Präziser müsste es heißen: Er kann nicht mehr praktiziert werden. Denn das, was Glück bringen sollte, gibt es so gut wie nicht mehr. In sozialistischen Zeiten galten grüne Trabanten als Glücksbringer. Als ich meine Freunde entgeistert fragte, warum um Gottes willen Trabanten und warum gerade *grüne* Trabanten Glück bringen sollen, wenn man sie sieht, mussten sie schallend lachen und meinten: Weil sie so selten waren.

Na, wenn das nicht eine überzeugende Erklärung ist. Seitdem halte ich bei Oldtimertreffen immer nach einem grünen Trabanten Ausschau. Könnte ja sein, dass er tatsächlich Glück bringt.

*101. Grund*

## *Weil man zu Ostern die Welt nicht versteht*

Das Rätsel beginnt am Ostermontag, genauer in den Morgenstunden. Überall im Land machen sich Männer für den Tag bereit. Väter knöpfen ihre weißen Oberhemden bis zum Adamsapfel zu und legen ihren Söhnen einen Seitenscheitel an, ob diese nun wollen oder nicht. Gruppen von jungen Männern versammeln sich an zentralen Plätzen, viele von ihnen in typischer Hirtentracht: bestickte Wollhosen in hohen Schaftstiefeln, weißes Leinenhemd, darüber eine bunte Weste und ein schwarzer Filzhut. In den Händen halten sie geflochtene Weidenruten, an deren Enden bunte Bänder baumeln, Sprühflaschen, Wasserpistolen und ein Sortiment an Eimern in den verschiedensten Größen.

Schon bald gellen die ersten spitzen Schreie durch die Dörfer und in den Nebenstraßen der Städte. Es spielen sich archaische Szenen ab: Horden von jungen Männern umstellen junge Frauen und begießen sie unter allgemeinem Johlen mit Wasser und schlagen sie frohgemut mit Weidenruten. Die meisten Mädels tragen es mit Gleichmut, und diejenige, die versucht zu fliehen, wird wieder in den Kreis zurückgezogen und erneut mit Wasser begossen.

Sind diese Szenen bisher schon schwer zu deuten, wird es noch rätselhafter, wenn die nun pitschnassen jungen Frauen im Anschluss auch noch den jungen Männern verzierte Eier schenken und sie herzlich mit Kuchen bewirten. Des Rätsels Lösung ist, dass hier seitens der Männer keinesfalls sadistische Impulse ausgelebt werden, nein, vielmehr folgen sie einer alten Tradition, die den Frauen Schönheit und Gesundheit bescheren soll.

Die mit Weidenruten lediglich angedeuteten Schläge sollen etwaige Krankheiten und böse Kräfte aus dem Körper vertreiben. Dabei sollte die Weidenrute frisch geschnitten werden, um die Lebenskraft der Pflanze im Frühling auf die Menschen zu übertragen. Das Wasser wiederum soll helfen, die Schönheit der Begossenen zu erhalten. Ältere Damen werden selbstredend sanfter behandelt, dafür halten dann Sprühflaschen her, die mit Parfüm gefüllt sind und das Wasser ersetzen. Beim symbolischen Schlagen sagen dann nicht nur kleine Jungs einen Osterreim auf, dessen Anfang, versuchen Sie ihn nachzusprechen, so klingt:

*Šibi, ryby, mastné ryby,*
*kus koláča od korbáča.*
*Ak mi nedáš dve vajíčka,*
*daj mi aspoň makovníčka.*
*Ešte k tomu groš,*
*aby bolo dosť.*

In der direkten Übersetzung liest es sich so:

*Geißle, Fische, fettige Fische,*
*ein Stück Kuchen von der Rute.*
*Und wenn du mir nicht zwei Eier gibts,*
*dann gib mir wenigstens Mohnkuchen.*
*Dazu einen Groschen,*
*damit es genug ist.*

Der Brauch wird in der Slowakei *Šibačka* genannt und stammt von dem Verb *šibať*, das »geißeln« oder »peitschen« bedeutet. Der Ursprung liegt sicherlich in der vorchristlichen Zeit und hat wie Ostern einen Bezug zu alten Fruchtbarkeitskulten und Frühlingsfeiern. Ähnliche Bräuche sind im Deutschen unter den Begriffen »Schmackostern«, »Stipern« und »Pfeffern« bekannt.

Feministinnen und Feministen könnten jetzt verständlicherweise einwenden: Ist das fair, dass Männer Frauen schlagen, damit diese schön und gesund bleiben, wo bleibt da die Gleichberechtigung? Nein, das ist nicht fair! Und deswegen greifen viele Frauen am Dienstag nach Ostermontag ganz selbstlos zu einem Eimer Wasser und hoffen, dass es die Männer ein wenig schöner macht.

Elftes Kapitel

# *Typisch Slowakisch oder doch nicht?*

*102. Grund*

## *Weil Slowakisch herrlich kompliziert ist*

Das Gute an der slowakischen Sprache ist, dass sie so gesprochen wird, wie sie geschrieben wird. Dabei helfen eine Menge Häkchen und Dächlein über den Buchstaben, die Verlängerungs- und Weichheitszeichen. Weichheitszeichen heißt auf Slowakisch *Mäkčeň*. Über dem C und dem N ist jeweils ein Weichheitszeichen, das sogenannte *Caron* oder *Hatschek*, aus dem Grund wird das Wort »Mäktschenj« ausgesprochen.

Vokale mit einem Verlängerungszeichen werden länger ausgesprochen, ohne nur halblang. Das ist nicht kompliziert. Echte Zungenbrecher sind aber die vielen Aneinanderreihungen der Konsonanten. Versuchen Sie mal das slowakische Wort für Donnerstag auszusprechen: *štvrtok*. Aus dem S mit *Caron* wird ein »sch«, dann kommt ein T, dann ein V, dann ein rollendes R, dann wieder ein T, erst dann mit dem O ein Vokal. Na, wie klappt das? Bitte noch einmal probieren: *štvrtok*.

Für Fortgeschrittene folgt jetzt ein ganzer Satz ohne Vokale: *Strč prst skrz krk*.

Das bedeutet: »Steck den Finger durch den Hals.« Es sind Situationen im Leben vorstellbar, in denen dieser Satz gesagt werden will.

Ich habe große Probleme mit dem rollenden R, es will mir einfach nicht gelingen. Eine russische Logopädin meinte einmal, dass auch Lenin das R nicht rollen konnte. Deswegen versuche ich mich immer damit zu rechtfertigen, dass Lenin und ich nicht das R rollen können. Das bringt zumindest ein kleines Schmunzeln und mich über unangenehme Situationen. Aufgrund meines Akzentes werde ich in der Regel schnell als Ausländer erkannt, mein bisher größter Erfolg war, dass man mich als Moldauer eingeschätzt hat. Vermutlich werde ich geografisch nie näher herankommen. Mein Lebensziel ist es, einmal als Ukrainer durchzugehen.

Was mich aber in den linguistischen Wahnsinn treibt, ist die Grammatik. Es gibt sieben Fälle. Wobei ein Fall nur benutzt wird, wenn der Allmächtige direkt angesprochen wird. Die restlichen sechs Fälle haben es trotzdem in sich. Natürlich wird unterschiedlich dekliniert, ob das Substantiv männlich, weiblich oder sächlich ist, dazu kommen noch weitere Muster, ob es belebt oder unbelebt und der Wortstamm weich oder hart endet. Wie heißt es so schön aufmunternd in einer Grammatikfibel: Um das Erlernen der Sprache zu erleichtern, wird die Deklination der Hauptwörter in zwölf Muster eingeteilt.

Um Slowakisch gut zu sprechen, muss der Ehrgeizige aber 20 Muster parat haben. 20 Muster mal sechs Fälle, das ergibt 120 mögliche Endungen – wie soll da ein Mensch noch flüssig sprechen?

Das ist mir vollkommen schleierhaft.

Und dabei habe ich noch gar nicht erwähnt, dass Verben einmal eine Handlung anzeigen können, die abgeschlossen ist, oder eine Handlung, die regelmäßig erfolgt. Was die Sprache übrigens sehr präzise macht. Oder die relativ häufige Verwendung des Pluraletantums. Was ist ein Pluraletantum, bitte schön, noch einmal? Das ist ein Substantiv, das nur im Plural steht. Wie im Deutschen bei »Ferien«. Im Slowakischen wimmelt es davon.

Warum, habe ich mich häufig gefragt, ist eine Sprache, die von circa fünf Millionen Einwohnern in der Slowakei und vielleicht noch einmal zwei Millionen Auswanderern gesprochen wird, bloß so kompliziert? Ich weiß es nicht.

Für viele Slowaken ist es eine ungewöhnliche Erfahrung, einen Ausländer slowakisch sprechen zu hören. Es gibt einfach nicht viele, die das machen. Deswegen neigen Slowaken meiner Erfahrung nach dazu, sofort ihre Fremdsprachenkenntnisse hervorzuholen, wenn sie mit einem Ausländer sprechen. Selbst dann, wenn zum Beispiel ihr Deutsch um Längen schlechter ist als mein Slowakisch. Aus Höflichkeit habe ich deswegen meistens darauf verzichtet, slowakisch zu reden. Nur, so lernt man einfach keine Sprache.

Da heißt es stur bleiben, einfach weiter slowakisch reden, auch wenn der andere das Gesicht vor Schmerzen verzieht. Mein Ziel ist es, möglichst fehlerfrei zu sprechen, was aber noch ein langer Weg ist. Das kann einen deprimieren oder begeistern, weil es noch so viel zu lernen gibt. Zwischen diesen beiden Extremen wechsle ich nahezu täglich.

*103. Grund*

## *Weil viele Hollywoodstars (oft ohne es zu wissen) slowakisch sind*

In hiesigen Gesprächen ist es ein beliebtes Thema, herauszuarbeiten, wer von den Stars und Sternchen in der Medienwelt slowakische Wurzeln hat. Fangen wir gleich mit einem der ganz großen Stars, der allseits beliebten Audrey Hepburn, an.

Ihre Schönheit, ihre anmutige Eleganz und ihre seelenvollen Augen, da sind sich viele sicher, hat sie von ihrer Großmutter väterlicherseits namens Anna Welsová. Die stammte aus dem Dorf Kovarce nahe der Stadt Topoľčany, wo ihre Familie eine Zuckerfabrik besaß, die aber unglücklicherweise abbrannte, weswegen sie ins Ausland emigrierte. Audrey Hepburn ist quasi die Personifizierung der in der Slowakei weit verbreiteten Vorstellung, ja, sogar der weit verbreiteten Gewissheit, dass die schönsten Frauen der Welt aus der Slowakei (und Tschechien) kommen.

Das Gegenteil habe ich übrigens noch nie gehört. Freilich gibt es einen Hollywoodschauspieler, der nach menschlichen Gesichtspunkten mit einer gehörigen Portion Attraktivität gesegnet wurde. Möglicherweise, weil nicht nur seine Großmutter, sondern auch seine Mutter aus der Slowakei stammte. Paul Newmans Mutter Terezia Fecková kommt gebürtig aus dem Dorf Ptičie bei Humenné, ganz im Osten des Landes. Die Slowaken nehmen ihm allerdings ein wenig übel, dass er weder jemals die Slowakei besuchte, noch über seine zweifelslos wichtige Herkunft öffentlich sprach. Newmans stechend blaue Augen sind, das ist für viele ein unbestreitbares Faktum, slowakischen Ursprungs.

Andy Warhol wird auch gerne als Slowake vereinnahmt, zumindest von denen, die es sich leicht machen wollen. Seine Wurzeln sind ein wenig verwirrend. Seine Eltern Ondrej Varhola und Julia Justyna stammen aus dem Dorf Miková bei Medzilaborce. Das liegt in der heutigen Slowakei, war aber damals ein Teil des ungarischen Königreichs, das wiederum mit Österreich eine Doppelmonarchie bildete. Wie jetzt? Waren seine Eltern jetzt Slowaken, Ungarn oder Österreicher? Nichts von alldem. Seine Eltern waren Russinen. Zur Erinnerung: Russinen sind eine ostslawische Bevölkerungsgruppe und kein Rechtschreibfehler. Was bei genauer Betrachtung keine Rolle spielt, denn Andy Warhol war durch seine Geburt in den Vereinigten Staaten amerikanischer Staatsbürger. Aber wer will schon so spitzfindig sein? Ihm zu Ehren wurde das einzige Pop-Art-Museum der Slowakei in Medzilaborce aufgebaut.

Weitere Hollywoodstars mit slowakischen Wurzeln sind Tom Selleck (slowakischer Vater) und Angelina Jolie (slowakischer Urgroßvater), in letzter Zeit wird aber auf etwas anderes in diesem Zusammenhang hingewiesen: Die Slowakei hat nämlich einen unmittelbaren Beitrag zu dem weltweiten Erfolg von *Game of Thrones* geleistet. Der slowakische Stuntman und Schauspieler Vladimír Furdík spielt nämlich den Nachtkönig. Es wird gemunkelt, dass Furdík dem Nachtkönig einen Gesichtsausdruck verliehen hat, den er sich von slowakischen Finanzbeamten abgeschaut hat. Auf alle Fälle, so wurde mir in vielen Gesprächen mit einem Augenzwinkern klargemacht, ist die Slowakei zwar ein kleines Land, aber nicht ohne Einfluss in der Showbranche.

*104. Grund*

## *Weil sich Slowaken und Tschechen friedlich trennten*

»Seid ihr von der judäischen Volksfront?« – »Verzieh dich! Quatsch. Wir sind die Volksfront von Judäa.« Selten wurde der Unsinn mancher politischer Querelen besser auf den Punkt gebracht als in diesem Dialog aus *Monty Python's Life of Brian*. Nicht nur Filme, sondern auch das Leben sind voller Absurditäten, und der Krieg um den Gedankenstrich gehört zweifelsohne dazu. Um es gleich vorwegzunehmen: In diesem Krieg wurde keine einzige Gewehrkugel abgefeuert und nicht ein Tropfen Blut ist geflossen.

1989, nach dem Zusammenbruch des Kommunismus, waren sich noch alle Beteiligten einig, dass die Sozialistische Tschechoslowakische Republik von nun an ohne den Zusatz »sozialistisch« auskommen soll. Die slowakischen Parlamentarier hatten jedoch Bauchschmerzen mit der weiteren Zusammenschreibung der beiden Ländernamen in »Tschechoslowakei«. Zur Lösung des Problems schlug der tschechische Dramatiker und damalige Präsident Václav Havel einen Bindestrich vor: Tschecho-Slowakei.

Problem erkannt, Problem gebannt, mag man meinen. Weit gefehlt. Zwar war damit die slowakische Seite mehr oder weniger zufrieden, aber die tschechische Seite murrte und grummelte, dass der Bindestrich vielmehr ein Gedankenstrich und damit ein Trennstrich sei. Die Parlamentarier beider Länder rangen und stritten miteinander, und heraus kam eine dieser Kopfgeburten, die nicht überlebensfähig sind. Auf Tschechisch hieß das Land von nun an »*Tschechoslowakische Republik*« und auf Slowakisch »*Tschecho-slowakische Republik*«.

Zwar hatten die slowakischen Parlamentarier damit einen Bindestrich bekommen, aber das reichte ihnen nicht, denn sie waren erbost über das kleine »s« im Ländernamen, sie forderten ein großes »S«, ebenbürtig mit dem großen »T«. Dieses wiederum erzürnte die tschechischen Parlamentarier, die argumentierten, dass diese Schreibweise der amtlichen Rechtschreibregelung widersprechen würde. Das war letztendlich ein schwaches Geschütz im verbalen Gefecht, und so verabschiedete das Parlament am 20. April 1990 ein Gesetz, in dem dem großen »S« einen Verfassungsrang zugestanden wurde. Der offizielle Ländername war jetzt »Tschechische und Slowakische Republik«. Damit hatte, wie meine Oma zu sagen pflegte, die liebe Seele Ruh. Zumindest fast drei Jahre lang. Denn am 1. Januar 1993 trennten sich die Tschechen und Slowaken, und auf der europäischen Landkarte tauchten zwei neue Staaten auf: die Tschechische Republik und die Slowakische Republik.

Rückblickend erscheinen die Kämpfe um den Bindestrich als amüsante Scheingefechte. Dass aber aus diesen verbalen Plänkeleien keine gewalttätigen Konflikte entstanden, war, wie ein kurzer Seitenblick auf Jugoslawien beweist, keinesfalls eine Selbstverständlichkeit. Zwei gesellschaftliche Akteure sorgten dabei maßgeblich für eine Mäßigung. Die Presse behielt einen kühlen Kopf und heizte den Konflikt nicht auf, sondern kritisierte vielmehr die Kleinkariertheit der Politiker. Und die Bevölkerung wollte sich einfach nicht erregen. Ob Bindestrich oder Trennstrich, ob großes oder kleines S – das ging den meisten Menschen schlicht und ergreifend am Allerwertesten vorbei. Sie hielten den Ball flach, und das war auch gut so.

*105. Grund*

## *Weil nicht alles tschechisch ist, was früher tschechoslowakisch war*

Die Hundezüchter machen es korrekt. Sie nennen tschechoslowakisch, was tschechoslowakisch ist, und weichen nicht, wie so oft im deutschen Sprachgebrauch, auf das kürzere »tschechisch« aus. Ich spreche in diesem Fall vom Tschechoslowakischen Wolfshund.

Der ist aus einer Kreuzung von Deutschen Schäferhunden und Wölfen aus den Karpaten entstanden. Als die Tschechoslowakei aufhörte zu existieren, übernahm die Slowakei das Patronat für diese Hunderasse. Wurde deswegen aus dem Tschechoslowakischen Wolfshund ein Slowakischer Wolfshund? Nein!

Die beliebtesten kulturellen Exportschlager der Tschechoslowakei dürften die Märchenfilme sein, die vor allem in den 70er- und 80er-Jahren entstanden sind. Noch heute läuft jedes Jahr im deutschen Fernsehen zu Weihnachten *Drei Haselnüsse für Aschenbrödel*. War der Film tschechisch, weil er einen tschechischen Regisseur hatte? Oder war er deutsch-tschechisch, wie es manchmal zu lesen ist, weil er in Zusammenarbeit mit der DEFA entstand? Gute Filmzeitschriften geben einfach die Produktionsländer an, in denen der Film entstanden ist: nämlich in der DDR und in der Tschechoslowakei.

Anfang der 90er-Jahre gab es eine Umfrage, aus der hervorging, dass die Slowakei eins der unbekanntesten Länder Europas ist. Das hing sicherlich damit zusammen, dass die Bewohner der damaligen ČSSR im einfachen, aber nicht korrekten Sprachgebrauch im Deutschen oft zu Tschechen wurden. Unter anderem deswegen werde ich noch heute oft gefragt, ob ich eigentlich tschechisch spreche. Nein, ich spreche slowakisch.

Die Slowakei und Tschechien sind als Rechtsnachfolger aus der Tschechoslowakei hervorgegangen. Gemeinsam haben sie die Schulden des alten Staates übernommen, so dürfen sie auch die Erfolge aus der Vergangenheit gemeinsam feiern, wie ich finde. Auch auf die Gefahr hin, kleingeistig zu wirken, aber an den Märchenfilmen haben Slowaken und Tschechen gearbeitet, genauso wie in der Mannschaft von 1976 Slowaken und Tschechen gespielt haben, als sie Europameister gegen die Bundesrepublik Deutschland (5:3 im Elfmeterschießen) wurden.

Die Slowaken würden es vermutlich nicht zugeben, aber sie leiden darunter, dass sie ständig zu Tschechen gemacht werden. Ebenso wie die Österreicher in meiner Erfahrung nicht mögen, wenn sie im Ausland als Deutsche tituliert werden. Und diese beiden Länder haben ja noch die gleiche Sprache, na ja, zumindest schriftlich. Diese Piefkes wieder. Und zur Erinnerung: Nein, in der Slowakei ist Slowakisch die Amtssprache und auch nicht Slowenisch.

Die ständigen Verwechselungen mit Slowenien sind auch legendär. So soll Präsident Bush bei einem Besuch in Bratislava gesagt haben, dass er sich freue, in Slowenien zu sein. Der Jubel der Menge dürfte eher mau ausgefallen sein. Jedes Jahr muss die slowakische Post Tausende korrekt adressierter Briefe nach Slowenien weiterleiten und umgekehrt. Oje, ich schreibe mich noch in Rage. Sie merken, ich möchte eine Lanze brechen für die Slowakei, für alle Slowakinnen und Slowaken, für die slowakische Sprache. Ich denke ein bisschen sprachliche Präzision kann nicht schaden. Jetzt höre ich aber auf, ansonsten wird es zu oberlehrerhaft.

*106. Grund*

## *Weil Slowaken und Tschechen Brüder und Schwestern im Geiste sind*

Am 26. August 1992 trafen sich der slowakische Ministerpräsident Vladimír Mečiar und der tschechische Premierminister Václav Klaus im Garten der Villa Tugendhat in Brünn und verhandelten über die Zukunft ihres Staates. Am Ende des Tages traten sie vor der Presse und teilten der Öffentlichkeit mit, dass die Tschechoslowakei nach 74 Jahren aufhört zu existieren. Im Rückblick kann man zweifelsfrei feststellen, dass die Teilung des Landes ein Projekt einiger weniger Politiker war und nicht vom Willen der Bevölkerung getragen wurde. In einer Volksabstimmung, die nicht stattgefunden hat, hätte sich die schweigende Mehrheit gegen eine Teilung ausgesprochen.

Heutzutage, eine Generation später, begrüßt die überwiegende Mehrheit der Slowaken die staatliche Eigenständigkeit, aber behält trotzdem die gemeinsame Vergangenheit mit den Tschechen in liebevoller Erinnerung. Ja, Tschechen gelten nicht als richtige Ausländer, obwohl es zeitweise gesicherte Grenzübergänge zum Nachbarland gab. Es gibt auch keine nennenswerten Sprachbarrieren, denn die allermeisten Slowaken verstehen Tschechisch und umgekehrt. So plaudern tschechische Moderatoren im slowakischen Fernsehen fleißig in ihrer Muttersprache weiter, und in Tschechien ist ein ehemaliger Slowake seit 2017 Ministerpräsident.

Meine perfiden Versuche, aus Slowaken ein paar Vorurteile oder negative Stereotypen über Tschechen herauszukitzeln, waren wenig von Erfolg gekrönt. Nach langem Bohren wird mir zuliebe lediglich darauf verwiesen, dass die Tschechen eine U-Bahn hatten und die Slowaken nicht. Als Kontrast dazu habe ich mal in einer bayrischen Kneipe nach dem Verhältnis zu den Preußen gefragt – da ging es anders zur Sache. Ich muss gestehen, dass ich mit gewissem Neid Tschechen beobachte, die unter Umständen zum ersten Mal die Slowakei besuchen und sich gleich wie zu Hause fühlen und von den Slowaken als einer der ihrigen aufgenommen werden. Wenn ich meine persönlichen Sehnsüchte beiseite schiebe, kann ich aber immer noch die enge Verflechtung beider Länder unvoreingenommen gutheißen. So ist es zum Beispiel Tradition, dass der erste Auslandsbesuch hoher Würdenträger jeweils in die andere Hauptstadt führt und sich die Länder in der Außenpolitik absprechen.

Mittlerweile gleichen sich auch die Lebensbedingungen in den beiden Ländern zunehmend an – was für die Slowakei eine Erfolgsgeschichte ist, denn die wirtschaftlichen Ausgangsbedingungen nach der Teilung waren für die Slowakei ungleich schwieriger als für Tschechien. Im Verhältnis zur EU haben sich die Länder jedoch eher unterschiedlich entwickelt, während in der Slowakei eine Mehrheit die Mitgliedschaft in ihr positiv bewertet und 2009 der Euro eingeführt wurde, überwiegen in Tschechien die Skeptiker, was wiederum bisher keinen nennenswerten Einfluss auf das Verhältnis zwischen den beiden Ländern hat.

Niemand hat die besondere Beziehung besser in Noten gefasst als die slowakische Band No Name zusammen mit der tschechischen Kombo Chinaski. Das Lied *na, na, naaa* ist eine Hymne auf die Freundschaft zwischen den beiden Ländern:

*Heute ist jeder sein eigener Herr,*
*dafür Danke, Tschüss und Amen.*
*Ich freue mich auf dich, dann können wir*
*bis in den Morgen quatschen.*
*Viele freundliche Worte, ich fahre zu dir.*

### *107. Grund*

## *Weil nicht nur Matrosen mit Ahoj grüßen*

Wie alle Sprachen hat auch das Slowakische viele Wörter aus anderen Sprachen übernommen. Meistens wurde sie dabei etwas zurechtgebogen, sodass sie leichter auszusprechen oder besser zu schreiben sind. Viele dieser Wörter sind auf den ersten Blick verständlich. Haben Sie Lust auf ein kleines Ratespiel?

Fangen wir mit Lehnwörtern aus dem Lateinischen an. Was denken Sie, bedeuten folgende Wörter im Deutschen: *škola, tabuľa, fara, olej, oltár, advokát, notár, palác*? Die Lösung von rechts nach links: Palast, Notar, Advokat, Altar, Öl, Pfarrer, Tabelle und Schule. Das war einfach, oder? Viele Wörter wurden aus dem Englischen übernommen, was nicht überraschend ist und auch keiner Übersetzung bedarf. Der Vollständigkeit halber hier ein paar Beispiele: *klub, futbal, gól, servis, víkend, dres,* und *tím*. Ja, das ist zu leicht.

Steigern wir die Schwierigkeit ein wenig. Diese vier Lehnwörter aus dem Deutschen dürften freilich auch noch keine allzu großen Verständnisprobleme hervorrufen: *cieľ, cukor, fajn* und *kamarát*. Muss man nicht übersetzen, wie ich finde, aber wie sieht es mit diesen Wörtern aus: *drôt, fajka, žemľa* und *čapica*.

*Drôt* ist der Draht, und die »Pfeife« heißt auf Slowakisch *fajka*. Das Wort *žemľa* erschließt sich nicht beim ersten Hören. Es ist die Semmel oder wie ich sagen würde: das Brötchen. Und *čapica*, was »Mütze« bedeutet, soll von dem deutschen Wort »Tschappe« abgeleitet sein, was mir wiederum als deutsches Wort nicht geläufig ist.

Die Slowaken teilen mit den Ungarn eine jahrhundertelange Geschichte. Kein Wunder also, dass viele Lehnwörter aus dem Ungarischen stammen. *Paprikáš* ist ein Paprikagulasch. Na ja, das ist auch nicht so schwer, weil »Paprika« leicht zu verstehen ist. Wie ist es aber mit dem Wort *vankúš*? Da hilft kein Raten mehr, das bedeutet »Kissen«.

Das beliebteste und sicherlich das am häufigsten benutzte Lehnwort ist *Ahoj*. Viele Ausländer schmunzeln, wenn sie das zum ersten Mal hören. Sie denken dabei an Segelboote und Matrosen, was nicht ganz verkehrt ist, denn *Ahoj* kommt von der Seefahrt und wird von dem englischen *Ahoy* abgeleitet. Mit *Ahoj* begrüßen wir uns in der Slowakei, genauso wie wir uns damit verabschieden.

In diesem Sinne verbleibe ich mit einem herzlichen *Ahoj*!

***108. Grund***

## *Weil ich mich nicht zu fürchten brauche*

Anfang der 2000er-Jahre habe ich mehrmals in deutsch-mongolischen Projekten gearbeitet. Einmal nahm mich dabei eine mongolische Kollegin zur Seite, die grad Deutsch lernte. Sie fragte mich, was bedeutet eigentlich »Ach so«? Wir Deutschen würden es ziemlich oft verwenden, meinte sie. Meinen Kollegen und mir war das bisher gar nicht aufgefallen, aber als wir darauf achteten, waren wir überrascht, wie häufig wir »Ach so« sagten.

*Neboj sa* ist Slowakisch und heißt: Fürchte dich nicht. In meinen ersten Wochen in der Slowakei war ich überrascht, wie oft diese

Worte fielen. Ich hörte sie quasi überall und in den unterschiedlichsten Situationen. Wenn der Zug auf den Gleisen mitten im Nirgendwo hielt und ich den Schaffner fragte, ob wir trotz der Verspätung den Anschlusszug bekämen, sagte er nur *Neboj sa* und ging weiter. Ich fand zwar, dass damit die Frage noch nicht beantwortet sei, aber alle anderen Passagiere im Abteil waren beruhigt und schienen etwas zu wissen, was ich nicht wusste. Lieber fragte ich sie nicht, was der Schaffner damit meinte, denn vermutlich hätten sie mich mit einem weiteren »Fürchte dich nicht!« gemaßregelt.

Dieses ständige »fürchte dich nicht« hier und »fürchte dich nicht« dort müsste mal tiefenpsychologisch untersucht werden. Woher kommt das eigentlich? Ist das jetzt ein Ausdruck dessen, dass die Slowaken besonders mutig wären, oder versuchen sie damit zu unterdrücken, dass unbewusste Ängste nach oben kommen?

Mittlerweile habe ich mich an den ständigen Gebrauch gewöhnt. Es gibt nur eine Ausnahme, aber dann bekomme ich es wirklich mit der Angst zu tun, nämlich wenn ein Handwerker zu mir *»Neboj sa«* sagt.

»Ist das nicht eine tragende Wand?« – *»Neboj sa!«* Und schon schwingt er den Vorschlaghammer, und natürlich bricht neben der Wand auch ein Stück aus der Decke krachend auf den Boden. Der Handwerker schaut auf den Boden, dann auf das Loch in der Decke, kratzt sich am Hinterkopf, und mit vollkommener Seelenruhe sagt er zu mir: *»Nevadí«.*

*Nevadí* bedeutet so viel wie »Das macht nichts« oder »Das hat nichts zu bedeuten«. Und nach Meinung des Handwerkers musste die Decke an dieser Stelle eh einmal ausgewechselt werden. *Nevadi* ist vermutlich die zweitwichtigste Redewendung in der slowakischen Sprache. Gerne werden auch beide Sätze miteinander kombiniert: Das macht nichts, fürchte dich nicht!

Als mich der Handwerker fragte, wann ich seine Rechnung bezahlen würde, und ich mit »Fürchte dich nicht!« antwortete, beruhigte ihn das nicht, und er wollte es ganz genau wissen. So richtig bin ich anscheinend noch nicht in die Feinheiten eingedrungen, in welchen Momenten ich diese Redensart benutzen sollte und in welchen lieber nicht. Na ja – *nevadí*!

### *109. Grund*

## *Weil Slowakisch das Esperanto der westslawischen Sprache ist*

Mit Slowakisch komme ich ganz gut klar, wenn ich in Polen und Tschechien reise, also einfache Dinge kommuniziere wie: Wie teuer ist es? Wann fährt der Zug nach …? Ich heiße … usw. Gespräche über Philosophie oder Politik sind damit nicht möglich, aber es reicht zur allgemeinen Verständigung.

Die Slowaken sind ungeheuer stolz darauf, dass innerhalb der drei westslawischen Sprachen – Slowakisch, Tschechisch und Polnisch – gerade Slowakisch die Sprache ist, mit der die Nachbarländer am besten klarkommen. Eben das Esperanto der westslawischen Sprachen. Obwohl, viele Polen denken, dass Slowakisch sich anhört, als ob ein Kind versucht, polnisch zu sprechen. Die haben gut reden, erwidern darauf die Slowaken, mit all ihren Zischlauten und dem leierhaften Auf und Ab auf der Tonleiter.

Im Slowakischen und Polnischen gibt es eine Reihe von »falschen Freunden«. Falsche Freunde sind Wörter, die in beiden Sprachen gleich sind, aber unterschiedliche Bedeutungen haben. Wenn ich in Polen Seminare zum Spurenlesen gebe und die Dolmetscherin müde ist, mache ich manchmal auf Slowakisch weiter. Das funktioniert oft ganz gut, manchmal hinterlasse ich aber nur Verwirrung. So zum Beispiel, wenn ich auf Slowakisch sagen will, dass ich eine Idee habe, dann sage ich nämlich »*Mám nápad*«. Viele schauen dann mit besorgten Gesichtern auf mich, weil *napad* auf Polnisch »Anfall«, »Angriff« oder »Überfall« bedeutet. Ich sage dann also, dass ich einen Anfall habe. Einer der beliebtesten »falschen Freunde« ist das polnische Verb *szukać*, das Gegenstand unzähliger Missverständnisse zwischen Polen und Slowaken ist. *Szukać* bedeutet »suchen«. Das slowakische Verb »šúchať«, das fast gleich klingt, beschreibt aber in einer derben Art und Weise die menschliche Lust, sich zu vereinigen. Sie können sich vorstellen, wie einheimische Slowaken reagieren, wenn polnische Touristen auf Polnisch fragen: »Ich suche den Busbahnhof.«

Auch zwischen Tschechen und Slowaken gibt es falsche Freunde, obwohl beide Sprachen so eng miteinander verwandt sind, dass einige Arrogante behaupten, dass Slowakisch nur ein Dialekt des Tschechischen sei, was natürlich nicht stimmt. Tschechisch und Slowakisch sind zwei Sprachen.

Ein bekannter falscher Freund zwischen diesen beiden Sprachen ist, dass auf Tschechisch *kouřit* »rauchen« heißt, aber auf Slowakisch »heizen« ausdrückt. Das aus dem Deutschen entlehnte *štrajk* bedeutet, wie man leicht hören kann, »der Streik«. Auf Tschechisch wird die Arbeitsniederlegung aus Protest aber *stávka* genannt. *Stávka* ist auf Slowakisch die Wette. Ja, auch wenn Slowakisch das Esperanto der westslawischen Sprachen ist, kann es manchmal zu Missverständnissen kommen. Allerdings ist die Anzahl der »falschen Freunde« verschwindend gering im Gegensatz zu den »richtigen Freunden«, also den Wörtern, die in beiden Sprachen dasselbe zum Ausdruck bringen.

*110. Grund*

## *Weil der Dorfrundfunk die Gemeinschaft stärkt*

Im Durchschnitt knistert es in den meisten Dörfern in der Slowakei einmal am Tag laut, und danach ertönt ein Lied aus Lautsprechern. Der Dorfrundfunk startet. Beginnt das Programm mit klassischer Musik, dann wissen die Dorfbewohner, dass einer von ihnen gestorben ist. Lärmende Arbeitsgeräte wie Rasenmäher oder Motorsägen werden sofort abgestellt, Kinder angehalten, leise zu sein, und alle lauschen angestrengt den Worten des Bürgermeisters, der mit belegter Stimme verkündet, wer nicht mehr unter ihnen weilt.

Beginnt das Programm jedoch mit einem Schlager oder Volksmusik, folgen Ankündigungen mit positiverem Gehalt. Vielleicht steht das Maifest bevor, oder ein fliegender Händler besucht das Dorf und die Kartoffeln im 25-Kilogramm-Sack sind im Angebot. Manchmal verliest der Bürgermeister auch mit strenger Stimme Anordnungen: Auch in diesem Frühjahr, liebe Freundinnen und Freunde, ist das Abbrennen von Wiesen nicht gestattet. Alle wissen, dass dann der alte Jožko gemeint ist, der sich einfach nicht umstellen will.

Unser Bürgermeister hält zum internationalen Frauentag am 8. März auch ganz gerne eine längere Rede über den Liebreiz der Frauen, und gelegentlich endet er seine Durchsagen mit einem Gedicht. Er ist sehr beliebt, unser Bürgermeister. Sein Vorgänger hatte das Amt 23 Jahre inne. Die meisten gehen davon aus, dass auch er diese Zeitspanne locker füllen wird.

Der Dorfrundfunk ersetzt eine lokale Zeitung und ein Anzeigenblättchen. Für einen geringen Beitrag kann man private Informationen verlesen lassen. Svetlana und Vladimir heiraten, Radislava wird 65 Jahre alt … solche Sachen halt. Kleinunternehmer machen auch Werbung über die Lautsprecher und das ist trotz Internet noch immer die effektivste Form, potenzielle Kunden im Dorf anzusprechen.

Für mich waren die Durchsagen eine Art Messlatte. Dazu muss man wissen, dass unser Dorf zwar einen Kern hat, aber die umliegenden Häuser erstrecken sich weit in die Berge und sind zum Teil sehr abgelegen. Deswegen werden die Lautsprecher an akustisch besonders effektiven Positionen aufgehängt, in der Hoffnung, dass auch der Letzte sie hören kann. In unserem Fall sind sie vielleicht 200 Meter entfernt. Die Lautsprecher sind alt und wenn es dazu noch windig ist, dann bin ich der Einzige, der nicht in der Lage ist, die rauschende Durchsage zu decodieren. Nach einem Jahrzehnt angestrengten Zuhörens kann ich jetzt offiziell verkünden, dass ich nun fähig bin, die Durchsagen bis zu Windstärke 5 auf der Beaufortskala zu verstehen. Nach der Sendung vergisst der Bürgermeister ab und zu, das Mikrofon abzustellen, und dann wird den ganzen Tag live aus dem Amt gesendet. Im Hintergrund fallen dann Sätze wie »Verflixt noch mal, wo liegen die Büroklammern?« Das ganze Dorf hört zu und kann sich davon überzeugen, wie hart ihr gewählter Vertreter arbeitet. Das dient der Transparenz und dürfte einen Teil seiner Beliebtheit ausmachen.

*111. Grund*

## *Weil auch andere Menschen gute Gründe haben, die Slowakei zu lieben*

In den letzten Monaten habe ich Familienmitglieder, Freunde, Bekannte und manchmal auch Wildfremde gefragt: »Liebst du / Lieben Sie die Slowakei?« Und wenn sie die Frage mit einem Ja beantworteten, habe ich nach ihren konkreten Gründen gefragt.

Die Auswahl der Befragten habe ich komplett dem Zufall überlassen. Wer mir gerade über den Weg lief, wurde angesprochen. Natürlich habe ich im Kreise meiner Familie und Freunde angefangen. Doch danach habe ich mich auf dem Kinderspielplatz umgehört, und wenn ich mal irgendwo länger warten musste, habe ich auch die Leute in der Schlange am Hauptbahnhof angequatscht. Ich fragte viele Slowaken, aber auch Ausländer, die in der Slowakei leben und Menschen, die das Land nur einmal besucht hatten.

Die meisten der Befragten haben mit einem Ja geantwortet. Spontan und ohne lange zu überlegen. Die Frage nach den Gründen fanden viele schwieriger. Es ist ja auch nicht leicht, ein Bauchgefühl zu rationalisieren und in Worte zu fassen. Es gab zwei Kategorien, die in fast jeder Antwort genannt wurden – meine Familie und die Natur.

Viele Männer gaben spontan die Antwort: »Weil die slowakischen Frauen die schönsten der Welt sind.« Rein aus statistischen Gründen kann ich nicht umhin anzumerken, dass keine einzige der befragten Frauen über die Schönheit der slowakischen Männer sprach. Diese drei Antworten hatte ich erwartet, war also wenig überrascht. Einige der folgenden Antworten enthielten jedoch Aspekte, die ich vorher nicht bedacht hatte.

Nuno, ein Portugiese, der schon seit einigen Jahren in der Slowakei lebt und offensichtlich kein Vegetarier ist, meinte: »Weil ich die Hausschlachtungen mag und weil ich im Gegensatz zu Portugal die Möglichkeit habe, gutes Wildfleisch zu kaufen.«

Teresa, die lange in Deutschland gelebt hat, zog ebenfalls einen Ländervergleich: »Weil es in der Slowakei weniger Regeln gibt als in Deutschland.« Ihre Freundin fand einen fatalistisch anmutenden, aber sicherlich treffenden Grund: »Weil ich mich an die Slowakei gewöhnt habe.« Mein guter Freund Ingo erinnerte sich an seine Reisen und sagte: »Weil die Menschen so hilfsbereit sind.«

Ludmilla, die schon viele Jahre in der Slowakei lebt, aber in der ukrainischen Steppe groß geworden ist, beschrieb ein poetisches Bild: »Hier in der Slowakei rauchen die Berge. Nach dem Regen steigt Wasserdampf die Berge hinauf und wird zu großen Wolken. Das kenne ich aus meiner alten Heimat nicht. Ich denke immer, dass die Slowakei das Land ist, in dem die Wolken entstehen.«

Mit meiner Tochter hatte ich ein Gespräch, wie man es nur mit Kindern führen kann. Als ich sie fragte, was ihr an der Slowakei gefällt, fragte sie zurück: »Was ist das – die Slowakei?« Ich versuchte es ihr so gut wie möglich zu erklären und fragte sie noch einmal, was ihr an der Slowakei gefallen würde. Sie antwortete: »Die Sonne, die Bäume und das Licht …« Dann überlegte sie noch eine Weile, ernst und in tiefer Konzentration versunken. Dann lächelte sie und sagte: »Einfach alles.«

Einfach alles – was kann ich dem noch hinzufügen?

# 111 GRÜNDE:

**FUSSBALL:** 111 GRÜNDE, BAYERN MÜNCHEN ZU LIEBEN • 111 GRÜNDE, BAYER 04 LEVERKUSEN ZU LIEBEN • 111 GRÜNDE, SCHALKE 04 ZU LIEBEN • 111 GRÜNDE, MAINZ 05 ZU LIEBEN • 111 GRÜNDE, HERTHA BSC ZU LIEBEN • 111 GRÜNDE, EINTRACHT BRAUNSCHWEIG ZU LIEBEN • 111 GRÜNDE, DEN 1. FC KAISERSLAUTERN ZU LIEBEN • 111 GRÜNDE, FRAUENFUSSBALL ZU LIEBEN • 111 GRÜNDE, DIE PREMIER LEAGUE ZU LIEBEN • 111 GRÜNDE, DEN SV WEHEN WIESBADEN ZU LIEBEN • 111 GRÜNDE, MANCHESTER UNITED ZU LIEBEN • 111 GRÜNDE, DEN FC ARSENAL ZU LIEBEN • 111 GRÜNDE, DEN FC BARCELONA ZU LIEBEN • 111 GRÜNDE, DEN AC MAILAND ZU LIEBEN • 111 GRÜNDE, JUVENTUS TURIN ZU LIEBEN • 111 GRÜNDE, GALATASARAY ZU LIEBEN • 111 GRÜNDE, DEN FC AUGSBURG ZU LIEBEN • 111 GRÜNDE, DIE SPVGG GREUTHER FÜRTH ZU LIEBEN • 111 GRÜNDE, DEN VFL BOCHUM ZU LIEBEN • 111 GRÜNDE, DEN VFL WOLFSBURG ZU LIEBEN • 111 GRÜNDE, ARMINIA BIELEFELD ZU LIEBEN • 111 GRÜNDE, HANSA ROSTOCK ZU LIEBEN • 111 GRÜNDE, DYNAMO DRESDEN ZU LIEBEN • 111 GRÜNDE, DEN FC CARL ZEISS JENA ZU LIEBEN • 111 GRÜNDE, DEN SC PADERBORN ZU LIEBEN • 111 GRÜNDE, DEN KARLSRUHER SC ZU LIEBEN • 111 GRÜNDE, 1899 HOFFENHEIM ZU LIEBEN • 111 GRÜNDE, ALEMANNIA AACHEN ZU LIEBEN • 111 GRÜNDE, BAYERN-FAN ZU SEIN • 111 GRÜNDE, DEN FC BASEL 1893 ZU LIEBEN • 111 GRÜNDE, DEN FC INGOLSTADT 04 ZU LIEBEN • 111 GRÜNDE, DEN SK RAPID WIEN ZU LIEBEN • 111 GRÜNDE, DEN SV DARMSTADT 98 ZU LIEBEN • 111 GRÜNDE, PREUSSEN MÜNSTER ZU LIEBEN • 111 GRÜNDE, RB LEIPZIG ZU LIEBEN • 111 GRÜNDE, UNIONER ZU SEIN • 111 GRÜNDE, DIE NATIONALMANNSCHAFT ZU LIEBEN • 111 GRÜNDE, DIE SELEÇÃO BRASILEIRA ZU LIEBEN • 111 GRÜNDE, ROT-WEISS ESSEN ZU LIEBEN • 111 GRÜNDE, KICKERS OFFENBACH ZU LIEBEN • 111 GRÜNDE, ROT-WEISS ERFURT ZU LIEBEN • 111 GRÜNDE, BEŞIKTAŞ ZU LIEBEN • 111 GRÜNDE, DEN 1. FC SAARBRÜCKEN ZU LIEBEN • 111 GRÜNDE, DEN VFL OSNABRÜCK ZU LIEBEN • 111 GRÜNDE, ST.-PAULI-FAN ZU SEIN • 111 GRÜNDE, DIE MiLLi TAKIM ZU LIEBEN • 111 GRÜNDE, DEN FK AUSTRIA WIEN ZU LIEBEN • 111 GRÜNDE, ATLÉTICO MADRID ZU LIEBEN • 111 GRÜNDE, DEN VFL SPORTFREUNDE LOTTE ZU LIEBEN • 111 GRÜNDE, DEN SV WALDHOF MANNHEIM 07 ZU LIEBEN • 111 GRÜNDE, DEN FC 08 HOMBURG ZU LIEBEN • 111 GRÜNDE, DEN FC RED BULL SALZBURG ZU LIEBEN • 111 GRÜNDE, DEN SK STURM GRAZ ZU LIEBEN • 111 GRÜNDE, EINTRACHT FRANKFURT ZU LIEBEN • 111 GRÜNDE, DEN 1. FC NÜRNBERG ZU LIEBEN • 111 GRÜNDE, REAL MADRID ZU LIEBEN • 111 GRÜNDE, HOLSTEIN KIEL ZU LIEBEN • 111 GRÜNDE, DEN SSV JAHN REGENSBURG ZU LIEBEN • 111 GRÜNDE, DEN TSV 1860 MÜNCHEN ZU LIEBEN •

# 111 GRÜNDE:

**REISE INTERNATIONAL:** 111 GRÜNDE, GEORGIEN ZU LIEBEN • 111 GRÜNDE, DIE SCHWEIZ ZU LIEBEN • 111 GRÜNDE, ALBANIEN ZU LIEBEN • 111 GRÜNDE, CHINA ZU LIEBEN • 111 GRÜNDE, BULGARIEN ZU LIEBEN • 111 GRÜNDE, COSTA RICA ZU LIEBEN • 111 GRÜNDE, DIE SLOWAKEI ZU LIEBEN • 111 GRÜNDE, SINGAPUR ZU LIEBEN • 111 GRÜNDE, TSCHECHIEN ZU LIEBEN • 111 GRÜNDE, ARMENIEN ZU LIEBEN • 111 GRÜNDE, DUBLIN ZU LIEBEN • 111 GRÜNDE, ÄGYPTEN ZU LIEBEN • 111 GRÜNDE, DIE NIEDERLANDE ZU LIEBEN • 111 GRÜNDE, DIE UKRAINE ZU LIEBEN • 111 GRÜNDE, ARGENTINIEN ZU LIEBEN • 111 GRÜNDE, DIE TÜRKEI ZU LIEBEN • 111 GRÜNDE, SÜDAFRIKA ZU LIEBEN • 111 GRÜNDE, LONDON ZU LIEBEN • 111 GRÜNDE, NEW YORK ZU LIEBEN • 111 GRÜNDE, MALLORCA ZU LIEBEN • 111 GRÜNDE, DÄNEMARK ZU LIEBEN • 111 GRÜNDE, SCHWEDEN ZU LIEBEN • 111 GRÜNDE, FINNLAND ZU LIEBEN • 111 GRÜNDE, IRLAND ZU LIEBEN • 111 GRÜNDE, ISLAND ZU LIEBEN • 111 GRÜNDE, SCHOTTLAND ZU LIEBEN • 111 GRÜNDE, POLEN ZU LIEBEN • 111 GRÜNDE, PORTUGAL ZU LIEBEN • 111 GRÜNDE, AUSTRALIEN ZU LIEBEN • 111 GRÜNDE, NEUSEELAND ZU LIEBEN • 111 GRÜNDE, INDIEN ZU LIEBEN • 111 GRÜNDE, KUBA ZU LIEBEN • 111 GRÜNDE, RUSSLAND ZU LIEBEN • 111 GRÜNDE, FRANKREICH ZU LIEBEN • 111 GRÜNDE, ROM ZU LIEBEN • 111 GRÜNDE, ENGLAND ZU LIEBEN • 111 GRÜNDE, BRASILIEN ZU LIEBEN • 111 GRÜNDE, JAPAN ZU LIEBEN • 111 GRÜNDE, WALES ZU LIEBEN • 111 GRÜNDE, KANADA ZU LIEBEN • 111 GRÜNDE, ITALIEN ZU LIEBEN • 111 GRÜNDE, NORWEGEN ZU LIEBEN • **REISE DEUTSCHLAND:** 111 GRÜNDE, DEN RUHRPOTT ZU LIEBEN • 111 GRÜNDE, DIE NORDSEE ZU LIEBEN • 111 GRÜNDE, KÖLN ZU LIEBEN • 111 GRÜNDE, DAS RHEINLAND ZU LIEBEN • 111 GRÜNDE, THÜRINGEN ZU LIEBEN • 111 GRÜNDE, FRANKEN ZU LIEBEN • 111 GRÜNDE, BADEN ZU LIEBEN • 111 GRÜNDE, BAYERN ZU LIEBEN • 111 GRÜNDE, SACHSEN ZU LIEBEN • 111 GRÜNDE, HAMBURG ZU LIEBEN • 111 GRÜNDE, DIE PFALZ ZU LIEBEN • 111 GRÜNDE, SYLT ZU LIEBEN • 111 GRÜNDE, SCHWABEN ZU LIEBEN • **MUSIK:** 111 GRÜNDE, HIPHOP ZU LIEBEN • 111 GRÜNDE, HEAVY METAL ZU LIEBEN • 111 GRÜNDE, KLASSISCHE MUSIK ZU LIEBEN • 111 GRÜNDE, JAZZ ZU LIEBEN • **EROTIK:** 111 GRÜNDE, SM ZU LIEBEN • 111 GRÜNDE, OFFEN ZU LIEBEN • **HOBBY & FREIZEIT:** 111 GRÜNDE, SELBST ZU KOCHEN • 111 GRÜNDE, POKER ZU LIEBEN • 111 GRÜNDE, SCHACH ZU LIEBEN • 111 GRÜNDE, BÜCHER ZU LIEBEN • 111 GRÜNDE, DAS BÖSE ZU LIEBEN • 111 GRÜNDE, COMPUTERSPIELE ZU LIEBEN • 111 GRÜNDE, DIE EISENBAHN

**WWW.111-GRUENDE.DE**

# WAS ZU LESEN:

**BILDBÄNDE, SACHBÜCHER UND BIOGRAFIEN:** UDO LINDENBERG – DAS LINDENWERK • PETER BEHRENS – DER CLOWN MIT DER TROMMEL. MEINE JAHRE MIT TRIO – ABER NICHT NUR • DAS IST DAF – DEUTSCH AMERIKANISCHE FREUNDSCHAFT - DIE AUTORISIERTE BIOGRAFIE • FLAKE – DER TASTENFICKER. AN WAS ICH MICH SO ERINNERN KANN • DIE ÄRZTE - EIN ÜBERDIMENSIONALES MEERSCHWEIN FRISST DIE ERDE AUF • DAS BUCH Ä – DIE VON DIE ÄRZTE AUTORISIERTE BIOGRAFIE • KERSTIN OTT – DIE FAST IMMER LACHT • FARIN URLAUB – AUSTRALIEN & OSTTIMOR • DIE BEATLES IN INDIEN – FOTOGRAFIEN VON 1968 • DIE TOTEN HOSEN. LIVE – BACKSTAGE – STUDIO – FOTOGRAFIEN 1986–2006 • FARIN URLAUB – INDIEN & BHUTAN • FARIN URLAUB – AFRIKA • KEINE MACHT FÜR NIEMAND – DIE GESCHICHTE DER TON STEINE SCHERBEN • WIR WOLLEN IMMER ARTIG SEIN – PUNK, NEW WAVE, HIPHOP UND INDEPENDENT-SZENE IN DER DDR 1980–1990 • NINA HAGEN – THATS WHY THE LADY IS A PUNK • FEELING B – MIX MIR EINEN DRINK. PUNK IM OSTEN. MIT AUSFÜHRLICHEN GESPRÄCHEN MIT FLAKE, PAUL LANDERS UND VIELEN ANDEREN • CLUESO – VON UND ÜBER • BYE BYE, LÜBBEN CITY – BLUESFREAKS, TRAMPS UND HIPPIES IN DER DDR • VINYL LEXIKON – FACHBEGRIFFE, SAMMLERLATEIN, PRAXISTIPPS • DREI FARBEN BRAUN – DAS GROSSE STUDIO BRAUN BUCH • GRAND ZAPPA – INTERNATIONALE FRANK ZAPPA DISCOLOGY • MAX PROSA – IM STILLEN ODEM – ON THE RUN. EINE JUGEND IN DER GRAFFITI-SZENE • DAS GROSSE LEXIKON DER DEFA-SPIELFILME • MORTEN GRUNWALD – MEINE TAGE IN GELBEN SOCKEN • DON CAMILLO UND PEPPONE – DIE FILME MIT FERNANDEL UND GINO CERVI VON 1952 BIS 1970 • MANFRED KRUG – MK BILDERBUCH • HELMUT BERGER – EIN LEBEN IN BILDERN • DAS GROSSE ALBUM DER EDGAR-WALLACE-FILME • ANADISMISSED – MEINE KAMPFANSAGE AN DIE MAGERSUCHT • HUNGRIGES HERZ – MEIN LEBEN MIT DER BULIMIE • SAUFDRUCK – IN VIER JAHREN GANZ NACH UNTEN • ICH WAR ERST 13 – DIE WAHRE GESCHICHTE VON LON • EDDY KANTE – IN MEINEM HERZEN KOCHT DAS BLUT • RAY COKES – MY MOST WANTED LIFE • ULRICH PLEITGEN – GANZ ODER GAR NICHT! • KINDERSPIEL – WIE MEIN KÖRPER MISSBRAUCHT UND MEINE SEELE GEBROCHEN WURDE • DAS LEBEN IST NICHT EXTRA SMALL – WIE ICH GELERNT HABE, MEIN LEBEN NICHT VON DER MAGERSUCHT BESTIMMEN ZU LASSEN • KONSEQUENT AMBIVALENT – 15 FRAUEN MIT BORDERLINE ERZÄHLEN • DRINNEN IST BESSER – AGORAPHOBIE – WENN DIE ANGST DEN WEG NACH DRAUSSEN VERSPERRT • NEBELLEBEN – IM CHAOS EINER PERSÖNLICHKEITS-STÖRUNG • DAS GIFT DER NARZISSE – TOCHTER EINER NARZISSTISCHEN MUTTER • FRISS ODER STIRB – WIE MIR DIE MAGERSUCHT AUF DEN MAGEN SCHLUG UND ICH IHR INS GESICHT • VERSTÖRUNGSTHEORIEN – DIE MEMOIREN EINER AUTISTIN, GEFUNDEN IN DER BADEWANNE • ICH BIN NICHT AUF DER WELT, UM GLÜCKLICH ZU SEIN • WIE ICH MIR MEINEN PLATZ IN DER FERNSEHHÖLLE VERDIENT HABE – EIN REGISSEUR VON »DSDS«, »THE BIGGEST LOSER«, »VERSTECKTE KAMERA«, SCRIPTED REALITY SOWIE VIELEN DOKU- UND DEKO-SOAPS GEWÄHRT EINEN TIEFEN BLICK HINTER DIE KULISSEN DER (ALB-)TRAUMFABRIK • DER WAHNSINN UND SEINE GEFÄHRTEN – WENN VATER STERBEN MUSS UND MUTTER STERBEN WILL – VON KREBS, DEPRESSIONEN UND ANDEREN WEGEN DER ZERSTÖRUNG. EINE FAMILIENTRAGÖDIE • 33 LEHRER, MIT DENEN IHR KIND RECHNEN MUSS • FÜR IMMER IM KOPF – SCHOCKIERENDE UND BERÜHRENDE ERLEBNISSE EINES FEUERWEHRMANNES • FE-MALE – HINEIN IN DEN RICHTIGEN KÖRPER • DER TOD IST EIN NICHT ZU

**WWW.SCHWRZKPF.DE**

JÖRN KAUFHOLD, geboren 1972 in Telgte, verliebte sich zuerst in eine Slowakin, dann in das ganze Land. Zu Fuß durchquerte er die Slowakei auf dem Weg der Helden, wohnte mehrere Jahre in einer Hütte in den Karpaten, und jeden Winter begibt er sich aufs Neue auf die Fährten von Wölfen und Luchsen. Er lebt davon, dass er alte Künste wie Spurenlesen und Vogelsprache unterrichtet und über die Wildnis und das Lernen in der Wildnis schreibt. www.bewandert.eu

Jörn Kaufhold
111 GRÜNDE, DIE SLOWAKEI ZU LIEBEN
*Eine Liebeserklärung an das schönste Land der Welt*
ISBN 978-3-86265-788-9



BILDNACHWEIS

Bildteil 1, S. I: © Jaroslav Moravcik - stock.adobe.com, S. II: © rh2010 - stock.adobe.com, S. III oben: © el lobo - stock.adobe.com, unten: © lukaszimilena - stock.adobe.com, S. IV-V: © rastislavsedlak - stock.adobe.com, S. VI: © Igor Dmitriev - stock.adobe.com, S. VII oben: © gevisions - stock.adobe.com, unten: © Fulcanelli - stock.adobe.com, S. VIII-IX: © mariangarai - stock.adobe.com, S. X oben: © TTstudio - stock.adobe.com, unten: © mariangarai - stock.adobe.com, S. XI: © Jaroslav Moravcik - stock.adobe.com, S. XII oben: © Picture Partners - stock.adobe.com, unten: © catto32 - stock.adobe.com, S. XIII: © Jaroslav Šimček - stock.adobe.com, S. XIV-XV: © Mike Mareen - stock.adobe.com, S. XVI: © marekkijevsky - stock.adobe.com

Bildteil 2, S. I: © Karol Kaliský (privat), S. II-III und IV oben: © TTstudio - stock.adobe.com, S.IV unten: © anderm - stock.adobe.com, S. V oben: © Jareso - stock.adobe.com, unten: © matkovci - stock.adobe.com, S. VI: © Alexander von Düren - stock.adobe.com, S. VII oben: © Fredrik Dahlin - stock.adobe.com, unten: © Tomas Hulik - stock.adobe.com, S. VIII-IX: © weise_maxim - stock.adobe.com, S. X oben: © t_o_m_o - stock.adobe.com, unten: © katatonia - stock.adobe.com, S. XI oben: © losonsky - stock.adobe.com, unten: © danmir12 - stock.adobe.com, S. XII oben: © Animaflora PicsStock - stock.adobe.com, unten: © Moving Moment - stock.adobe.com, S. XIII oben: © Kristof Anetta - stock.adobe.com, unten: © Milan Noga reco - stock.adobe.com, S. XIV: © selitbul - stock.adobe.com, S. XV oben: © Mariusz Niedzwiedzki - stock.adobe.com, unten: © HPE - stock.adobe.com, S. XVI: © PepinoCZ - stock.adobe.com

VERLAG
Schwarzkopf & Schwarzkopf Verlag GmbH
Kastanienallee 32, 10435 Berlin
Telefon: 030 – 44 33 63 00, Fax: 030 – 44 33 63 044

INTERNET | E-MAIL
www.schwarzkopf-schwarzkopf.de | info@schwarzkopf-schwarzkopf.de
www.facebook.com/schwarzkopfverlag